The Book of Genesis: A Biography

창세기와 만나다

탄생, 갈등, 성장의 역사

이 도서의 국립중앙도서관 출판시도서목록(CIP)은
서지정보유통지원시스템 홈페이지(http://seoji.nl.gov.kr)와
국가자료공동목록시스템(http://www.nl.go.kr/kolisnet)에서
이용하실 수 있습니다. (CIP제어번호 : CIP2020043763)

THE BOOK OF GENESIS: A BIOGRAPHY

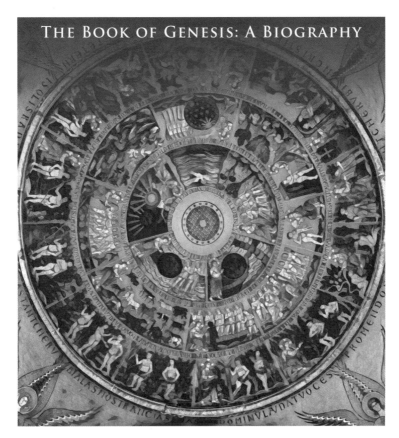

창세기와 만나다

탄생, 갈등, 성장의 역사

로널드 헨델 지음 박영희 옮김

비아

| 차례 |

일러두기

· 역자 주석의 경우 *표시를 해 두었습니다.

· 성서 표기와 인용은 원칙적으로 『공동번역개정판』(1999)을 따르되 원문
  과 지나치게 차이가 날 경우에는 대한성서공회판 『새번역』(2001)을 따랐
  으며 한국어 성서가 모두 원문과 차이가 날 경우에는 옮긴이가 임의로
  옮겼음을 밝힙니다.

· 단행본 서적은 『 』표기를, 논문이나 글은 「 」 음악 작품이나 미술 작품은
  《 》표기를 사용했습니다.

친구, 동료이자 히브리 성서 연구자인 밥 알터Bob Alter에게

창세기를 벗어나지 말라,
이는 달콤한 충고이니.

- 에밀리 디킨슨 -

감사의 말

이 책은 많은 분의 도움을 받아 세상에 나올 수 있었다. '위대한 종교 저작들의 생애'Lives of Great Religious Books 시리즈에 참여하게 해준 프레드 아펠Fred Appel에게 감사를 전한다. 창세기의 생애라는 주제는 너무나 방대하기에 이를 다루기 위해 나는 교수답게 강좌를 개설했다. 지금은 내가 제일 좋아하는 강좌가 된 '서구 문화 속 성서'The Bible in Western Culture를 수강한 유쾌하고 호기심 많은 UC 버클리 대학교 학부생들에게 감사를 표하고 싶다. 그들은 내가 해당 주제를 좀 더 깊이 탐구하게 해주었다. 유능한 조교들인 대니얼 피셔Daniel Fisher, 엘리슨 조지프Alison Joseph, 데일 로엡Dale Loepp에게도 감사의 마음을 전한다.

책을 쓰는 가운데 고대, 중세, 현대의 문제들을 다루면서 나는 많은 동료 교수들의 신세를 졌다. 특히 스티브 저스티스Steve Justice, 니클라우스 라르기어Niklaus Largier, 토니 롱Tony Long, 체시 록버그Chessie Rochberg, 조너선 시한Jonathan Sheehan은 초안을 읽고 아낌없는 논평을 해

주었다. 그리고 이 책을 헌정한 밥 알터Bob Alter*는 전체 원고를 검토
해주었다(예민한 독자들이라면 여러 부분에서 그의 영향을 감지할 수 있을 것
이다). 연구조교인 요세파 라즈Yosefa Raz는 표현과 내용에 대해 매우 귀
중한 의견을 주었다. 이런 훌륭한 조언자들에도 불구하고 본문 내용
과 매무새에 어떤 결함이 있다면 그것은 전적으로 내 잘못이다. 글을
훌륭하게 다듬어준 조디 베더Jodi Beder, 색인을 만들어 준 재닛 러셀
Janet Russell에게도 감사드린다. 빌 프롭Bill Propp은 내 본문의 질을 좋게
해주었을 뿐만 아니라 고맙게도 각 장 서두에 있는 그림을 그려주었
다. 마지막으로, 본문 검토를 마무리해준 앤Ann, 에드Ed, 냇Nat에게 감
사를 전한다.

---

* 밥 알터는 로버트 알터Robert Alter의 애칭이다. 그는 UC 버클리 대학교의 히브리
문학 및 비교문학 명예 교수다. 성서를 문학적으로 분석한 저서인 『성서의 이야
기 기술』The Art of Biblical Narrative로 1982년 전미유대인도서상 유대 사상 부문을 수
상했으며 2018년 히브리 성서 전체를 새롭게 번역하고 주석했다. 미국예술과학
아카데미 회원이며, 미국 문학계에 기여한 공로로 로버트 커시 상(2009년), 찰스
호머 해스킨스 상(2013)을 받았다. 주요 저서로 『이데올로기 시대 읽기의 즐거
움』Pleasures of Reading in an Ideological Age, 『상상된 도시들』Imagined Cities, 『히브리어 산문
의 발명』The Invention of Hebrew Prose 등이 있으며 한국에는 『성서의 이야기 기술』(아
모르문디), 『필요한 천사들』(에디투스) 등이 소개된 바 있다.

들어가며

많은 이가 소멸을 예견했음에도 불구하고 창세기는 21세기에도
여전히 건재하다. 정치 논쟁, 종교 논쟁부터 소비문화에 관한 논의에
이르기까지 이 문헌은 곳곳에 영향을 미치고 있다. 신문 기사 제목들
만 대충 훑어보아도 창세기에서 촉발되는 논쟁들이 여전히 이루어지
고 있음을 어렵지 않게 발견할 수 있다. 창세기 1장을 '창조
론'creationism, 혹은 '지적 설계'intelligent design라는 이름을 달고 과학 수업
에서 가르쳐야 하느냐, 마느냐 하는 문제는 오늘날에도 미국 학교위
원회와 의회에 출마하고자 하는 이들의 골머리를 썩이고 있는 문제
다. 동성 결혼과 동성애자 성직자 서품을 찬성하거나 반대하는 이들

은 모두 창세기의 증언에 호소한다. '신新 무신론자'new atheist* 작가들은 2세기 전 토머스 페인Thomas Paine**과 같은 과거 무신론자들이 했던 것 못지않게 창세기의 비합리성을 비판한다. 다른 편에서는 개신교 복음주의 학자들이 아담과 하와가 실존 인물인지를 두고 논쟁을 벌인다.

오늘날 대중 문화, 상업 문화에서도 창세기는 곧잘 활용된다. '야곱의 사다리'Jacobs Ladder라는 350만원 정도 되는 고급스러운 운동 기구가 있는가 하면 힙합 그룹 '카인과 아벨'Kane and Abel이 낸 『내가 내 형제를 지키는 자입니까』Am I My Brother's Keeper라는 앨범도 있다. '므두셀라 재단'The Methuselah Foundation은 인간 수명을 연장하는 과학 연구를 지원하며 '아담과 하와'Adam and Eve라는 이름의 성인용품 회사도 있다. 이런 창의적인 작명은 무수히 열거할 수 있다. 최근에는 유명 만화가 로버트 크럼Robert Crumb이 그린 만화 『창세기』The Book of Genesis가 뉴욕타임스 베스트셀러 목록 최상단에 올랐다. ('창세기에 답이 있다'Answers in Genesis라는 단체가 켄터키에 세운) 창조 박물관the Creation Museum은 유명

---

* 신新 무신론자들은 21세기 들어 종교의 해악성을 강조하는 무신론자 작가들을 가리킨다. 대표적인 이로 리처드 도킨스Richard Dawkins, 대니얼 데닛Daniel Dennett, 샘 해리스Sam Harris, 크리스토퍼 히친스Christopher Hitchens 등이 있다.

** 토머스 페인(1737~1809)은 미국의 저술가이자 사상가다. 퀘이커교도 가정에서 태어나 여러 직업을 전전하면서 정치와 사회제도의 모순을 체득, 1776년 『상식』Common Sense을 펴내 영국으로부터의 독립이 당시 미국의 지상 과제임을 주장했다. 이후 『위기』The Crisis, 『인간의 권리』Rights of Men 등 활발한 저술 활동을 이어갔다. 1794년과 96년에는 2부작인 『이성의 시대』The Age of Reason를 썼는데 이 저작에 담긴 이신론 사상이 문제시되어 혐오스러운 무신론자라는 비난을 받고 1809년 빈곤과 고독 가운데 세상을 떠났다. 오늘날에는 미국 건국의 아버지들 가운데 한 사람으로 평가받는다.

관광지가 되어 연간 백만 명이 넘는 사람들이 찾는다. 창세기에 관한 현대판 성지라 할 수 있는 이곳은 첨단 기술로 제작한 에덴동산과 노아의 방주 모형을 갖추고 있고 공룡과 근육질의 아담, 슈퍼모델 같은 하와를 전시하고 있다. 이 박물관은 창세기를 과학 기술로 만든 모조품으로 보여줌으로써 관객들의 이해를 돕는다.

과거에 창세기는 다른 방식으로 살아있었다. 중세 금욕가들과 신비주의자들은 영적 훈련을 통해 천상에 있는 에덴동산에 이르려 노력했다. 당시 교회는 창세기 이야기들을 스테인드글라스나 무지한 이들을 위한 성서paupers' Bibles*에서 그림으로 구현했다. 수도사들과 수녀들은 족장들에게 바치는 성가를 불렀다. 에덴동산에 있는 금단의 열매로 알려진 무화과와 사과는 최음제로 쓰였다. 그리스도교인들은 대성당과 예배당을 순례했고 그곳에서 창세기와 창세기에 실린 유명한 사건들이 자아내는 분위기를 감지했다. 당시에는 대다수 사람이 창세기를 읽을 수 없었지만 창세기의 흔적은 도처에 있었다.

약 2,500년 동안 서구 문화권에 속한 이들은 창세기라는 책과 매우 밀접한 관계를 맺으며 살아왔다. 이 책에서는 바로 이 상호관계를 다루고자 한다. 오랜 시간 인류는 창세기를 이해하려 애썼으며 그 과정에서 이 책은 인류의 삶을 물들였다. 창세기의 생애라는 넓은 범위 안에서 이 책은 세 가지 (서로 엮여 있는) 주제들을 다루려 한다.

---

* 라틴어로는 '비블리아 파우페룸'biblia pauperum으로 불리는 책으로 성서의 내용을 알려주기 위해 성서 내용을 문자로 기술하는 대신 그림으로 묘사한 책. 문맹률이 높던 중세 시기 교회에서 구비해 신자들 교육에 활용했다.

(1) 창세기의 생애는 창세기 본래의 의미, 즉 문헌의 본래 의미와 수 세기에 걸쳐 이루어진 다양한 해석 사이의 상호작용을 포함한다.

(2) 창세기의 생애는 진리와 오류의 관계라는 오래된 문제를 포함하고 있다. 역사 속에서 사람들은 둘의 경계를 두고 격렬한 논쟁을 벌였다.

(3) 시대마다 사람들이 창세기를 이해하는 열쇠는 일반적으로 현실을 이해하는 열쇠와 일치한다. 이 열쇠는 시간의 흐름에 따라 바뀌었으며 또 다른 문을 열어젖혔다.

이제 이 주제들과 그 내용을 본격적으로 살펴보도록 하겠다.

원작의 생애, 원작 사후의 생애

문자 그대로의 의미만 따지자면 책은 생명이 없다. 즉 책은 유기적인 생명체가 아니다. 책은 종이로 만든 물건이다. 초창기에 창세기는 파피루스나 양피지로 만든 물건이었다. 우리는 오직 확장된 의미로만, 우리의 과거, 현재의 일부라는 의미에서 책이 생명을 갖고 있다고 말할 수 있다. 창세기라는 책은 인류의 현실 세계를 이루기 때문에 살아있으며, 오랫동안 생명력을 유지해 왔다. 사람들은 창세기와 관계를 맺으며 이 책에 생명력을 불어넣었다. 한 사람의 '전기'biography가 가능하듯 창세기의 '전기'가 가능한 것도 바로 이 때문이다. 창세기라는 책이 지닌 삶의 이야기(이것이 '전기'라는 말의 뜻이다)는 서구 문명에서 집단적 삶이 빚어낸 복잡다단한 역사의 흐름에서 하나의 줄기를 차지한다. 다시 말해 창세기는 오랜 기간에 걸쳐 이루어진 인류 문화, 인류 전기의 일부다.

여기서 중요한 것은 창세기의 생애를 신중하게 구별하는 것이다. 이는 창세기의 본래 의미 및 후대에 이루어진 해석의 차이와 관련이 있다. 전자는 고대 히브리 단어, 문장, 이야기에 담긴 "있는 그대로의", 혹은 문법상 의미를 뜻한다. 후자는 종종 고대 이스라엘 세계와는 다른 가정과 범주에 기대어 이루어진다. 이를테면 플라톤 철학이나 종말론적 기대에 기대어 창세기를 해석하는 일은 시대착오적이다. 이러한 사상들은 창세기가 기록된 이후에 나왔기 때문이다. 이러한 해석은 셰익스피어 연극의 배경을 우주로 설정하는 것처럼 본문을 다른 시대의 표현 양식으로 바꾼 것이다. 상상력에 기대어 본문을 개정하는 이러한 작업은 의식적이든 아니든 본문의 뜻을 해석자 마음대로 바꾼 것이라 할 수 있다. 후대에 이루어진 해석들은 이야기를 자신들의 시대에 맞추어 재구성함으로써 본래 이야기가 지닌 의미에 생동감을 불어넣어 새로운 시대에도 이야기가 읽힐 수 있게 하지만, 본래 이야기가 갖고 있던 의미의 지평에서 크게 벗어날 수도 있다.

언젠가 발터 벤야민Walter Benjamin은 본문의 "생애"과 "사후의 생애"를 구별해야 한다고 말했다.

원작은 사후의 생애에서 변화한다. 원작의 생명이 변형되지 않고 갱

신되지 않는다면 이는 '사후의 생애'라 부를 수도 없을 것이다.[1]

변형을 통해서, 좀 더 정확하게는 다양하고 끊임없는 변형을 통해서
본문은 의미의 새로운 층들을 갖게 된다. 이 층들에는 이전에는 생기
리라고 생각하지 못한 층도 있다. 그러나 이러한 의미 층들을 갖게
되면서 책은 역사의 주체가 되고 새로운 종교 및 정치 지형으로 들어
간다. 창세기의 '전기'는 벤야민이 원작의 '생애'와 '사후의 생애'라고
말한, 본래 의미와 후대에 원작이 미친 영향 모두를 포함한다. 창세
기 '사후의 생애'는 창세기의 '생애'를 변형하고 갱신하며 확장한다.

　　창세기의 '생애'와 '사후의 생애'는 완전히 다른, 별도의 개체들이
아니다. 창세기의 본래 의미는 사람들이 본문의 세부사항과 본문이
자아내는 울림에 주의를 기울이는 한 절대 상실되지 않는다. 어떤 이
는 창세기 본문의 참된 의미는 추상적이고 영적인 진리, 혹은 암호화
된 예언과 관련이 있다고, 이들을 통해서만 참된 의미를 길어 올릴
수 있다고 이야기하지만, 섬세한 독자라면 누구나 창세기 서사에 담
긴 힘과 문체의 특징을 발견한다. 창세기의 본래 의미는 부분적으로
는 종교적 신앙이라는 벽 너머에 있다 할지라도 언제나 더듬어 볼 수
있다. 그러나 에리히 아우어바흐Erich Auerbach*가 말했듯 창세기의 이야

1　Walter Benjamin, 'The Task of the Translator', *Illuminations: Essays and Reflections* (New
　　York: Schocken Books, 1968), 73. 『언어 일반과 인간의 언어에 대하여 / 번역자의 과
　　제 외』(길)

*　에리히 아우어바흐(1892~1957)는 유대계 독일인으로 문헌학자이자 비교학자이
　　며 문학평론가다. 그는 대표작 『미메시스』Mimesis를 통해 고대에서 중세와 르네

기 형식(신비로운 사건, 간결한 대화, 배경에 대한 빈약한 설명)은 필연적으로 해석을 낳는다.

(창세기 이야기에서) 교리와 약속은 이야기로 육화되어 있고 그것과 분리될 수 없다. 바로 그렇기 때문에 이야기들은 … 불가사의하고 제2의 숨겨진 의미를 지니고 있다. … (이는 이야기) 처음과 끄트머리에 나오는 신의 개입뿐만 아니라 그 사이에 나오는 사실의 요소나 심리적 요소도 마찬가지다. 그러므로 이를 파악하기 위해서는 섬세한 검토와 해석이 필요하다. 본문이 이를 요구한다.[2]

이러한 맥락에서 창세기의 생애를 온전히 이해하기 위해서는 풍요롭고도 복잡한 '사후의 생애'를 살펴보아야 한다.

누군가 본문의 원래 의미를 찾고자 주의를 기울인다 해도 본문 '사후의 생애'는 필연적으로 독자의 읽기에 영향을 미친다. 원죄, 성적인 요부인 하와, 사탄인 뱀과 같은 후대 해석 없이 에덴동산 이야기를 읽기란 매우 어렵다. 이러한 창세기 '사후의 생애'의 산물들은 의식하기 힘들다. 창세기의 '생애'와 '사후의 생애'는 서로 얽혀 있으며

상스를 거쳐 근현대에 이르기까지 유럽의 주요 작가들과 작품들을 세심하게 분석하고 새롭게 해석하여 문학계에 큰 획을 그었다. 이 걸작은 나치 정권의 유대인 박해로 인해 터키로 피신하여 머무르는 동안 도서와 자료가 부족한 상황에서 오로지 원전을 정밀하게 읽어낸 결과물이었다. 이후 그는 1947년 미국으로 건너가 펜실베이니아 주립 대학교, 프린스턴 대학교, 예일 대학교에서 가르치다가 1957년에 세상을 떠났다. 한국에는 『미메시스』(민음사)가 소개된 바 있다.

2 Erich Auerbach, *Mimesis: The Representation of Reality in Western Literature* (Princeton: Princeton University Press, 1953), 15. 『미메시스』(민음사)

이러한 관계는 앞으로도 계속될 것이다. 그렇기에 창세기의 전기는 복잡할 수밖에 없다.

오류의 쓸모

한 책의 '생애'와 '사후의 생애'의 관계는 또 다른 복잡한 문제를 낳는다. 창세기의 해석과 관련해 중요한 주제 중 하나는 수많은 잘못된 해석들이다. 앞으로 살펴보겠지만, 중세 시기와 근대 초기에 라쉬Rashi와 마르틴 루터Martin Luther와 같은 대담한 주석가들은 창세기에 대한 상징적 해석이 제멋대로이며 잘못된 해석이라고 비판했다. 루터가 보기에 전통적인 해석의 이러한 오류는 가톨릭 교회의 권위가 훼손된 주된 이유였다. 한 세기 후에는 갈릴레오 갈릴레이Galileo Galilei가 성서에 바탕을 둔 교회의 우주론을 비판했고 창세기의 증언을 과학적 증거로 받아들이는 것은 잘못이라고 주장했다. 그로부터 반세기후 바뤼흐 스피노자Baruch Spinoza는 그리스도교 교회와 유대교 회당에서 해왔던 전통적인 해석들은 버려야 하며 창세기를 제대로 해석하기 위해서는 엄격한 과학적 방법을 써야 한다고 주장했다. 오늘날 대다수 현대 성서학자들의 시선에 창세기 해석의 역사는 사실상 오류의 역사와 다름없다.

그렇다면 우리는 왜 창세기의 생애에 관심을 가져야 하는가? 서구문명에서 창세기 '사후의 생애' 대부분의 시기가 잘못된 해석과 잘못된 가정에 기반을 두고 있었다면 이제라도 명예롭게 장례를 치르는게 더 낫지 않을까? 하지만 인간의 삶에서 오류는 매우 중요하다. 프리드리히 니체Friedrich Nietzsche가 역설했듯 환상과 오류는 인간의 삶, 인류 집단기억의 필수 요소다.

과도한 역사 비평은 미래를 뿌리까지 뽑아내 버린다. 환상을 파괴하고 현존하는 것들이 고유한 방식으로 살 수 있는 환경을 앗아가기 때문이다.[3]

사람들이, 그리고 문화가 살아 숨 쉬기 위해서는, 번성하기 위해서는 환상이 필요하다. 이러한 맥락에서 창세기 '사후의 생애'는 대부분 창조적인 환상들로 이루어져 있다. 때로 이러한 환상들은 심오해 삶을 풍요롭게 하는 데 도움을 주었다. 때로 저 환상들은 잔인해 불의와 억압을 정당화하기도 했다. 어떠한 경우든 환상들은 인간이 이 땅에서 살아가면 마주할 수밖에 없는 대기atmosphere를 형성했다. 언젠가 프랭크 커모드Frank Kermode*는 성서 해석 오류의 역사에 관해 통찰력 있는 말을 남긴 바 있다.

---

3 Friedrich Nietzsche, *On the Advantage and Disadvantage of History for Life* (Indianapolis: Hackett Publishing, 1980), 38. 『비극의 탄생 · 반시대적 고찰』(책세상)

* 프랭크 커모드(1919~2010)는 영국의 영문학자이자 문학평론가다. 리버풀 대학교에서 공부했고 더럼 대학교와 리딩 대학교를 거쳐 1974년 케임브리지 대학교의 영문학 교수가 되었고 1982년까지 가르쳤다. 이후 하버드 대학교, 콜롬비아 대학교 명예교수를 지냈다. 1991년에 영문학에 기여한 공로를 인정받아 기사 작위를 받았다. 주요 저서로 『낭만적 심상: 종말의 의미』Romantic Image: The Sense of an Ending, 『관심의 형식』Forms of Attention, 『비밀의 기원』The Genesis of Secrecy, 『역사와 가치』History and Value, 『오류의 쓸모』The Uses of Error 등이 있으며 한국에는 『셰익스피어의 시대』(을유문화사)가 소개된 바 있다.

우리 정신에 과거 문학, 그리고 이전 인류의 빛과 어둠을 살아있게 만드는 기술인 해석의 역사는 헤아릴 수 없이 많은 오류의 역사이기도 하다. … 성서 해석의 역사는 의미 있는 오해의 예들로 가득하다. 오해가 생기는 이유는 우리가 본래 받은 것보다 더 많은 이야기를 원하거나 그 이야기를 더 깊게 들여다보기를 원하기 때문이다. 우리는 언제나 문자상의 의미로는 충분치 않다고 확신했고 이를 넘어서려 할 때 오류를 범했다. 그러나 때때로 그 오류는 탁월했다.[4]

의미 있는 오류는 사람들이 점점 더 절박하게 의미를 추구했기에 나왔다. 그리고 오랜 기간 창세기 이야기는 그러한 의미를 낳는 통로로 기능했다. 창세기가 권위 있는 책이었기 때문이다. 창세기에 대한 해석들이 오류투성이라는 점은 우리가 인류에 대해 이미 알고 있는 한 가지 사실, 우리가 환상을 생산하고 또 소비한다는 사실을 알려준다(이와 관련해 프란츠 카프카Franz Kafka는 창세기에 관한 많은 이야기를 남긴 바 있다. 이는 7장에서 살펴보겠다). 창세기 '사후의 생애'는 천년 넘게 사람들이 살아가는 동안 자신들을 둘러싼 대기를 어떻게 형성했고, 유지했고, 보완했는지에 관한 기록이다. 이러한 맥락에서 오류는 쓸모가 있다. 어떤 오류는 유익하고 어떤 오류는 비난할 만하지만, 어떠한 식으로든 인류는 그러한 오류 없이는 생존할 수 없다. 모든 오류는 우리의 오류들이고 우리에게 책임이 있다. 창세기의 '전기'는 우리에

---

4 Frank Kermode, 'The Uses of Error', *The Uses of Error and Other Essays* (Cambridge, MA: Harvard University Press, 1991), 4.

게 (우리 선조들의 삶뿐만 아니라 우리의 삶도 관련된) 이 오류의 쓸모에 관해 많은 이야기를 해준다.

창세기와 현실

서구 문명에서 이루어진 창세기에 대한 해석은 진리와 오류에 관한 또 다른 문제들을 제기한다. 세대에 걸쳐 사람들이 이해하는 방식은 그들이 현실을 이해하는 방식과 상호연관이 있다. 본래 창세기는 현실의 기원에 대한 설명만을 제시하는 문헌은 아니다. 사람들은 세상에 기대하는 것과 같은 바람을 가지고 창세기를 읽었다. 다시 말하면 사람들이 창세기를 이해하는 방식은 현실에 대한 그들의 이해를 반영하고 또 형성한다. 그러한 면에서 창세기와 현실을 이해하는 방식이 시간이 흐르면서 급진적으로 바뀌었다는 사실은 놀라운 일이다. 더 놀라운 일은 어떠한 측면에서는 우리의 현실 이해가 창세기가 탄생했던 당시 사람들의 현실 이해로 되돌아갔다는 점이다.

창세기는 신이 창조한 단일한 세계를 상정한다. 그 안에서 인간은 삶과 죽음이라는 경계에 매여 있다. 인류는 지상에 발을 디디고 살아가며, 가끔은 현명하지만 자주 어리석은 유한한 피조물이다. 창세기는 종종 인간의 삶을 가혹하리만치 현실주의적으로 묘사한다. 창세기가 생긴 후 수 세기 동안 현실에 대한 두 가지 새로운 개념이 생겨났다. 첫 번째는 종말론적 종교apocalyptic religion로 다가올 미래에 새로운 시대가 열리리라고 기대하는 믿음이다. 종말론적 종교에 따르면 이때 죽은 자는 살아날 것이고 인간 존재는 온전해질 것이다. 사람들은 점차 창세기를 종말론적으로 재해석했고 여기서 마지막 날에 에덴동산으로 귀환하게 될 것이라는 믿음이 생겼다. 두 번째 새로운 개념은 그리스에 기원을 둔 것으로, 보이지 않는 더 높은 세계에 대한 개념이다. 플라톤에게서 고전적인 형태를 갖추게 된 이 개념은 오래지 않아 유대교와 그리스도교 사상에서 매우 커다란 비중을 차지하게 되었다. 기원전 3세기까지 대부분의 창세기 해석은 현실에 대한 종말론적 관점, 혹은 플라톤적 관점을 바탕으로, 때로는 둘이 함께 뒤섞인 채로 이루어졌다. 종말론적 관점, 혹은 플라톤적 관점으로 창세기를 해석하는 것은 이른바 상징적 해석이라고 불린다. 상징적 해석 방식은 천 년 이상 유대교와 그리스도교에서 창세기를 해석할 때 사용한 지배적인 해석 방식이었다. 이러한 경향은 과학의 시대로 빠르게 접어든 근대 초기까지 이어졌다. 과학이 힘을 얻자 상징적 해석 방식은 점차 발 디딜 곳을 잃게 되었다. 이러한 맥락에서 오늘날 우리는 상징적 의미의 상실에 동반되는 문제들과 마주하고 있다고도 할 수 있다. 창세기와 현실의 의미들은 모두 도마 위에 오르게 되었으며 우리는 상징적 의미의 상실이라는 문제를 어떻게 다루어야 할지에 대해 고민하고 있다.

창세기의 생애에서 현실주의와 상징주의의 관계라는 문제가 차지하는 중요성을 제기한 이는 앞서 언급한 아우어바흐다(7장에서 다룰 예정이다). 그는 창세기와 호메로스의 서사시로 시작되는 서구 문학의 역사가 사람들이 현실을 이해하는 방식의 역사이기도 함을 보여주었다. 이 역사는 히브리와 그리스라는 서로 다른 현실주의로 시작된다.

창세기는 간결한 문체를 특징으로 하며 인간 심리에 대한 풍부한 이해, 역사에서 일어나는 성취 및 사건들의 의미에 대해 관심을 갖게 한다. 이와는 대조적으로 호메로스는 화려하고도 정교한 문체를 구사하나 역사와 인물에 고정된 의미를 부여한다. 서구 문학은 이 두 현실주의로 시작되었다. 그리고 고대 후기와 중세에 사람들은 본문과 현실을 다가올 세계에 대한 상징이나 예언으로 보는 상징주의 경향을 보였다.

지상에서의 삶은 사후 세계의 상징이다.[5]

근대 초기에 이르러 창세기와 현실에 대한 상징적 해석이 문제시되었고 르네상스, 과학의 부상과 함께 새로운 방식의 현실주의, 사실주의가 뿌리내렸다. 이러한 맥락에서 서구 문학은 창세기와 그리스 서사시의 현실주의로 시작해 현대에 이르러 부활한 현실주의로 돌아왔다고 할 수 있다.

현실주의에서 상징주의까지, 그리고 결은 다르지만 다시 현실주의로 돌아오는 이 궤적은 창세기의 전기라는 전체 이야기의 흐름이

---

5 Erich Auerbach, *Mimesis*, 310. 아우어바흐는 주로 종말론적 상징주의에 관심이 있었는데, 여기서 사건들은 미래의 성취에 대한 예언을 포함하고 있다. 여기에 나는 다른 종류의 상징주의들이 독특한 특징을 지니고 있음을 인정하면서 플라톤적 상징주의를 추가할 것이다. 아우어바흐는 초기 역사의식에 대한 관심 때문에 플라톤적 상징주의의 중요성을 평가한 것처럼 보인다(*Mimesis*, 196 참조). 플라톤적 상징주의와 종말론적 상징주의라는 표현은 전통적인 수사학 용어로는 우의allegory, 표상typology에 해당하며 위와 같은 표현을 택한 이유는 그 철학적 기원을 강조하기 위함이다.

다. 전기는 수많은 방식으로 만들어질 수 있으나 헨리 포드Henry Ford 가 역사를 "지긋지긋한 일의 연속"이라고 정의했듯 대부분은 별다른 체계를 갖고 있지 않다. 이 책에서는 창세기의 (사후의 생애를 포함한) 생애 중 특정 부분을 강조하되 어떤 부분은 상대적으로 덜 비중 있게 다룰 것이다. 이러한 방식은 상대적으로 일관된 이야기를 할 수 있게 해주는 이점이 있다.

이 이야기에서 성서가 묘사하는 세계의 현실주의(1장 '창세기의 기원')는 상징적인 이원적 현실로 바뀐다. 이때 현실은 좀 더 완벽한 세계의 결함 있는 버전이고 창세기는 좀 더 완벽한 본문의 암호문이다 (2장 '상징적 의미의 등장'). 창세기가 드러내는 감추어진 세계는 두 가지 양상으로 드러난다. 하나는 미래, 마지막 날(3장 '종말론적 비밀')이고 다른 하나는 형이상학적 공간, 더 높은 세계다(4장 '플라톤적 세계'). 창세기가 상징을 통해 가리키는 세계는 단순한 관념이 아니라 살아있고 경험할 수 있으며 현실에도 실질적이고 정치적인 영향을 미친다. 이 시기 사람들은 현실을 변화시키기 위해, 현실에 영향을 미치기 위해 창세기를 활용했다.

근대 초기(기원후 1200년에서 1600년 사이) 서구 사람들은 우리의 삶이 공간상으로는 지구로, 시간상으로는 죽음으로 제한된 하나의 세계, 하나의 우주로 되돌아갔다. 상징적 세계의 기반은 훼손되었고(5장 '상징과 실제 사이'), 사람들은 다른 책들과 마찬가지로 창세기를 다른 세계를 가리키는 암호가 아닌 있는 그대로, 즉 현실적인 의미로 읽기 시작했다. 물론 창세기가 묘사하는 현실 세계는 근대 과학이 묘사하는 세계와 일치하지 않았다(6장 '창세기와 과학'). 또한 창세기에 들어 있는 철학적 개념 또한 근대의 것과 일치하지 않았다. 그럼에도 창세기는 우리의 도덕, 종교, 정치 생활에 남아 있다(7장 '현대'). 창세기의 대부분은 신화myth이자 전설legend이다. 그럼에도 이 책에 관해 숙고하고 이 책을 활용하는 것은 여전히 유익하며 우리에게 많은 도움을 준다.

오늘날 현실주의로 복귀했다는 점은 충분히 긍정할 만한 일이다. 이는 있는 그대로의 세계에서 창세기를 열정적으로, 비평적인 관점에서 읽는 것을 가능하게 해주기 때문이다. 창세기는 탁월한 종교 문헌이며 여전히 무수한 사람에게 영감을 주고 있다. 그리고 비록 작품 속에서 경이로운 존재들(천사, 신, 그 외 다른 신성한 존재들)이 창조하고 영향을 미친다 할지라도 창세기가 묘사하는 세계는 실재하는 세계다. 이러한 방식은 초자연적인 것들이 현실을 둘러싸고 있고 현실에 영향을 미친다는 점에서 '마술적 현실주의'Magical Realism라 부를 수도 있을 것이다. 오늘날 현실에 대한 주된 관점으로 보기에 마법이라는 범주는 의문의 대상이 되곤 한다. 현대인인 우리는 환상에서 벗어난 세계에서 살고 있다(혹은 살고 있다고 생각한다). 그러나 우리는 어쩌면 고대와 마찬가지로 환상에 사로잡힌 세계에 살고 있는지도 모른다. 비록 그 환상의 형태와 영향력은 시간이 흐르면서 바뀌었다 할지라도 말이다. 그리고 창세기의 참됨 여부가 도마 위에 오른 지금 이 순간에도 종교, 예술, 문화는 현실을 탐구하고 적절하게 표현하기 위해 창세기에서 자원을 끌어오고 있다. 달리 말하면, 현실에 대한 탐구가 끊이지 않는 이상 창세기에 대한 연구도 종결될 수 없다. 그러나 지금 먼저 살펴보아야 할 것은 그보다 한참 전의 이야기이다. 그 이야기는 고대 중동의 작은 민족에서 한 책이 탄생한 사건과 함께 시작된다.

"여자가 그 나무를 쳐다보니
과연 먹음직하고 보기에 탐스러울 뿐더러
사람을 영리하게 해줄 것 같았다."

창세기의 탄생 과정은 복잡하다. 어떻게 보면 여러 번 탄생했다고 말하는 것이 좋을지도 모른다. 이 문헌은 여러 층의 본문으로 구성되어 있고 각 층은 각기 다른 시대에 다른 관심사와 강조점을 두고 만들어졌다. 어머니 뱃속에서부터 싸움을 벌였던 쌍둥이 형제 야곱과 에사오(에서)처럼, 이 본문들은 종종 경쟁을 벌이는 것처럼 보인다. 창세기를 이루는 본문들은 과거의 권위, 신과 인간의 본성에 대해 각기 다른 주장을 펼친다. 먼저 창세기가 어떻게 만들어졌는지 살펴보고 창세기 속 이야기들이 어떻게 이루어져 있는지 다루도록 하겠다.

오래된 시

창세기에서 가장 오래된 부분은 창세기 49장에 나오는 부족시部族詩,tribal poem '야곱의 축복'The Blessing of Jacob이다. 이 시는 창세기에 적힌 히브리어 중 가장 오래된 히브리어 기록이다.[1] '야곱의 축복'은 특정 부족을 향한 축복과 저주를 담은 일종의 모음집이다. 신명기 33장에 나오는 '모세의 축복'The Blessing of Moses, 판관기(사사기) 5장에 나오는 '드보라의 노래'The Song of Deborah 역시 이와 같은 계열에 속한다. 이러한 축복과 저주의 목록은 서로 다른 부족들이 전쟁을 벌이거나, 한데 모여 축제를 할 때 읊어졌을 가능성이 크다. 창세기에서는 족장인 야곱이 임종하는 순간에 축복과 저주를 내리며 이는 열두 부족(지파)의

---

1 좀 더 자세한 내용을 알기 위해서는 다음을 보라. Ronald Hendel, 'Historical Context', *The Book of Genesis: Composition, Reception, and Interpretation* (Leiden: Brill, 2012), 51~81. 그리고 다음을 참조하라. Angel Saenz-Badillos, *A History of the Hebrew Language* (Cambridge: Cambridge University Press, 1993), 56~62.

조상이 되는 그의 아들들에게 전달된다. 이러한 맥락에서 야곱의 축복과 저주는 각 부족이 짊어지게 될 운명에 관한 일종의 예언prophecy이라고도 할 수 있다.

시는 각 부족을 칭송하거나 비난하는데, 주로 부족의 군사적 힘에 초점이 맞추어져 있으며 이를 자연 세계의 동물들에 견주곤 한다. 이를테면 야곱은 유다를 사자에 견주며 그의 강력한 힘을 칭송한다.

유다는 새끼 사자로다,

나의 아들아, 먹이를 뜯어 먹고 일어서는구나.

그가 사자처럼 웅크리고 엎드려 있으니,

젊은 사자처럼 그렇게 있으니,

누가 그를 일으킬 수 있을까? (창세 49:9)

그리고 막내아들 베냐민은 사나운 늑대로 묘사된다.

베냐민은 약탈하는 늑대라,

아침에는 그 움킨 것을 삼키고

저녁에는 잡은 것을 나누어 먹는다. (창세 49:27)

여기서 유다를 묘사하며 강한 동물에 견주고 있다는 사실은 주목할 만하다. 그는 사자처럼 일어서고, 웅크리며, 엎드린다. 그는 위압적인 존재이며 견고하다. 맹수의 왕인 사자처럼 그는 권력자다. 이후 그의 후손들은 다윗 왕조의 왕이 되고 "유다의 사자"라 불리는데 이 표현은 바로 이 시에서 유래한다.

유다를 사자에 견주고 베냐민을 약탈하는 늑대로 묘사하는 것은 고대 중동 지역에서 맹렬한 전사 부족들을 가리킬 때 쓰던 시적 표현이다. 당시 중동 지역 부족들은 그러한 방식으로 사람을 칭송하곤 했다. 다시 말해 누군가 사자나 늑대처럼 맹렬하고 그의 적이 무방비 상태의 먹잇감과 같다는 표현은 전사의 기술을 가치 있게 여기는 문화의 산물이다.

이 고대 부족시는 창세기가 부족 정신으로 채색된 책임을 상기시킨다. 창세기 전체는 최초의 조상인 아담과 하와부터 이스라엘 열두 부족과 동일한 이름을 가진 조상들에 이르기까지 부족의 족보로 짜여 있다. 창세기에 반복되어 나오는 "이는 누군가의 자손들이다"라는 문구는 일종의 연결 고리라 할 수 있다. 창세기 이야기들은 반복해서 이 부족이 생존을 이어가는 데 어떠한 위협을 받았는지를 다룬다. 에덴동산에서 아담과 하와는 죽음의 위협을 마주하고, 그들의 자녀, 자손들은 살인을 저지르며(카인, 라멕, 홍수 세대), 부족 여성들은 불임을 겪거나 납치를 당한다. 그리고 죽거나 죽음 직전까지 다다른 후손들도 나온다. 이런 이야기들이 이집트로 가는 마지막 세대까지 이어진다. 기본적으로 창세기가 초점을 맞추고 있는 것은 이스라엘 부족에서 절정에 이르는 족보와 그 과정에서 부족 내 가족들이 겪는 온갖 고초들이다.

문서 자료

창세기의 주된 부분은 고전 성서 히브리어Classical Biblical Hebrew라고 불리는 방언으로 기록되었다. 학자들은 문법, 문체와 내용을 분석해 창세기를 구성하는 세 개의 문서 자료들을 식별해냈다.[2] 한 명, 혹은 그 이상의 편집자들은 야훼 자료Yahwist(J), 엘로힘 자료Elohist(E), 사제 자료Priestly(P)로 알려진 세 개의 주요 자료들을 신중하게 결합했고 여기에 약간의 자료(이를테면 창세기 14장에 나오는 이방 왕들과의 전투)를 보충해 창세기의 최종 버전을 만들어냈다. 각각의 주요 자료는 이스라엘 백성의 조상들이 등장하는 전승 모음집이며 이 자료는 연쇄적인 족보들로 묶여 있다. J와 P 자료는 세상의 창조로 시작되고 E는 아브라함부터 시작된다. 이들 각 자료는 오경의 다른 책들에서도 발견된다.

각기 구별되는 자료들의 문체와 관점을 살펴보기 위해 창세기 내 자료들을 들여다보도록 하자. 창세기 6~9장에는 J 자료와 P 자료에 등장하는 두 개의 다른 홍수 이야기가 함께 편집되어 있다. 홍수에 대한 두 개의 서론이 이야기 시작 부분에 온전히 보존되어 있으며 한 이야기가 등장한 다음 다른 이야기가 뒤따라 나온다. 두 개의 서론은 신이 홍수를 일으킨 이유에 대해 미묘하게 다른 관점을 드러낸다

---

2 다음을 참조하라. Richard E. Friedman, *Who Wrote the Bible?* (New York: Simon & Schuster, 1987) 『누가 성서를 기록했는가』(한들출판사), Robert S. Kawashima, 'Sources and Redaction', *Reading Genesis: Ten Methods* (New York: Cambridge University Press, 2010), 47~70., Joel S. Baden, *The Composition of the Pentateuch* (New Haven: Yale University Press, 2012)

(아래 괄호 안에 있는 표현은 편집자가 두 자료를 조화시키기 위하여 추가한 것이다).

J 자료

야훼께서는 사람의 죄악이 세상에 가득 차고, 마음에 생각하는 모든 계획이 언제나 악한 것뿐임을 보시고서, 땅 위에 사람 지으셨음을 후회하시며 마음 아파하셨다. 야훼께서는 "(내가 지어낸 사람이지만,) 땅 위에서 쓸어버리리라. 공연히 사람을 만들었구나. (사람뿐 아니라 짐승과 땅 위를 기는 것과 공중의 새까지) 모조리 없애버리리라. 공연히 만들었구나!" 하고 탄식하셨다. 그러나 노아만은 하느님의 마음에 들었다. (창세 6:5~8)

P 자료

노아의 이야기는 이러하다. 그 당시에 노아만큼 올바르고 흠 없는 사람이 없었다. 그는 하느님을 모시고 사는 사람이었다. 노아는 셈과 함과 야벳, 이렇게 세 아들을 두었다. 하느님이 보시니, 세상이 썩었고, 무법천지가 되어 있었다. 하느님이 땅을 보시니, 썩어 있었다. 살과 피를 지니고 땅 위에서 사는 만물이 속속들이 썩어 있었다. 하느님이 노아에게 말씀하셨다. "땅은 이들 때문에 폐허가 되었고, 그 끝날이 이르렀으니, 내가 반드시 그들과 땅을 함께 멸하겠다."
(창세 6:9~13)

이렇듯 고유한 도입부를 지닌 두 개의 독립적인 서론을 발견할 수 있다. 그러나 둘 사이에는 겹치는 부분도 많다. 둘 모두 신이 지상의 모든 존재가 타락했다고 판단하고 홍수로 모든 생물을 멸망시키겠다고 결심한다. 노아가 예외적으로 이 파국에서 보호받게 될 것이라는 점 또한 마찬가지다. 노아에 대한 언급이 J 부분의 마지막과 P 부분의 처음에 등장하기 때문에 편집자가 두 본문을 결합할 때 J를 앞에 배치하는 것은 손쉬운 결정이었을 것이다.

물론 내용에서 상당 부분이 겹친다 할지라도 두 개의 서론은 신의 성격과 그가 홍수를 내리려는 동기에서 미묘한 차이를 보인다. 첫 번째 차이는 신의 이름이다. J 부분에서 신은 "야훼"יהוה라는 이름으로 불리지만 P 부분에서는 일반 호칭인 "하느님"אלהים(엘로힘)으로 불린다. 이 차이는 이후 길게 이어지는 두 자료의 신학적 구성과도 연관이 있다. J 자료에서 신은 창조 시작 때부터 야훼로 불리며(창세 2:4),[3] 인류는 에노스 때부터 그 이름으로 예배하기 시작한다(창세 4:26).[4] 이와 달리 P 자료의 경우 신은 창조를 시작할 때부터(창세 1:1) 모세에게 자신의 진정한 이름을 밝힐 때까지(출애 6:2~3) 하느님으로 불린다.[5]

그러나 신의 이름이 두 서론의 유일한 차이, 혹은 가장 중요한 차

---

3 "야훼 하느님께서 땅과 하늘을 만드시던 때였다." (창세 2:4)

4 "셋도 아들을 얻고 이름을 에노스라고 지어 불렀다. 그때 에노스가 비로소 야훼의 이름을 불러 예배하였다." (창세 4:26)

5 "태초에 하느님이 천지를 창조하셨다." (창세 1:1) "하느님께서 모세에게 말씀하셨다. '나는 야훼다. 나는 아브라함과 이사악과 야곱에게 전능의 신으로 나를 드러낸 일은 있지만 야훼라는 이름으로 나를 알린 일은 없었다.'" (출애 6:2~3)

이는 아니다. J 부분에서 야훼는 "땅 위에 사람 지으셨음을 후회하시며 마음 아파하셨다"는 표현처럼 인간과 같은 감정을 지닌 신이다. 그는 자신의 소중한 창조물인 인류가 타락해 마음 아파한다. "(인간의) 마음에 생각하는 모든 계획이 언제나 악한 것뿐"이기 때문이다. 야훼는 인류의 악함에 충격받고 단호한 결단으로 이에 응한다.

(내가 지어낸 사람이지만,) 땅 위에서 쓸어버리리라.

여기서 "사람"ᵐᵃᵈᵃᵐ(아담)이라는 말과 "땅"ᵃᵈᵃᵐᵃ(아다마)이라는 말은 의도적인 언어유희로 연결된다. 에덴동산 이야기에서 "아담"은 아다마, 흙으로 만들어졌으며 그가 죽음을 맞이할 때 다시 흙으로 돌아간다. 이제 야훼는 파괴를 결단함으로써 삶과 죽음의 순환고리를 끝내기로 한 것이다. 그러나 야훼가 고통스러운 결정을 알렸을 때 독자들은 여기서 진짜로 모든 것이 끝나지는 않음을 알 수 있다. "노아만은 하느님의 마음에 들었"다고 밝히고 있기 때문이다. 히브리어에서 노아ⁿᵒᵃʰ라는 이름의 자음ⁿ을 뒤집으면 호의ʰⁿ가 된다. 이 언어유희를 통해 독자들은 인류의 악함에 대한 야훼의 판단이 노아의 선함을 보고 바뀜을 알 수 있다. 그가 노아를 마음에 들어 했기에 인류는 절멸에 이르지는 않을 것이다. 인류의 악함에 대한 야훼의 고뇌에 찬 반응은 선한 사람 단 한 명에 대한 그의 호의와 균형을 이룬다. 여기서 신은 분노하고 후회하고 연민을 느끼고 기뻐한다.

　J 자료는 인간의 완벽함에 대한 환상을 품지 않으며 가차 없이 현

실적이다. 여기서 야훼는 인간의 무수한 결점을 본다. "(인간의) 마음에 생각하는 모든 계획이 언제나 악한 것뿐"이다. J 자료 홍수 이야기의 결말에서 야훼는 인류가 여전히, 그리고 언제나 악함을 안다.

사람은 어려서부터 악한 마음을 품게 마련이다. (창세 8:21)

야훼는 인류에 뿌리 깊게 자리 잡은 악에도 불구하고 "다시는 전처럼 모든 짐승을 없애버리지 않으리라"고 약속한다. 인간은 부패하고 결함 있는 창조물이지만, 야훼는 있는 그대로의 그들과 함께 사는 법을 배운다. J 자료에서 야훼가 인간을 바라보는 관점은 충격적일 정도로, 그리고 심각하게 비관적이다. 심지어 선한 노아조차도 결함이 있다. 홍수 이후 이야기에서 그는 술에 잔뜩 취해 벌거벗은 채 천막에 눕는다(창세 9:21).[6]

인간은 악하기만 한 존재인가? 야훼는 인류를 향한 그의 연민 때문에 인류의 존재를 감내하고 있는 것인가? 아니면 그는 인간을 창조했다는 것에 책임감을 느끼고 있는 것일까? 창세기 J 자료에서 드러나는 인간에 대한 관점은 어두운 현실주의라 할 수 있다. 현실은 고통으로 가득하고 모호하며 복잡한 도덕적 문제들이 뒤엉켜 있다. 이는 전도서에 나오는 후대의 관점과 크게 다르지 않다. 여기서 야훼라는 신은 너무나도 심오해 인간은 그저 그에 관한 징후나 암시만 힐끗

---

6 "한 번은 노아가 포도주를 마시고 취하여, 자기 장막 안에서 아무것도 덮지 않고, 벌거벗은 채로 누워 있었다." (창세 9:21)

엿볼 수 있을 뿐이다. 그리고 그가 창조한 현실 역시 모호하고 때로는 위협적이다.

이와 달리 P 자료의 홍수 이야기는 감정이 없는, 후회 따위는 하지 않는 신을 그린다. 그는 초월자로 우주를 하나의 전체로 보며 인간의 마음에 별다른 관심을 기울이지 않는다. P 자료의 홍수 이야기는 덜 인간중심적이고 신神 개념 역시 덜 의인화되어 있다. 여기서 신은 폐허가 된 세상을 "보고" 어떤 감정에 복받쳐 일을 진행하지 않는다.

> 하느님이 땅을 보시니, 썩어 있었다. 살과 피를 지니고 땅 위에서 사는 만물이 속속들이 썩어 있었다.

신의 시선은 인류만이 아니라 "땅"과 "만물"까지 향한다. 어떻게 "만물이 속속들이 썩어 있는지" 본문은 명확하게 기술하지 않지만, 땅이 무법천지가 된 것은 분명하다. 폭력의 횡행함으로써 세계가 폐허가 되었다는 깨달음에 이르자 신은 불가피한 결론을 내린다.

> 땅은 이들 때문에 폐허가 되었고, 그 끝날이 이르렀으니, 내가 반드시 그들과 땅을 함께 멸하겠다.

만물이 속속들이 썩어 버렸고 땅도 썩었기 때문에 신은 그 결과를 되돌려주겠다고 마음먹었다. 창세기 저자는 "폐허"חחש라는 단어를 다양한 형태로 언어유희를 함으로써 문제와 그 결과를 연결한다. 여기서 "끝날"은 신의 유별난 결단이나 감정적 반응이 아니라 불가피한 일, 이 세상에 대한 신의 판결이다.

P 자료에서 그리는 신은 후회, 분노, 혹은 연민의 신이 아니라 우주의 망가진 구조를 바로잡기 위해 침착하게 일에 착수하는 신이다. 폭력으로 물들어 폐허가 된 땅을 씻어내기 위해, 그는 물질로 이루어진 세상을 물로 이루어진 혼돈으로 되돌린다. J 자료에서 홍수는 오랜 기간 내린 폭풍우인 반면, P 자료에서 홍수는 태고의 혼돈 상태로의 회귀라 할 수 있다. 홍수로 대변되는 물은 폐허를 씻어내 땅을 정화한다. 거기서 신은 새로운 아담인 노아와 함께 세계를 다시 새롭게 창조한다. 홍수 후에 신은 태초의 명령을 반복한다.

생육하고 번성하여 땅에 충만하여라. (창세 9:1, 창세 1:28 참조[7])

P 자료에서 신은 인간에게만 관심을 기울이지 않는다. 오히려 그의 관심은 우주의 조화로운 질서에 있다. 폭력으로 물든 땅을 씻어내기 위해, 폐허를 복원하기 위해 물로 이루어진 혼돈으로 돌아가야 한다면 그렇게 되어야 한다. 그는 만물과 땅을 파괴할 것이고 다시 시작할 것이다. 그러나 노아는 파멸되지 않는다. 그는 "흠 없는 사람"이기 때문이다. 그는 씻어낼 필요가 없다. 노아를 구하겠다는 신의

---

7 "하느님이 그들에게 복을 베푸셨다. 하느님이 그들에게 말씀하시기를 "생육하고 번성하여 땅에 충만하여라. 땅을 정복하여라. 바다의 고기와 공중의 새와 땅 위에서 살아 움직이는 모든 생물을 다스려라" 하셨다." (창세 1:28)

결정은 땅 위에 사는, 폭력적인 모든 창조물을 파괴하겠다는 결정만큼이나 논리적이다. 세상의 질서는 선하고 순수해야 하며 창조 세계가 본래 그대로의 질서로 회복되기 위해서 불결함, 폭력, 폐허는 파괴되어야 한다. 이러한 생각에는 현실이 질서정연한 구조로 되어 있다는 관점, 이 구조 안에서 만물은 각자의 자리를 갖고 있고 신은 이 질서를 이상적인 상태로 이끄는 주체라는 관점이 반영되어 있다. P 자료를 주관한 이는 사제이자 선생, 땅에서 신의 법을 수호하는 자로 이 세계에 참여한다. 이 법은 우주의 적절한 질서를 유지하는 데에 기여한다.

홍수에 대한 J와 P의 서론은 두 자료의 문체와 우주론적 견해를 분명하게 보여준다. P 자료가 그리는 세계, 이야기는 분명하고 질서를 지향하며 계층 구조가 있는 데 반해 J 자료가 그리는 세계, 이야기는 감정으로 가득 차 있으며 모호하고 윤리적으로 복잡하다. P 자료가 초월적 신, 우주적인 신을 그리는 반면 J 자료는 후회하고 분노하며 때로는 연민을 느끼고 기뻐하는, 인간적인 면모를 지닌 신을 그린다. 이는 현실에 대한 다른 관점을 보여주며 신과 인간에 대한 다른 관점을 보여주기도 한다. 이들이 합쳐지면서 홍수 이야기, 더 나아가 창세기 전체는 현실에 대한 다면적인 그림, 모순으로 가득 차 있으면서 동시에 신비로운 의미로 가득한 그림을 그리게 되었다.

두 이야기를 결합하면서 편집자(가부장적 세계 아래 있었기에 여성은 아니었을 것이다)는 J 자료에 해당하는 본문에 P 자료에 나올법한 단어와 구절을 삽입했다. "내가 창조했던"이라는 구절은 "창조했다"바라(바라아)에 P 자료에서 사용한 특징적인 용어를 쓴다. "새와 집짐승과 들짐승과 땅에서 기어 다니는 모든 것과 사람까지, 살과 피를 지니고 땅 위에서 움직이는 모든 것들"(창세 7:23)에 나오는 창조물 목록에도 P 자료의 용어가 들어있다. 이러한 몇 개의 용어를 삽입함으로써 편집자는 J의 초점을 인간에서 만물로 확장하고 P 자료의 창조 이야기와 합침으로써 두 이야기를 조화시켰다. 두 이야기와 자료들이 하나가 되면서 창세기 본문은 훨씬 더 난해하고 복잡하고 불가사의해졌다. 나중에 보겠지만, 자료들이 결합되면서 생긴 이 내적 모순을 이해하기 위해 해석이 요청되었다. 창세기는 서로 다른 시대에 나와 서로 다른 철학이 담긴 자료들과 본문들로 구성된 다층적인 문헌이다. 노력을 기울인다면 본문들을 구성하는 여러 목소리를 들을 수 있고 미묘하지만 서로 다른 현실에 대한 이해를 감지할 수 있다.

고대 배경

창세기가 탄생할 때 자료가 만들어진 일, 자료들이 결합된 일은 오랜 과정의 마지막 단계에 해당한다. 이 문헌 자료들에 있는 이야기의 상당수는 더 오래된 구두 전승oral tradition 혹은 기록 전승written tradition에 그 뿌리를 두고 있다. 이를테면 창조와 홍수 이야기의 경우 이스라엘 지역과 고대 근동 지역 다른 전승에 이와 유사한 이야기 혹은 더 오래된 이야기가 있다. 이러한 맥락에서 창세기 이야기는 고대 근동 신화 및 서사시라는 거대한 망의 일부라 할 수 있다. 최근 200년 동안 이 오랜 전승 중 상당수가 고고학자들에 의해 다시 발견되었다.

메소포타미아, 가나안, 이집트, 그리고 그 외 이웃 지역에서 수천 개의 본문이 발견되었는데 이들은 창세기 이야기의 배경을 더듬어볼 수 있는 실마리가 된다.

고대 상인, 서기관, 예언자, 이야기꾼들은 문화와 언어를 가로질러 전승을 전달했고 이는 이스라엘 문화와 종교가 자라날 수 있는 토양이 되었다. 구두 전승이 이스라엘에 전달된 흔적은 '모세의 노래'The Song of Moses와 '드보라의 노래'The Song of Deborah 같은 오랜 시들에서 찾아볼 수 있다.

아득한 옛날을 회상하여 보아라.

선조 대대로 지나온 세월을 더듬어보아라.

너희 아비에게 물어보아라. 그가 가르쳐주리라.

노인들에게 물어보아라. 그들이 일러주리라. (신명 32:7)

우물가에서 (?)[8]의 소리로

거기서 그들이 야훼의 의로운 행위를 암송한다.

이스라엘에 사는 그의 마을 사람들의 의로운 행동을 (판관 5:11)

이 시들은 고대 구두 전승이 가족과 부족, 마을에서 어떻게 퍼져 나갔는지를 헤아려 볼 수 있게 해준다. 창세기 이야기는 이러한 고대

---

8   (?)의 소리는 모호하다. mḥṣ(מחצ), 즉 '치는 사람'에 뿌리를 둔 '북 치는 사람'을 뜻하거나 ḥṣr(חצר), 즉 '갈대 피리'에 뿌리를 둔 '피리 부는 사람'을 뜻할 수 있다.

구두 전승에서 유래했으며 세대에서 세대로 전달되었다. 전승에 대한 권위를 갖고 있던 가장, 장로, 여행자, 음유시인들은 이 전승을 다시금 이야기했다.

구두 전승과 기록 전승에 관한 고대 배경을 염두에 두고 홍수 이야기를 다른 층위에서 살펴보도록 하자. 바빌로니아 홍수 이야기에는 몇 가지 버전이 있는데 모두 창세기보다 오래되었다. 가장 오래된 버전은 기원전 약 1800년에 유래했는데 이는 J 자료보다 대략 천년 앞선다. 대다수 학자는 성서의 홍수 이야기가 바빌로니아 홍수 이야기에서 유래했으며 구두 전승의 영향을 받았다고 이야기한다. 가장, 장로, 여행자, 음유시인, 서기관들이 바빌로니아 버전을 이스라엘이라는 토양에 전달하자 이는 이스라엘 전승에 걸맞게 개작되었다.

길가메쉬 서사시의 표준 바빌로니아 11판tablet XI of the Standard Babylonian epic of Gilgamesh에 나오는 홍수 이야기는 J 자료의 홍수 이야기와 많은 유사점을 갖고 있다. 이를테면 홍수가 그치자 바빌로니아 홍수 이야기의 주인공(우트나피쉬팀Utnapishtim)은 방주에 있고 방주는 북부 메소포타미아의 니무쉬 산 꼭대기에 놓여있다.

일곱 번째 날이 되었다.
나는 비둘기를 꺼내 놓아주었다.
비둘기가 떠났다.
앉을 만한 자리가 없어서 다시 (내게) 돌아왔다.
나는 제비를 꺼내 놓아주었다.

제비가 떠났다.

앉을 만한 자리가 없어서 다시 내게 돌아왔다.

나는 까마귀를 꺼내 놓아주었다.

까마귀가 떠났고 그것은 물이 빠지는 것을 보았다.

그것은 먹고, 위아래로 재빠르게 오르내렸으며,

내게 돌아오지 않았다.

나는 제물을 꺼냈고 땅의 네 바람에게 희생 제사를 드렸다.

나는 산꼭대기에 향을 뿌렸다. (길가메쉬 XI. 148~58)[9]

이 장면에서 주인공은 새 세 마리를 보내 물이 줄어들었는지 확인하고 감사의 차원에서 신들에게 희생 제사를 올린다. 창세기 홍수 이야기에서 노아도 니무쉬 산 북쪽에 있는 아라랏 산 꼭대기에 있는 자신의 방주에서 이와 유사한 일을 한다.

사십 일 뒤에 노아는 자기가 만든 배의 창을 열고 까마귀 한 마리를 내보냈다. 그 까마귀는 땅에서 물이 다 마를 때까지 이리저리 날아다녔다. 노아가 다시 지면에서 물이 얼마나 빠졌는지 알아보려고 비둘기 한 마리를 내보냈다. 그 비둘기는 발을 붙이고 앉을 곳을 찾지 못하고 그냥 돌아왔다. 물이 아직 온 땅에 뒤덮여 있었던 것이다. 노

---

9 Andrew R. George(tr.), *The Babylonian Gilgamesh Epic* (2 vols, Oxford: Oxford University Press, 2003), 713. 또한 다음을 보라. Andrew R. George, *The Epic of Gilgamesh* (London: Penguin, 2003) 『최초의 신화 길가메쉬 서사시』(휴머니스트)

아는 손을 내밀어 비둘기를 배 안으로 받아들였다. 노아는 이레를 더 기다리다가 그 비둘기를 다시 배에서 내보냈다. 비둘기는 저녁때가 되어 되돌아왔는데 부리에 금방 딴 올리브 이파리를 물고 있었다. 그제야 노아는 물이 줄었다는 것을 알았다. 노아는 다시 이레를 더 기다려 비둘기를 내어 보냈다. 비둘기가 이번에는 끝내 돌아오지 않았다. ··· 노아는 야훼 앞에 제단을 쌓고 모든 정한 들짐승과 정한 새 가운데서 번제물을 골라 그 제단 위에 바쳤다. (창세 8:6~12,20)

비둘기, 제비, 까마귀를 보낸 우트나피쉬팀과는 달리 노아는 먼저 까마귀를 보내고 그다음에는 비둘기를 세 번 보낸다. 그러나 물이 줄어들었는지 살펴보기 위해 새들을 보낸다는 착상은 같다. 이는 배가 육지에 가까이 이르렀는지 확인하기 위해 고대 선원들이 했던 일에서 유래한다. 생각해보면 우트나피쉬팀과 노아는 꼭 새들을 보내지 않아도 되었다. 창문 밖을 내다보면 어느 정도 확인해볼 수 있으니 말이다. 그러나 새를 보내는 행동은 그다음 행동을 지연시키고 긴장감을 조성한다. 이야기의 흐름을 좀 더 생생하게 체감할 수 있게 해주는 흥미로운 착상인 것이다. 창세기에서 비둘기는 돌아올 때 부리에 "금방 딴 올리브 이파리"를 물고 있는데 이는 '다시 태어난 삶'이라는 의미를 압축한 일종의 모형이다. 이처럼 우트나피쉬팀이 보낸 까마귀 역시 "물이 빠지는 것을 보았고 ··· 먹고, 위아래로 재빠르게 오르내리면서" 삶이 계속되리라는 것을 보여준다.

　두 이야기에는 차이점이 또 있다. 바빌로니아 이야기는 시이고 창세기는 산문이며 길가메쉬 서사시에서는 홍수가 7일, 창세기에서는 40일 동안 이어진다. 좀 더 중요한 차이는 홍수의 원인이다. 바빌로니아 이야기에서 신 엔릴Enlil은 인간이 너무 많고 시끄럽다는 이유로 이들을 멸망시키기 위해 홍수를 일으킨다. 반면 J 이야기에서 야훼는 인간이 악하기 때문에 이들을 멸망시키려 홍수를 일으킨다. 바빌로니아 이야기에는 많은 '신들'이 등장하는 반면 성서 이야기에 등장하는 신은 단 하나다. 그러나 이러한 차이에도 불구하고 두 이야기는 구성, 인물, 갈등, 배경의 많은 세부사항이 매우 유사하다. 그리고 이러한 유사점들은 두 문화가 서로 근접해 있으며 창세기 홍수 이야기가 더 오래된 이야기들에 뿌리를 두고 있음을 알려준다.

에덴동산 이야기를 포함해 히브리 성서의 다른 이야기들도 이스라엘 전승과 고대 근동 전승이라는 오랜 뿌리를 갖고 있다. 에제키엘서(에스겔서)에는 창세기와 상당히 다른 에덴동산의 죄와 벌 이야기가 있으며 이는 에덴동산 이야기가 구전으로 다양하게 존재했음을 보여준다. 여기서 에제키엘은 띠로(두로)의 왕에게 애가를 암송하는데, 마치 띠로의 왕이 본래는 거룹(그룹, 스핑크스 비슷한 창조물)이었던 것처럼 말한다.

너는 지혜로 가득하고 완벽하게 아름다웠다.
너는 에덴, 하느님의 동산에 있었다.
모든 보석이 너를 두르고 있었다.
홍옥수, 귀감람석, 다이아몬드,

녹주석, 줄 마노, 벽옥,

사파이어, 터키옥, 그리고 에메랄드…

너는 불의 돌들 사이로 걸었다.

너는 네가 창조되던 날부터

옳은 길을 걸었다

악이 네 안에서 발견되기 전까지는…

그래서 나는 너를 하느님의 산에서 쫓아내고,

나는 너를 파멸시켰다, 오 보호자 거룹이여. (에제 28:12~16)

이 이야기에 따르면 신은 오만한 거룹을 에덴동산에서 내쫓고 그를 멸망시켰다. 에제키엘은 당시 세상을 떠난 띠로 왕의 운명이 어떠한 지를 분명하게 보여주기 위해 이 이야기를 사용했다. 이는 창세기에 나온 에덴동산 이야기와는 다른 에덴동산 이야기지만 거룹, 지혜, 범죄, 그리고 에덴동산에서의 추방 등 요소와 주제 면에서 공유하는 부분이 있다. 창세기에서 신은 인간이 돌아오지 못하게 에덴동산으로 가는 길목에 거룹을 세워 지키게 했으나(창세 3:24) 에제키엘서에서는 거룹이 쫓겨나고 멸망당한다. 또한 창세기에서 보석은 에덴동산 밖 (하월라 땅, 창세 2:11~12)에 있으나 에제키엘서에서는 에덴동산에 있다. 이와 관련해 길가메쉬 IX판 172~194행을 보면 신의 정원에 보석으로 만들어진 나무들이 있다. 그러므로 과거 에덴동산 이야기는 창세기 이야기에서 그치지 않으며 다채로운 버전들로 유통된 것으로 보인다. 달리 말하면 이 이야기는 이스라엘과 그 주변의 더 넓은 이야기

군에 속해 있었다.[10]

창세기의 창조 이야기가 더 넓은 이야기군에 속해 있음을 보여주는 또 다른 예들은 성서 안팎에서 찾아볼 수 있다. 창조신 마르둑Marduk이 등장하는 바빌로니아 창조 이야기는 그중 하나다.

세상은 온통 바다였고, 바다 한가운데의 샘이 유일한 통로였다. …

마르둑은 물 표면에 뗏목을 묶었다.

그는 흙을 만들어 뗏목 위에 수북이 쌓았다.

신들을 안락한 거처에 정착시키기 위하여

그는 인류를 만들었고,

(여신) 아루루는 그와 함께 인류의 자손을 만들었다.

그는 야생동물, 널따란 땅에 생물들을 만들었다.

그는 티그리스 강과 유프라테스 강을 만들어서 놓았다.

그는 마음에 들어 하며 그들의 이름을 불렀다.

그는 마른 골풀, 흐늘거리는 갈대, 늪, 갈대 덤불,

갈대 서식지, 널따란 땅의 초목…

(그는 벽돌을 쌓았고), 그는 벽돌 주조틀을 만들었다.

(그는 도시들을 건설했고), 그는 정착지의 기초를 세웠다.

(세상의 창조자 마르둑Marduk, Creator of the World 10~38행)[11]

---

10 더 자세한 내용은 다음을 참조하라. Tryggve N.D.Mettinger, *The Eden Narrative: A Literary and Religio-historical Study of Genesis 2–3* (Winona Lake, IN: Eisenbrauns, 2007)

11 Benjamin R. Foster(tr.), *Before the Muses: An Anthology of Akkadian Literature* (3rd ed., Bethesda, MD: CDL Press, 2005), 488~489.

이 이야기에서 최초의 장면("세상은 온통 바다였고")은 물에서 시작되는 데 창세기 1장도 마찬가지다("어둠이 깊은 물 위에 뒤덮여 있었고"). 또한 이 이야기에서 마르둑이 흙을 만들고 물 위에 육지를 만드는 것은 창세기에서 신이 셋째 날 창조한 내용과 비교된다. 물론 뗏목 위에 흙을 쌓은 것은 창세기 1장 내용보다 덜 고상하기는 하지만 태고의 물 위에 육지가 생겼다는 점은 유사하다. 바빌로니아 창조 이야기에서 마르둑은 "신들을 안락한 거처에 정착시키기 위하여" 인간을 만드는데 이는 에덴에서 아담의 역할과 유사하다. 창세기에서 아담이 맡은 일은 신의 정원을 돌보는 것이었다("그를 에덴동산에 두어 그곳에서 일하고 지키게 했다"). 또한 에덴동산의 창조 이야기와 마찬가지로 바빌로니아 신화에서 인간은 첫 번째 창조물이며 뒤이어 동물들이 만들어진다(창세기 1장은 다르다). 그리고 바빌로니아 신화는 마르둑이 도시를 건설하는 것으로 마무리되는데, 성서 이야기에서 도시는 신이 아니라 인간들이 건설한다. 하지만 신이 질서정연한 세계를 창조한다는 것, 만물에 각자의 자리와 역할이 있다는 점에서는 두 이야기에 공통된 흐름이 있다고 할 수 있다.

바빌로니아 신화를 통해서도 알 수 있듯, 창세기의 창조 이야기는 더 넓은 창조 전승군에 속해 있다.[12] 그러나 창세기는 오랜 전승을 단순히 반복하지는 않았다. 이 이야기는 오래된 생각과 이야기를 취하되 초점을 바꾸어 고유한 현실 이해를 독특한 방식으로 표현해냈다.

---

12   다음을 보라. Richard J. Clifford, *Creation Accounts in the Ancient Near East and in the Bible* (Washington, DC: Catholic Biblical Association, 1994)

한 처음에

제임스흠정역에서 창세기는 "한 처음에"in the beginning라는 낭랑한 말로 시작된다. 음절 "인"in이 세 번 등장하는 것에 주목하라. 히브리어 원문도 마찬가지로 일정한 소리가 반복되는 효과를 쓴다. "베레쉬트 바라아"בְּרֵאשִׁית בָּרָא의 "베레"בְּרֵא와 "바라"בָּרָא는 유사한 울림을 낸다. 이처럼 히브리어로 된 창세기를 읽으면 유사한 소리가 반복되며 메아리처럼 울려 퍼진다. 여기에는 "그대로 되었다", "저녁과 아침", "참좋았다" 등과 같은 표현들도 포함된다.

창세기 1장 1절~2장 3절의 창조 이야기는 기원전 6세기경에 이스라엘 사제인 P가 기록했다.[13] 그리고 P 자료와 그 이전 자료를 결합한 편집자는 이 부분을 전체 책 앞에 붙였다. 전체 체계를 잡고 최종 두루마리에 자신의 표식을 새기는 것은 편집자의 특권이었다. 이 책은 49장에 나오는 오랜 부족시와는 거리가 있는 본문으로 시작한다. 1장에서 창조는 장엄하게 우주적 차원의 질서가 잡히는 것으로 그려진다. 각 구절은 한 편으로는 대칭을 이루고 한편으로는 일정 표현을 반복하면서 신이 우주에 질서를 부여하듯 본문에 일정한 질서를 부여한다.

아래 창세 이야기의 순차적(수직) 설계와 주제적(수평) 설계 둘 모두에 주목하라.

---

13 다음을 보라. Mark S. Smith, *The Priestly Vision of Genesis 1* (Minneapolis: Fortress Press, 2010)

최초의 혼돈: 물, 어둠, 잠겨 있는 땅, 하느님의 바람	
첫째 날: 빛의 창조	넷째 날: 해, 달, 별의 창조
둘째 날: 하늘의 창조, 물의 분리	다섯째 날: 물과 하늘의 생물 창조
셋째 날: 육지와 식물의 창조	여섯째 날: 육지 생물과 인간의 창조
일곱째 날: 완성된 우주 – 하느님이 휴식하다	

이 문학적, 우주론적 설계를 풀어보자. 첫째, 최초의 혼돈과 완성된 우주 사이에는 일정한 문체, 시간, 개념의 틀이 있다. 최초의 혼돈은 물, 어둠, 잠겨 있는 땅, 그리고 하느님의 바람이라는 요소들로 이루어져 있다.

> 태초에 하느님께서 하늘과 땅을 지어내셨다. 땅은 아직 모양을 갖추지 않은 혼돈이었으며 어둠이 바다를 덮고 있었다. 그리고 이 물 위를 하느님의 바람이 휘돌고 있었다. (창세 1:1~2)

일곱째 날까지 하늘과 땅에 무수히 많은 피조물이 생긴다.

> 이리하여 하늘과 땅과 그 가운데 있는 모든 것이 다 이루어졌다. … 이렇게 하느님께서는 모든 것을 새로 지으시고 이렛날에는 쉬시고 이날을 거룩한 날로 정하시어 복을 주셨다. (창세 2:1~3)

이 이야기 시작 부분과 끝부분에서는 "하늘과 땅", "하느님께서 지으셨다"는 표현이 반복되면서 이야기들을 하나로 묶어준다. 개념상 "하늘과 땅"의 그림은 완전히 바뀐다. 시작 부분에서 "하늘과 땅"은 혼돈이었으나 끝에 이르면 질서가 잡힌다. 하느님의 휴식, 일곱째 날의 축복은 태고의 끝없는 혼돈과 대비를 이룬다. 이제 시간과 공간이라는 적절한 질서가 있고 하느님께서 보시기에 좋았다고 확언한, 구조화된 세계가 있다. 이렇게 혼돈에서 신이 부여한 질서가 잡힌 우주로의 진행이 마무리된다.

태고의 혼돈과 완성된 우주 사이의 6일은 주제별로 3일씩 나뉘어 있다. 처음 3일 동안 신은 태고의 요소들을 우주의 일부로 만들기 위하여 분리하고 보완한다. 그리고 남은 3일 동안 신은 새롭게 창조된 우주의 각 영역을 그에 걸맞은 피조물로 채운다.

첫째 날, 신은 빛을 창조한다. 빛의 창조, 그리고 이로써 일어난 어둠과 빛의 분리는 낮과 밤(시간)의 탄생으로 이어진다. 우주의 시간 순서는 태고의 어둠과 신이 베풀어 주는 빛("그 빛이 하느님 보시기에 좋았다")이 번갈아 나오면서 시작된다. 이 전에는 시간도, 변화도 없었다. 오직 모양을 갖추지 않은 혼돈만 있을 뿐이었다.

빛의 창조, 시간이라는 새로운 질서는 넷째 날 신이 해, 달, 별과 같은 천체를 창조하면서 보완되고 완성된다.

> 하느님께서는 이 빛나는 것들을 하늘 창공에 걸어 놓고 땅을 비추게 하셨다. 이리하여 밝음과 어둠을 갈라놓으시고 낮과 밤을 다스리게 하셨다. 하느님께서 보시니 참 좋았다. (창세 1:17~18)

이 천체들은 빛과 시간의 도구로 창조되며 낮과 밤을 "다스린다". 이들은 또한 "절기와 나날과 해를 나타내는 표"(1:14)의 역할도 하는데 이는 시간의 도구라는 그들의 또 다른 기능이다. 천체가 창조됨으로써 우주의 시간 질서가 자리를 잡게 된다. 이렇게 넷째 날 신의 창조 행위는 그의 첫째 날 창조 행위를 완성한다.

둘째 날, 신은 창공을 창조하고 물을 "창공 아래 있는 물과 창공 위에 있는 물"(1:7)로 갈라놓는다. 창공을 창조해 태고의 물을 나눔으로써 신은 위와 아래 사이에 차이를 만들어내는데 이로써 공간이 나온다. 이제 창공 위 천체의 물, 창공, 창공 아래 대기, 그리고 육지의 물과 같이 서로 다른 공간들이 있다. 태고의 어둠이 분리되고 시간의 질서로 통합되었듯 태고의 물은 분리되어 새롭게 창조된 공간의 질서로 통합된다. 혼돈의 물은 태고의 어둠과 같이 질서 정연한 세계에 도움을 주는 요소로 길들여진다.

새로운 공간들은 다섯째 날 신이 육지의 물, 대기에 생물들을 거주하게 하면서 보완되고 완성된다.

> 바다에는 고기가 생겨 우글거리고 땅 위 하늘 창공 아래에는 새들이 생겨 날아다녀라! (창세 1:20)

이처럼 다섯째 날 만들어진 피조물들은 둘째 날 창조된 우주의 공간들에 거주하게 된다.

셋째 날에는 이에 상응하는 여섯째 날과 마찬가지로 두 가지 창조 행위가 있다. 신은 마른 땅을 창조하기 위해 육지의 물을 분리해 낸 뒤 모으고 그렇게 생긴 땅에 식물이 돋아나라고 명령한다. 이제 열매가 가득한 땅은 생물을 먹일 준비를 마쳤다. 따라서 신은 여섯째 날 육지 동물들을 창조하고 그 후 인간을 창조한다.

> 하느님께서 "땅은 온갖 동물을 내어라! 온갖 집짐승과 길짐승과 들짐승을 내어라!" 하시자 그대로 되었다.
> 하느님께서는 "우리 모습을 닮은 사람을 만들자! 그래서 바다의 고기와 공중의 새, 또 집짐승과 모든 들짐승과 땅 위를 기어 다니는 모든 길짐승을 다스리게 하자!" (창세 1:24, 26)

이제 마른 땅이라는 공간에 모든 종류의 육지 동물들과 인간들이 거주한다. 남녀는 신의 형상대로 창조된다. 신의 형상이자 지상의 대표로 인간은 육지, 바다, 하늘의 동물들을 다스릴 책임을 갖게 된다. 천체가 시간을 다스리도록 창조되었듯 인간은 지상과 모든 생물을 다스리도록 창조된다. 여섯째 날 창조된 피조물들은 마른 땅에 거주하며 셋째 날 창조된 식물을 먹는다. 마지막 피조물인 인간은 질서 잡힌 세계의 위계 구조를 완성한다.

이처럼 창세기 창조 이야기는 우주를 몇 가지 기본적인 요소들에서 끌어내는 일관된 우주론적 체계를 보여준다. 창세기 저자, 그리고 편집자는 위엄 있는 어조로 신이 합리적인 질서를 갖추고 도덕적으로 탁월한 세계를 어떻게 창조했는지를 보여주었다. 신의 형상으로서 지상을 통치하는 피조물인 인간은 창조 질서의 완전함과 선함을 보여주는 최고의 성취다. 세상은 완벽하고 안식일은 이를 가리키는 거룩한 기호holy sign다. 신은 이 세상에 만족한다. 그는 만물을 보고 "참 좋았다"(1:31)고 말한다.

이렇게 정교하면서도 일관된 대칭 구조를 갖춘 창조 이야기는 고대 세계에서 유일하다. 이 이야기는 신이 자연 세계를 초월하기 때문에 창조 세계가 초월적인 축을 갖고 있음을, 그리고 선함을 강조한다. 우주를 이루는 그 무엇도 무작위로 만들어지지 않았으며 불완전하지 않다. 신은 모든 공간과 시간에 조화로운 질서를 만들었다. 태고의 혼돈이 잠재적으로 품고 있는 해악은 창조 세계의 긍정적인 구조들로 상쇄된다. "남자와 여자"는 모두 "하느님의 형상으로" 창조되었기 때문에 서로 균형과 조화를 이룬다. 그리고 그렇게 모든 인간은 평등하게 신의 축복을 받으며 자신의 맡은 역할을 해야 할 책임을 지닌다. 세상은 선을 베풀고 전능한 신이 창조했기에 선하다. 우주는 합리적이면서도 도덕적이며 여기서 인간은 고귀한 위치를 차지한다.

그렇기에 창세기 창조 이야기는 당대 자연과학과 신학의 강력한 조합물이라 할 수 있다. 창세기 저자, 편집자는 창조와 관련된 오래된 신화들에서 일정 요소들을 가져와 새로운 사고를 담아내는 수단으로 변형시켰다. 태고의 네 가지 요소인 어둠, 물, 땅, 바람은 이보다 더 오래된 이집트와 바빌로니아 신화를 연상시키며 창조의 질서정연한 구조는 우주에 대한 초기 그리스 철학을 연상시킨다. 창조 이야기는 7일간 이루어진 창조 서사를 담고 있지만 극적 긴장, 인물의 발전 혹은 갈등이 없다. 바다의 "위대한 용"(1:21)을 의도적으로 언급하고 있기는 하지만 그 전 신화들에서처럼 적이 아니라 그저 신이 창조한 바다생물 중 하나에 불과하다. 용에 대한 이러한 길들이기는 잠재적인 혼돈에서 질서를 갖춘 우주로의 변형을 또 다른 방식으로 보여준다고 할 수 있다. 창세기 창조 이야기가 그리는 현실은 질서 있고 철학적이며 구조를 갖추고 있다. 그리고 이 이야기에 담긴 사상은 오랜 기간 위엄을 지니고 합리적인 사상으로 간주되었다. 현실을 복잡하기는 하나 신성한 질서로 보는 이 독특한 관점은 이후 세계에 대한 우리의 감각을 형성했다.

아담과 하와

창세기의 복잡한 문제 중 하나는 창조 이야기에 두 가지 버전이 있다는 것이다. 첫 번째 이야기가 끝나자마자 창조의 순서가 다른 두 번째 이야기가 시작된다. 이 이야기에서는 처음으로 남자를 만들고 그다음에 에덴동산, 그 후에 동물들을, 마지막으로 여자를 만든다. 이는 에덴동산에서 일어난 인간의 탄생과 범죄에 관한 J의 이야기다. 두 이야기를 결합한 편집자는 P 자료와 J 자료에 나오는 신의 이름을 '야훼 하느님'이라는 이중 이름double name으로 결합함으로써 P 자료에서 J 자료로 자연스럽게 전환되게 만들었다.

야훼 하느님께서 땅과 하늘을 만드시던 때였다. 땅에는 아직 아무 나무도 없었고, 풀도 돋아나지 않았다. 야훼 하느님께서 아직 땅에

비를 내리지 않으셨고 땅을 갈 사람도 아직 없었던 것이다. 마침 땅에서 물이 솟아 온 땅을 적시자 야훼 하느님께서 진흙으로 사람을 빚어 만드시고 코에 입김을 불어 넣으시니, 사람이 되어 숨을 쉬었다. (창세 2:4~7)

J 자료는 P 자료보다 오래되었고 독자적인 이야기를 갖고 있다.[14] J 자료에 있는 창조 이야기의 서두 또한 마찬가지다. 여기서 태고의 혼돈은 야훼 하느님이 세상 질서를 창조하기 전에 식물, 비, 혹은 인간이 없는 상태로 그려진다. 야훼 하느님은 먼저 인간을 창조하는데 이는 빛을 먼저 창조하고 인간을 마지막으로 창조한 창세기 1장과 대비를 이룬다. 과거 해석자들은 신의 창조가 다른 어조와 결과, 순서를 지닌 두 이야기로 나뉘어 있으면서 기이하게 반복된다는 점에 당혹스러워했으며 그 의미를 해석하기 위해 애를 써야 했다. 그 결과 두 번째 창조 이야기는 동물과 인간이 창조된 여섯째 날 창조에 대한 회상, 혹은 상세한 설명으로 해석되곤 했다. 그러나 창조의 순서가 다른 점, 동기가 다르다는 점은 쉽게 해결되지 않는 난제로 남았다.

에덴동산 이야기에서 최초의 인간은 땅을 갈기 위해 창조된다. 이는 태고의 부재 중 하나를 해결한다("땅을 갈 사람도 아직 없었던 것이다"(창세 2:5)). 그리고 야훼 하느님은 에덴동산을 만들고 "그를 데려다가 에덴에 있는 이 동산을 돌보게 했다"(창세 2:15). 이것이 인간이 최

---

14 Ronald Hendel, 'Historical Context', *The Book of Genesis: Composition, Reception, and Interpretation* (Leiden: Brill, 2012), 51~81.

초로 마주한 운명이다. 나중에 인간은 야훼 하느님의 명령에 불복하고 선과 악을 알게 하는 나무의 열매를 먹은 후 동산 밖의 땅을 일궈야 하는 운명에 처하게 된다. 땅은 인간에게 그냥은 열매를 주지 않게 될 것이다. 아담은 흙으로 돌아갈 때까지 고되고 고통스러운 노동을 감내해야 할 것이다. 여기서 "사람"אָדָם(아담)과 "땅"אֲדָמָה(아다마) 사이의 언어유희가 끝난다. 창세기 1장에서 축복을 받은 것과 달리 아담은 이제 저주를 받는다. 신은 말한다.

> 땅 또한 너 때문에 저주를 받으리라. 너는 죽도록 고생해야 먹고 살리라. 들에서 나는 곡식을 먹어야 할 터인데, 땅은 가시덤불과 엉겅퀴를 내리라. 너는, 흙에서 난 몸이니 흙으로 돌아가기까지 이마에 땀을 흘려야 낟알을 얻어먹으리라. 너는 먼지이니 먼지로 돌아가리라. (창세 3:17~19)

저주받은 땅, 고통스러운 노동, 죽음으로 채색된 인간 실존에 대한 그림은 위에서 언급한, J 자료에서 나온 홍수 이야기의 냉혹한 현실주의와 일치한다. 현실은 가혹하고 용서가 없으며 살기 위해서는 땅을 일구어야 하며 언제나 죽음의 그림자가 따라다니고 있다. 낙원에서의 편안하고 순수한 삶은 더는 존재하지 않는다. 토머스 홉스Thomas Hobbes의 널리 알려진 구절처럼 삶은 가난하고, 험악하고, 잔인하고, 짧다.

그러나 인간(인류)은 이제 인간을 "하느님처럼" 만드는 "선과 악을

아는 앎"을 갖고 있다. 새롭게 얻은 이 앎은 다양한 도덕적 지식, 성
性에 대한 앎, 개인의 자의식을 아우른다. 이로 인해 인간은 낙원에서
쫓겨났지만 그의 지위는 이 땅에서 영구적으로 높아졌다. 그러므로
이 이야기가 최종적으로 그린 현실의 그림은 복잡하다. 인간은 지혜
의 척도를 얻었지만 낙원을 잃었다. 앎과 자의식은 에덴 밖의 가혹한
삶을 상쇄하며 어느 정도 상실을 메워준다. 지식, 죽음, 기쁨과 고통
이 서로 얽힌 모호한 현실을 이 이야기는 그린다.

J 이야기에는 삶에 대한 복잡한 관점에 더해 성별에 대한 독특한
관점이 담겨 있다. 여기서 하와는 뱀의 말을 듣고 신의 명령에 불복
하기로 선택하고 자신의 남편 또한 불순종으로 인도한다. 이에 신은
그녀를 저주한다.

> 너는 아기를 낳을 때 몹시 고생하리라. 고생하지 않고는 아기를 낳
> 지 못하리라. 남편을 마음대로 주무르고 싶겠지만, 도리어 남편의
> 손아귀에 들리라. (창세 3:16)

여자도 남자와 마찬가지로 힘겨운 노동을 하게 되리라는 저주를 받
는다. 다만 남자가 땅을 일구는 노동으로 고통받으나 여자는 출산으
로 고통받는다. 이렇게 성 역할은 구별되지만 모두 고되다는 점에서
는 차이가 없다. (아담이 갈망했던) 하와가 남편에게 금단의 열매를 주
워 먹게 한 벌은 관계의 역전이다. 이제 아내는 남편을 갈망하고 남
편은 아내를 다스린다. 이처럼 하와가 받은 벌은 동산에서 저지른 그

녀의 과실에 상응한다. 성에 대한 앎, 신처럼 되는 앎 모두를 내포하고 있는 것으로 보이는 금단의 열매를 향한 그녀의 욕망은 가부장적 위계에서 남편을 향한 욕망으로 바뀐다. 동산에서 아담과 하와가 맺은 본래의 조화가 역전된 성 역할의 기원은 하와가 저지른 지적 불순종의 결과다.

에덴동산 이야기는 세상과 인간이 어떻게 현재의 모습이 되었는지를 다루는 이야기다.[15] 이 이야기는 창세기 1장의 기원 이야기와는 다른 감정과 개념을 지니고 있다. 그리고 이는 부분적으로 P 자료와 J 자료를 결합함으로써 나온 결과라 할 수 있다. 세상은 매우 좋으면서도 동시에 매우 고통스럽다. 인간은 창조의 정점이면서도 엄청난 고통을 겪을 수밖에 없는 피조물이다. 에덴동산 이야기에는 P 자료에서 나온, 우주적 조화를 말하는 이야기와 균형을 이루는 가혹한 현실주의가 있다. 이 이야기들이 결합되면서 인간은 주인임과 동시에 노동자로 그려지게 되었다. 그리고 이에 상응해 신은 인간에게 축복과 저주를 내린다.

에덴동산 이야기가 그려내는 현실은 인간의 관점에서 봤을 때 지극히 세속적이고 불완전하다. 인간은 선과 악을 아는 앎을 얻게 되면서 "하느님처럼" 되지만 그 앎의 내용은 모호하고 양면적이다. 인간

---

15 다음을 보라. Alan Dundes, 'a sacred narrative explaining how the world or humans came to be in their present form', *The Flood Myth* (Berkeley: University of California Press, 1988), 1. 창세기의 장르에 관해서는 다음을 참조하라. Ronald Hendel, *Remembering Abraham: Culture, Memory, and History in the Hebrew Bible* (New York: Oxford University Press, 2005), 98~107.

은 과거의 자신보다 많은 앎을 얻게 되었지만 이로 인해 순수함을 상실하고 낙원에서 쫓겨나게 되었다. 어떤 면에서 에덴동산 이야기는 순수하고 의존적인 상태의 어린이가 독립한 어른에 이르는 슬픈 성장 이야기다. 인간은 자유롭도록 창조되었음에도 불구하고 온갖 제약을 받는다. 인류는 신처럼 앎을 가질 수 있을 정도로, 심지어는 신의 명령에 불순종할 수 있을 정도로 높은 위치에 있으나 그런 인류가 머무르는, 그리고 자손들에게 물려줄 세상은 가혹하기 그지없다.

에덴동산 이야기에서 신은 자애로우면서도 엄격하다. 그는 창조하고, 연민을 느끼고("사람이 혼자 있는 것이 좋지 않으니") 옷을 만들어준다. 그러나 끝내는 인간을 추방한다. 인류는 그를 두려워하고 존경해야 한다. 에덴동산 이야기에서 그리는 신은 창세기 1장에 나오는 초월적이고 우주적인 신이 아니다. 그는 동산에서 걷고 이야기하며 심지어는 실수도 한다(동물들이 아담의 외로움을 해결해주지 못해 하와가 창조되었음을 기억하라). 아담과 하와의 후손은 신이 가진 앎의 극히 일부, 실낱같은 앎의 안내를 받아 가혹한 세상에서 함께 살아나가야 한다.

이처럼 창세기는 고대 구두 전승에서 유래한 이야기와 자료가 결합해 탄생했다. 이 책은 다양한 층위를 지닌 복잡한 책이다. 그리고 이렇게 창세기가 만들어지자 이 안에 담긴 의미는 새로운 배경과 관점을 만나 더 큰 의미를 갖게 되었다. 세대를 거치며 신중하게 작성된 창세기 본문은 신이 자신의 비밀을 드러내기도, 숨기기도 하는 완전한 책, '성스러운 경전'으로 여겨지게 되었다.

"그는 수문 앞 광장에 나타나
해 뜰 녘부터 해가 중천에 이르기까지
남녀를 가리지 않고 셈든 사람들에게 그것을 들려주었고"

의미를 밝히다

창세기가 탄생하자 무수한 해석자들이 이 책에 이끌렸다. 간결한 문체, 복잡한 형성사, 종교적 내용 등을 비롯한 여러 가지 이유에서 창세기는 해석이 필요했기 때문이다. 어떤 면에서 공적 영역에 책으로 처음 등장했을 때부터 창세기는 해석된 본문이었다. 기원전 5세기 본문인 느헤미야서를 보면 이를 알 수 있다.

> 일곱째 달 초하루에 사제 에즈라(에스라)는 율법책을 가지고 회중 앞에 나왔다. 거기에는, 남자든 여자든, 알아들을 만한 사람은 모두 나와 있었다. 그는 수문 앞 광장에서, 남자든 여자든, 알아들을 만한 모든 사람에게 새벽부터 정오까지, 큰소리로 율법책을 읽어 주었다. 백성은 모두 율법책 읽는 소리에 귀를 기울였다. … 레위 사람인 예수아와 바니와 세레비야와 야민과 아쿱과 삽대와 호디야와 마아세야와 클리타와 아자리야와 요자밧과 하난과 블라야는, 백성들이 제자리에 서 있는 동안에, 그들에게 율법을 설명하여 주었다. 하느님의 율법책이 낭독될 때에, 그들이 통역을 하고 뜻을 밝혀 설명하여 주었으므로, 백성은 내용을 잘 알아들을 수 있었다. (느헤 8:2~8)

여기서 "율법책"에 창세기가 포함된다는 것은 다음 장에서 알 수 있다. 레위인들은 "당신께서는 하늘을 지으셨습니다"라는 말로 시작되는 찬미를 드리며 창세기를 요약하고 해석한다(느헤 9:6~8).[1] 앞서 언급한 에즈라가 "율법책", 토라를 읽는 장면을 살피면 "율법책"을 설명하고 이해하는 것의 중요성이 강조되는 것을 알 수 있다. 여기서 "이해하다, 설명하다"를 뜻하는 "야빈"בין이 서로 다른 형태로 네 번 등장한다. "알아들을 만한 사람들", "알아들을 만한 모든 사람", "잘 알아들을 수 있었다"와 같은 표현들은 특정한 울림을 자아낸다. 즉 '율법을 읽는 일'과 '율법을 해석하는 일'은 서로 연관되어 있으며 "알아들을 만한 사람들"과 "통역을 하고 뜻을 밝혀 설명" 해 줄 수 있는 해석자가 필요하다. 단순히 성서 본문을 읽는 것으로는 충분치 않다. 본문을 이해하게 되는 일이 일어나기 위해서는 해석자와 적극적인 청중이 있어야 한다.

왜 해석이 그렇게 필요한가? 본문의 고대성antiquity, 권위authority, 복잡성complexity 등에서 기인한 수많은 이유가 있다.[2] 위에서 언급한 율법책을 처음 낭독하는 장면은 기원전 5세기 중반 신년 축제를 그린다. 이는 새로운 시작, 신의 율법을 새롭게 드러내기에 좋은 날이었다. 행사가 실제로 본문에서 묘사하듯 이루어졌는지는 확실하지 않다. 아마도 윤색되었을 것이다. 분명한 것은 이 축제가 창세기를 이

---

1 "주님만이 홀로 우리의 주님이십니다. 주님께서는 하늘과, 하늘 위의 하늘과, 거기에 딸린 별들을 지으셨습니다. 땅과 그 위에 있는 온갖 것, 바다와 그 안에 있는 온갖 것들을 지으셨습니다. 주님께서는 이 모든 것에게 생명을 주십니다. 하늘의 별들이 주님께 경배합니다." (느헤 9:6~8)

2 James L. Kugel and Rowan A. Greer, *Early Biblical Interpretation* (Philadelphia: Westminster Press, 1986), Michael Fishbane, *Biblical Interpretation in Ancient Israel* (Oxford: Clarendon Press, 1985)

루는 오래된 자료들이 작성되고 수백 년이 지난 뒤에 열렸다는 것이다. 그때 이미 이전의 무수한 히브리 단어, 표현, 문법 구조가 모호해지고 절반 정도는 잊힌 상태였다. 당시 사람들이 창세기의 언어를 이해하기 위해서는 해석을 할 수밖에 없었다.

앞서 보았듯 창세기의 각 자료에는 여러 구절이 덧붙여졌으며 그 자료들이 결합해 본문을 이루면서 불일치와 여러 질문거리를 낳았다. 초기 해석자와 현대 해석자들 모두 '왜 인간과 동물이 두 번 창조되었는가?'와 같은 곤란한 질문과 마주할 수밖에 없었다. 이뿐만이 아니다. 카인이 자신을 죽일까 봐 두려워한 다른 사람들은 누구인가(그의 아버지와 어머니인 아담과 하와는 아닐 것이다)? 카인의 아내는 어디에서 나타났는가(그의 여동생이 아내인가)? 노아의 방주에는 얼마나 많은 동물이 실렸는가? 동물마다 두 마리씩인가? 아니면 깨끗한 동물 일곱 쌍과 부정한 동물 한 쌍씩인가? 므두셀라는 홍수 때 빠져 죽었는가? 왜 하갈은 두 번 추방당했는가? 왜 브엘세바는 두 번 세워지는가? 왜 야곱은 베델을 두 번 명명했는가? 창세기의 복잡한 형성사에서 야기된 이런 물음들, 그리고 그 외에도 다른 많은 질문에는 모두 해석이 필요했다.

해석이 필요한 또 다른 중대한 동기는 과거의 본문이 현대에도 유의미함을 보여주어야 했기 때문이다. 창세기가 "하느님의 율법"(느헤 8:8)의 일부라면 그 어떤 내용도 사소한 내용일 수는 없다. 그렇다면 창세기에 나오는 많은 목록과 족보는 무슨 의미가 있을까? 언뜻 보기에는 골동품 수집가가 관심을 가질 법한 내용인데 말이다. 야곱 이야기는 더더욱 어렵다. 늙고 눈먼 아버지를 속이는 행위가 오늘날 어떠한 교훈을 줄 수 있을까? 인간 여자들과 성관계를 맺는 신의 아들들에 관한 기이한 이야기도 마찬가지다. 이 이야기는 오늘날에도 유효한가? 이 본문들이 신성한 율법의 일부가 될 만한 가치가 있다면 어떻게든 중요하고 의미가 있을 것이라고 사람들은 생각했다. 그리고 이 본문이 현대에 어떠한 면에서, 왜 가치가 있는지 설명하기 위해서는 존경받고 권위 있는 해석자가 있어야 했다.

하지만 이러한 이유들이 초기 해석자들이 해석의 필요성을 체감한 핵심 이유라고는 할 수 없다. 그들이 창세기 해석을 중시했던 이유는 다른 무엇보다 창세기가 "하느님의 율법"의 일부라면 이 책에 신이 권위를 부여했다고 생각했기 때문이다. 모세가 시나이 산에서 신에게 율법을 받았을 때 신이 이를 직접 말로 전했다고 전해진다. 본문은 반복해서 "야훼께서 모세에게 말씀하셨다" 혹은 "하느님께서 이 모든 말씀을 하셨다"고 말한다. 신이 모세에게 율법을 직접 말해주었다면 신이 율법의 의미를 가르쳐주었거나 그러한 의미를 풀어내는 해석의 가능성 또한 인정해주었다고 생각해볼 수 있다. 달리 말해 초기 해석자들은 창세기를 "하느님의 율법"의 일부로, 계명과 다른 율법들처럼 신의 계시로 간주했다. 그러므로 창세기에는 사소하거나 의미 없는 내용이란 있을 수 없었다. 이는 해석자들에게 해석의 근본적인 동기가 되었다. 창세기를 이루는 모든 것은 신으로부터 유래하므로 모든 것이 중요했다.

네 가지 가정

다시 한번 창세기 해석의 동기들에 대해서 살펴보도록 하자. 이 동기들은 서로 연관이 있다. 탁월한 책 『과거의 성서』The Bible As It Was 에서 제임스 쿠걸James Kugel*은 예루살렘 수문 앞에서 토라가 "발표된"(달리 말하면 공개된) 이후 수 세대, 수 세기에 걸쳐 성서 해석자들이 성서를 해석하며 암묵적으로 지니게 된 네 가지 가정을 도출해낸다.[3] 즉 성서란 비밀을 간직하고 있고, 현재에도 유효하며, 완벽하고, 신성하다. 이 가정들은 초기 다양한 성서 해석의 바탕을 이룸과 동시에 이 시기 사람들에게 널리 퍼져 있던 현실 이해를 보여준다.

1. 비밀을 간직한

창세기에서 수수께끼 같은 부분을 찾는 데는 별다른 노력이 필요하지 않다. 그러나 창세기 전체가 의도적으로 비밀을 간직한 문헌이라는 생각은 창세기에 쉽사리 이해되지 않는 부분이 있다는 생각보

---

* 제임스 쿠걸(1945~)은 유대인 성서학자로 예일 대학교와 뉴욕 대학교에서 공부한 뒤 하버드 대학교, 예일 대학교, 바일란 대학교에서 교수를 역임하며 히브리 문학을 가르쳤고, 현재 바일란 대학교의 명예교수이자 「유대학 연구」Jewish Studies: an Internet Journal의 편집장으로 활동하고 있다. 정통 유대인이자 성서학자로 정통 유대교와 성서학의 조화를 이루고자 애썼으며, 이를 잘 보여주는 『구약성경개론』How to Read the Bible은 올해의 유대교 도서상을 수상했다. 주요 저서로 『성서 시의 사상』The Idea of Biblical Poetry, 『보디발의 집에서』In Potiphar's House, 『성서 전승』Traditions of the Bible 등이 있고, 한국에는 『(고대 성경해석가들이 본) 모세오경』The Bible As It Was(CLC), 『구약성경개론』How to Read the Bible(CLC)이 소개된 바 있다.

3 James L. Kugel, *The Bible As It Was* (Cambridge, MA: Harvard University Press, 1997) 그리고 이를 확장한 책으로 다음을 보라. James L. Kugel, *Traditions of the Bible: A Guide to the Bible As It Was at the Start of the Common Era* (Cambridge, MA: Harvard University Press, 1998)

다 한 걸음 더 나아간 생각이다. 이에 따르면 본문에는 암호화되거나 숨은 의미가 있으며 해석자가 이를 밝혀야 한다. 고대부터 오늘날에 이르기까지 많은 해석자에게 창세기 해석은 모호한 본문 속에 감춰진 의미를 캐내는 것이었다. 예를 들어 아담부터 노아까지의 족보에서 에녹의 생애에 대한 간단한 이야기를 살펴보자.

> 에녹은 육십오 세에 므두셀라를 낳았다. 에녹은 므두셀라를 낳은 다음 삼백 년 동안 하느님과 함께 살면서 아들딸을 더 낳았다. 에녹은 모두 삼백육십오 년을 살았다. 에녹은 하느님과 함께 살다가 사라졌다. 하느님께서 데려가신 것이다. (창세 5:21~24)

"에녹은 하느님과 함께 살다가 사라졌다. 하느님께서 데려가신 것이다"라는 말은 무엇을 의미하는가? 수수께끼 같은 말이며 무엇을 뜻하는지 불분명하다. "하느님과 함께 살다"가 창세기 다른 곳(이를테면 창세 6:9의 노아, 창세 17:1의 아브라함)에 나오는 "하느님과 함께 살다"라는 표현을 염두에 두고 미루어보았을 때 에녹은 의로운 사람이었던 것으로 보이며 하느님께서 데려가셨다는 표현은 열왕기하에서 엘리야가 그랬듯 신이 하늘로 데려갔다는 의미일 수도 있다(2열왕 2:11). 그러나 본문은 이를 분명하게 말하지 않으며 전체 이야기를 보여주지 않는다. 그러므로 성서 해석자는 탐정처럼 본문이 암시하는 바를 추적해 전체 이야기를 찾아야 한다.

기원전 3세기, 누군가 훗날 에녹이 썼다고 알려진 책을 썼는데 그

책에서 에녹은 자신과 관련된 전체 이야기를 말한다. 이 회고록에 따르면 그는 하늘로 올라가 천사들과 동행한다. 에녹이 의인이었음이 드러난 것이다. 어떠한 면에서 그는 예언자prophet이자 환상을 보는 선견자visionary seer라고도 할 수 있다. 이 책에서 그는 홍수 이전 시대 사람들에게 의롭게 살라고 말하고 그렇지 않으면 하느님의 형벌을 받게 될 것이라고 경고한다. 또한 에녹은 하늘의 환상을 볼 수 있도록 허락을 받아 죽음 이후 상과 벌을 받는 장소를 본다. 그리고 이를 자기 아들 므두셀라에게 말한다.

> 하늘의 환상이 보였다.
> 그리고 감시자와 거룩한 이들에게
> 나는 모든 것을 배웠다.
> 그리고 하늘에 있는 석판에 적힌 모든 내용을
> 나는 읽고 이해했다. (에녹1서 93:2)[4]

이 책에 따르면 에녹은 천사(여기서는 "감시자와 거룩한 이들")와 동행한 의인일 뿐 아니라 하늘에 있는 석판을 읽고 이해하는 법을 알고 있는 이다. 창세기에서 언급한 자신의 수수께끼 같은 이야기에 대한 그의 설명은 신뢰할 만하다. 그가 하늘에 있었기 때문이다. 에녹은 신성한 본문을 해석할 수 있는 현명한, 신에게 권위를 부여받은 해석자다.

---

4   George W.E.Nickelsburg and James C.VanderKam(tr.), *1 Enoch: A New Translation* (Minneapolis: Fortress Press, 2004), 140.

또 다른 예는 초기 해석자들이 어떻게 본문의 틈과 모호함을 해결했는지를 보여줄 뿐 아니라 어떻게 새로운 종교 사상을 만들었는지를 보여준다. 아래는 야곱이 자기 아들 유다와 관련한 영광스러운 미래를 예언하면서 그를 축복하는 '야곱의 축복' 부분이다.

> 왕의 지팡이가 유다를 떠나지 아니하리라.
> 지휘봉이 다리 사이에서 떠나지 아니하리라.
> 그래서 그는 조공을 받을 것이고
> 만백성이 그에게 순종하게 되리라. (창세 49:10)

이 부분은 두 가지 이유에서 모호하다. 첫째, 일부 언어가 모호하고 고어다. "그래서 그는 조공을 받을 것이고", 이 구절에는 특이한 전치사가 있다(아드-키ﬤ-ﬡﬡ는 보통 "~까지"를 뜻하며 "그래서"를 뜻하는 경우는 거의 없다). 이어지는 "그는 조공을"(샤이 로ﬣﬡﬡ) 부분은 전통적인 히브리 본문에서는 하나로 합쳐져 한 단어 실로ﬡﬡﬣﬡ가 되는데 이는 이름 "실로"(도시명 실로)인 것처럼 보인다. 그러면 이 구절은 "실로가 그에게 올 때까지"가 되어야 하나 이렇게 되면 의미가 통하지 않는다. 이처럼 '야곱의 축복'이 오래된 시여서 발생하는 모호함이 있다. 그리고 초기 해석자들은 이러한 모호함이 본문에 더 깊은 의미가 있음을 암시한다고 여겼다.

이 본문이 비밀을 간직하고 있다고 여겨지게 된 두 번째 이유는 역사와 관련이 있다. 에즈라 시대와 이후 몇 세기 동안 유다 지파는

왕을 배출하지 않았다. 이 기간에 이스라엘 민족은 이방 제국의 통치 아래 있었다(유일한 예외는 동족이 세운 기원전 2세기와 1세기의 하스모니안 왕조Hasmonean dynasty*다). 왕의 지팡이가 유다를 떠난 것이다. 그러나 신성한 율법에 있는 중요한 예언은 어떻게든 진리여야만 했다. 그 결과 본문의 모호한 말들을 단서 삼는다면 감춰져 있는 더 깊은 의미를 찾을 수 있으리라고 해석자들은 생각했다. 그러므로 본문은 역사적 현실과 모순되지 않는다. 해석자의 임무는 모호한 본문이 간직하고 있는 비밀을 찾아내는 것이다.

이후 수많은 해석자는 저 구절을 유다 지파 출신의 왕이 미래에 나올 것이라는 예언, "기름 부음 받은 이" 곧 메시아를 약속하는 구절로 해석했다(히브리어 마시아흐מָשִׁיחַ, "기름 부음 받은 이"는 그리스어 "메시아"가 된다). 그리고 이 왕조가 영원히 지속하리라는 약속은 실로라는 암호명을 가진, 과거와 미래를 아우르는 왕이 올 때까지 일시적으로 중단된다. 사해 문서의 한 단락은 이러한 방식으로 야곱의 축복을 해석했다.

왕의 지팡이는 유다 지파에서 떠나지 않을 것이다. … 다윗의 자손, 정의의 메시아가 올 때까지. 그와 그의 자손들은 그가 백성들의 왕

---

* 하스모니안 왕조는 기원전 142~63년 동안 유대가 로마에 멸망하여 속국이 될 때까지 약 80년간 지속했던 유대의 마지막 독립 왕조다. 셀레우코스 제국의 안티오코스 4세(안티오코스 에피파네스)가 헬라화 정책을 유대에 강행하자 마타디아스와 그의 자손들이 주도하여 반란을 일으켰고, 이는 나아가 정치적 독립을 쟁취하려는 마카비 혁명으로 격화되었다. 마카비 혁명의 결과, 유대는 종교적, 정치적 독립을 쟁취하고 하스모니안 왕조를 세웠다.

권을 계승할 것이라는 영원한 약속을 받았다.

(창세기 A의 주석Commentary on Genesis A(4Q252)[5],[*]

이렇듯 사해 문서는 창세기에 나온 "실로가 그에게 올 때까지"라고 말하는 것처럼 보이는 구절을 "정의의 메시아가 올 때까지"라고 해석했다. 해석자들은 모호한 단어인 실로를 "다윗의 자손"인 "정의의 메시아"의 암호로 보았다. 그는 다윗 가문의 메시아로 왕과 구세주로 자신의 백성을 통치하러 옴으로써 예언을 실현할 것이다. 사해 문서의 해석에 따르면 메시아에 대한 약속은 깨질 수 없는 영원한 약속이다.

이러한 해석을 통해 유다 지파가 다윗 왕조를 이어갈 것이라는 예언은 미래에 메시아가 도래할 것이라는 기대로 변형되었다. 다윗 왕조가 영원할 것이라고 약속하는 다른 절들(이를테면 2사무 7:8~16)도 같은 방식으로 해석하면서 새로운 사상이 나왔고 이 사상은 포로기 이후 널리 퍼졌다. 비밀을 간직한 것처럼 보이는 수수께끼 같은 창세기 언어와 역사적 현실 간의 명백한 모순은 야곱이 유다에게 내린 축복이 메시아가 미래에 올 것이라는 약속을 담고 있다는 새로운 비밀을 만들었다. 달리 말해 이 구절은 비밀을 간직한 구절로 간주되고 해석됨으로써 메시아라는 개념을 탄생시켰다.

---

5 해당 번역은 다음에서 인용했다. Florentino Garcia Martinez and Eibert J.C. Tigchelaar(tr.), *The Dead Sea Scrolls Study Edition* (2 vols., Grand Rapids: Eerdmans, 1997~1998), vol. 1, 505.

* 4Q는 쿰란 동굴 중 제4 동굴에서 발견된 문서를 뜻한다.

2. 현재에도 유효한

앞의 예는 당시 독자들이 창세기의 모든 절이 현재에도 유효한 가치를 지니기를 기대했음을 보여준다. 그렇다면 사람이나 장소 목록 같은, 분명하지만 중요치 않아 보이는 자잘한 본문은 어떨까? 그런 무미건조한 사실도 현재에 의미를 지닐 수 있는가? 그러한 면에서 지리 정보나 족보는 초기 해석자들에게 또 다른 시련을 안겨주었다. 그들은 바울이 말했듯 모든 성서 본문이 "우리에게 가르침을 주기 위해 기록"(1고린 10:11)되었을 것이라는 기대에 부응해야만 했다.

아래는 에덴동산에서 흘러나오는 네 강에 대한 창세기의 묘사다.

> 첫째 강줄기의 이름은 비손이라 하는데, 은과 금이 나는 하윌라 땅을 돌아 흐르고 있었다. 그 땅은 좋은 금뿐 아니라 브돌라라는 향료와 홍옥수 같은 보석이 나는 곳이었다. 둘째 강줄기의 이름은 기혼이라 하는데, 구스 온 땅을 돌아 흐르고 있었다. 셋째 강줄기의 이름은 티그리스라 하는데, 아시리아 동쪽으로 흐르고 있었고, 넷째 강줄기의 이름은 유프라테스라고 하였다. (창세 2:11~14)

위 구절들은 에덴동산이 실제로 있는 것처럼 보이게 만들어준다. 하윌라와 구스는 널리 알려진 곳이었고 티그리스 강과 유프라테스 강도 마찬가지였다. 그러나 이러한 배경 묘사는 혼란을 일으키기도 했다. 위에서 언급한 곳 중 서로 밀접한 지역은 하나도 없기 때문이다. 하윌라는 남부 아라비아, 구스는 북부 아프리카, 티그리스와 유프라테스 강은 메소포타미아에 있다. 그러한 면에서 위 구절들은 현실주의를 표방하면서도 동시에 이를 가리는 다층적인 효과를 낸다. 에덴동산은 실제로 어딘가에 있는 것처럼 보이지만 어디에서도 발견되지 않는다. 그곳의 지리는 역설적이다.

그러나 초기 해석자들은 에덴이 특정한 곳에 있는 것처럼 묘사하는 것이 역설을 의도한 것이라는 해석을 채택할 수 없었다. 그들에게 창세기의 모든 내용은 자명한 진리였기 때문이다. 그들에게 좀 더 큰 문제는 에덴동산 입구를 스핑크스 같은 거룹들이 지키고 있어서 인간이 다가갈 수 없기에 그 위치를 알고 있다 하더라도 별다른 유익이 없다는 것이었다. 이러한 묘사들, 목록들은 창세기의 모든 내용이 현재에도 의미가 있다는 가정에 도전했다.

헬레니즘 시대의 유대인 해석자 알렉산드리아의 필론Philo of Alexandria은 이 도전에 응해 위 구절을 강이 아닌 덕의 상징으로 읽었다. 그는 "넷"이라는 숫자에서 해석의 실마리를 찾았다.

> 그(모세)는 이 강들을 통해 특별한 덕을 나타내려 한다. 그 덕이란 지혜, 자제력, 용기, 정의 이렇게 네 가지다. 이 네 개의 덕, 네 강물을 방출하는 가장 큰 강은 포괄적인 덕이다. … 커다란 하나의 강이 풍부한 물을 지니고 흘러 개별 강에 물을 대주듯 포괄적인 덕에서 네 가지 덕이 유래한다. (우의적 해석Allegorical Interpretation, I. 63~64)[6]

---

6   David Winston(tr.), *Philo of Alexandria: The Contemplative Life, The Giants, and Selections* (New York: Paulist Press, 1981), 226.

필론은 지리 묘사가 실제로는 네 가지 덕을 가리킨다는 우의적 해석을 하는데 여기에는 본문이 비밀을 간직하고 있다는, 겉으로 드러난 말들은 일종의 암호라는 가정이 들어 있다. 이러한 해석을 통해 본문은 현재에도 유효한 의미를 얻게 되고 일정한 교훈을 주게 된다. 인간 영혼을 고양하는 일종의 윤리적 논문이 된 것이다. 이렇게 초기 해석자들은 더 깊은 의미, 감춰진 의미, 교훈을 알아차리려면 심오한 지혜가 필요하기는 하지만 창세기의 모든 부분은 우리에게 교훈을 주고자 기록된 것이라고 간주했다.

3. 완벽한

창세기가 완벽해야 한다는 가정은 이 책이 "하느님의 율법"에 속해 있기 때문에 나왔다. 여기서 완벽함은 내적 모순이 없고, 본문 밖의 세상과 갈등을 일으키지 않는다는 것을 뜻한다. 이러한 가정을 바탕으로 초기 해석자들은 창세기가 이해할 수 있고 현재에도 유효하며 교훈을 주고 모든 부분이 연결되어 있다고 생각했다. 불완전해 보이는 부분은 고도의 집중을 요하는, 창세기의 비밀스러운 특징을 드러낸다고 그들은 믿었다. 해석자들은 창세기의 불완전성을 창세기 본문에 감춰진 의미를 가리키는 일종의 표시로 보았으며 지혜롭고 권위를 지닌 해석자라면 그러한 부분에서 좀 더 완벽한 의미를 발견해내리라 생각했다.

경전의 완전성은 신의 완전성을 반영한다고도 할 수 있다. 경전은 신의 가르침이기 때문이다. 그렇기에 이 완전성이라는 가정은 철자,

어순, 문법과 같은 본문의 모든 세부사항, 심지어 번역 불가능한 면모조차 완전하다는 가정으로 이어졌다. 율법이 신이 직접 말한 것이라면 이를 담은 책의 모든 부분이 중요할 수밖에, 무한히 중요할 수밖에 없다.

이를테면 창조의 첫 번째 이야기의 결론부를 보자.

> 하늘과 땅을 지어내신 순서는 위와 같았다.
> 야훼 하느님께서 하늘과 땅을 만드시던 때였다. (창세 2:4)

"… 순서는 위와 같았다"라는 형식은 창세기에 대략 열 번 정도 등장해 창세기의 내적 구조를 형성한다. "하늘과 땅" 뒤에 나오는 "하늘과 땅을 만드시던 때"라는 구절은 창세기 1장 1절에서 "하느님께서 하늘과 땅을 지어내셨다"를 반복하면서 전체 창조 이야기의 틀을 만든다.

그러나 완벽한 본문은 문자와 문체를 단순히 반복하지 않는다고 초기 해석자들은 생각했다. 그들에게 본문을 이루는 각 단어는 나름의 특별한 중요성을 지닌 것처럼 보였다. 하느님께서는 불필요하게 말을 반복하거나 미사여구를 쓰시지 않는다고, 하느님의 말씀은 언제나 새로운 의미를 드러낸다고 그들은 믿었다. 그래서 그들은 히브리어 표현 "하늘과 땅을 만드시던 때(그것들을 창조하시던 때)"בְּהִבָּֽרְאָ֖ם(베히바르암)가 더 깊은 의미를 내포하고 있다고 간주하고 이를 신중하게 검토했다. 창세기 히브리어는 본래 모음 기호 없이 기록되었고(율법 두루마리는 여전히 모음 없이 기록되어 있다), 해석자들은 자신들이 원하기만 한다면 자음에만 초점을 맞출 수 있었다. 초기 랍비들의 창세기 해석 모음집인 『창세기 랍바』Genesis Rabbah에 따르면, 한 랍비는 이 말을 다음과 같이 해석했다.

> 랍비 여호수아 벤-코르하Joshua Ben-Qorhah는 이를 베아브라함בָּאַבְרָהָם, 즉 '아브라함을 위해서'로 해석해야 한다고 말했다. (창세기 랍바 12.9)[7]

벤-코르하는 본문이 비밀을 간직하고 있다고 여기고 철자 놀이를 하듯 '베히바르암'בְּהִבָּרְאָם을 '베아브라함'בָּאַבְרָהָם으로 재배열해 "아브라함을 위한"으로 해석했다. 자음만 적힌 원문을 따른다면 בהבראם을 באברהם으로 재배열한 것이다. 그리하여 별다른 의미를 갖지 않은 것처럼 보이던 말이 깊은 의미를 만들게 되었다. '하늘과 땅은 아브라함을 위하여 창조되었다.' 달리 말하면, 신은 언젠가 자신의 언약을 맺기 위해 선택된 사람인 아브라함이 이 세상에 있게 될 것을 알았기에 우주를 창조하셨다. 이렇게 해서 창조 이야기는 그 온전한 의미가 드러나게 된다. 창세기를 이루는 말들 하나하나를 주목하면 신은 창조를 하면서 아브라함이 올 것을 이미 예견하셨음을 알 수 있다고 초기 해석자들은 생각했다. 그들에게는 반복되는 구절, 문체의 특징 하나하나가 중대하고 완전한 의미를 갖고 있었다.

---

7   해당 번역은 다음 책에서 인용했다. Jacob Neusner(tr.), *Genesis Rabbah: The Judaic Commentary to the Book of Genesis* (3 vols., Atlanta: Scholars Press, 1985), vol. 1, 129.

4. 신성한

위에서 언급한 가정들과 연결된 하나의 가정은 창세기가 신의 권위를 부여받거나 신의 거룩한 말이 담긴 책이라는 가정이다. 앞서 이야기했듯 이 가정은 부분적으로 "하느님의 율법"이라는 책의 이름과 신이 자신의 율법을 모세에게 직접 주었다는 유비analogy에서 생겼다. 저 두 가지 단서에 근거해 시간이 흐르자 신이 시나이 산에서 모세에게 율법 전체를 받아 적게 했다는 생각이 등장했다.

이러한 가정이 처음으로 분명하게 나타난 책은 기원전 2세기에 기록된 희년서book of Jubilees다. 이 책은 창세기와 출애굽기를 다시 말하고 해석한다. 책의 내용은 시나이 산에서 신의 계시를 기다리는 모세를 묘사하며 시작된다. 이윽고 신이 모세에게 명령한다.

"이제 너는 내가 이 산에서 너에게 말할 모든 말을 기록하라. 무엇이 처음이고 무엇이 나중인지 그리고 다가올 일을. …" 그러고 나서 그는 천사에게 말했다. "창조의 시작부터 모세에게 받아 적게 하라"

(희년서 1:26~27)[8]

천사는 임무를 수행한다.

천사는 주님의 명령에 따라 모세에게 말했다. "주 하느님께서 어떻

---

8 James C. VanderKam(tr.), *The Book of Jubilees* (2 vols., Louvain: Peeters, 1989), vol. 2, 6.

게 그가 창조한 모든 작품을 6일 동안 완성하고 7일째에 안식일로 지켰는지 창조에 관한 모든 말들을 기록하라." (희년서 2:1)[9]

이어서 천사는 장별로 창세기 이야기를 말하되 창세기 본문을 자신의 방식대로, 즉 윤색하고 요약해 말한다. 이처럼 희년서에는 창세기와 그 해석이 기록되어 있으며 두 구절 모두 신이 천사의 입을 통해 모세에게 전달한다(이후 천사는 성서 본문을 다시 언급한다. "나는 이를 첫 번째 율법책에 기록했다"(희년서 6:22)). 희년서도 창세기 이야기를 전하지만 그대로 전하는 것이 아니라 희년서 저자의 해석을 결합한 방식으로 전한다. 이 책에 따르면 시나이 산에서 모세는 창세기의 내용뿐 아니라 그 해석법 또한 신에게 받았다.

희년서의 창세기 해석은 시나이 산에서의 계시와 기록 장면을 통해 두 책(창세기와 희년서)의 기원이 모두 신에게 있음을 분명히 했다. 창세기는 신의 말을 받아 적은 책으로 그 자체로 완벽하다. 그리고 그 완벽함과 현재의 의미, 참되고 깊은 의미 또한 해석자에게 계시되었다(희년서의 경우 해석자는 천사다). 희년서는 신이 시나이에서 토라와 그 해석법을 동시에 드러냈다고 말한다(이 견해는 이후 시나이에서 신이 말한 것, 그리고 모세가 기록한 것이라는 두 가지 율법에 대한 랍비의 교리로 다시 나타났다). 신은 율법의 완벽한 해석자이기도 한 것이다. 그러므로 희년서라는 장치는 신의 완벽한 해석을 담아낸 그릇이라 할 수 있다.

---

9   위의 책, 7.

신성한 말과 세계

성서 이야기의 간결함, 그리고 은연중에 발견되는 현실주의는 결국 경전과 세계에 관한 이른바 상징적 해석을 산출했다. 지금까지 우리는 바빌로니아 포로 생활에서 귀환한 시기, 율법이 공적 영역에 등장한 이후 이러한 해석이 어떻게 시작되었는지를 살펴보았다. 역사에서 일어난 위기와 성스러운 본문의 등장은 상징적 해석, 좀 더 구체적으로 형상적 해석figural interpretation이 등장할 수 있게 되는 비옥한 토양이 되었다.

여기서 형상적 해석이란 성서 본문이 두 번째 의미 층, 즉 '지금, 여기'라는 현실과 구별되는 또 다른 현실, 형이상학적 차원 혹은 시간 질서를 지닌 의미를 지녔다고 보는 독서 방식을 뜻한다.[10] 이 '다른' 현실은 성스러운 본문에 대한 해석을 통해 다가갈 수 있으며 이때 해석에는 종종 의례 활동이 동반된다. 성서 본문이 비밀을 간직하고 있고, 현재에도 유효하며, 완벽하고, 신성하듯 이 '다른' 현실도 비밀을 간직하고 있고, 현재에도 의미가 있으며, 완벽하고, 신성하다.

이 '다른' 현실은 대중에게 드러나지 않았기 때문에 일종의 비밀이다. 하지만 빛의 인도를 받은 소수와 그 추종자들은 이를 인식할 수

---

10 '형상적'figural이라는 표현은 에리히 아우어바흐의 '형상'figura을 살짝 바꾼 것이다(*Scenes from the Drama of European Literature* (Minneapolis: University of Minnesota Press, 1984), 1~76.). 아우어바흐는 이 용어를 우의적-플라톤적 해석과 대조되는 표상적-종말론적 해석을 가리킬 때만 쓰는 경향이 있다. 하지만 아우어바흐가 때때로 그랬듯("형상적 해석에서 무언가는 다른 것을 상징하기 때문에, 그 무언가가 다른 것을 대표하고 의미하기 때문에, 형상적 해석은 넓은 의미에서 우의적이다."(54)) 여기서는 두 해석을 아우를 때 이 표현을 쓰려 한다.

있다. 이 '다른' 현실은 '지금, 여기'의 현실을 변혁하는 힘을 갖고 있으며 그러한 면에서 현재에도 유효하며 의미를 갖는다. 다만 이를 '지금, 여기'의 현실에서 체험하기 위해서는 삶의 질서를 재정비해야만 한다. 또한 '다른' 현실은 모든 면에서 완벽하다. 마지막으로 '다른' 현실은 신이 창조했다. 형상적 해석을 통해 밝혀지는 비밀을 간직한, 현재에도 의미가 있으며 완벽하고 신성한 세계는 신이 이 물질 세계를 완전히 변혁할 가까운 미래에, 혹은 이 물질 세계 너머의 영적 차원에 존재한다. 종말론적 해석, 그리고 플라톤적 해석이라고도 부를 수 있는 두 가지 해석 방식, 즉 두 '현실' 및 이와 관련된 상징적 해석 방식은 대략 기원전 300년부터 기원후 1600년까지 거의 2천 년 동안 서구 문화를 지배했으며 오늘날에도 많은 집단이 이러한 해석을 이어가고 있다. 상징적 해석이라는 선물 덕분에 신성한 말(말씀)Word은 감추어진 세계를 볼 수 있는 창이 되었다. 사람들은 이 해석을 통해 저 세계를 인식할 수 있고 이를 통해 얻는 교훈에 따라 삶을 변화시킬 수 있다. 그러한 면에서 저 세계는 '지금, 여기'에 있는 사람들을 구원하는 세계라고도 할 수 있다.

이러한 면에서 위에서 언급한 에녹1서, 희년서, 사해 문서, 필론의 저작, 랍비 해석과 같은 초기 창세기 해석들은 형상적 해석방법을 다양한 방식으로 창세기에 적용한 결과 나온 산물들이라 할 수 있다. 다만 에녹서, 희년서, 사해 문서는 창세기와 현실을 바라보는 관점이 종말론적인 관점인 반면 필론은 플라톤적이며 랍비 해석은 두 가지 관점이 복잡하게 뒤섞여 있다.[11] 다음의 두 장에서는 그레코로만 시대 초기에 번성했던 창세기에 대한 상징적 해석들(종말론적 해석과 플라톤적 해석)의 특성을 살펴볼 것이다.

---

11 『창세기 랍바』첫 장에는 랍비의 인상적인 (플라톤적) 형상적 해석이 등장한다. 여기서 토라는 세계가 창조되기 전에 자신이 어떻게 창조되었는지를 말하고 하느님은 토라를 세계에 대한 일종의 청사진으로 보고 토라와 상담을 나눈다. "그분은 토라를 보시고 세계를 창조하셨다." 이와 플라톤이 쓴 『티마이오스』와의 관계에 관해서는 이 책 4장을 보라. 그리고 랍비의 해석과 관련해 더 상세한 내용은 다음을 참조하라. Dina Stein, 'Rabbinic Interpretation' in Reading Genesis: Ten Methods (New York: Cambridge University Press, 2010), 122~123.

"나는 이 사람을 잘 압니다.
 그는 낙원으로 붙들려 올라가서
 사람의 말로는 표현할 수 없는 이상한 말을 들었습니다."

새로운 창조

2천 년 이상 창세기의 생애는 창세기가 종말의 비밀을 간직한 저장고, 세상이 다시 만들어질 마지막 날에 관한 계시라는 믿음으로 빚어졌다. 이러한 믿음에 바탕을 둔 상징적 해석은 가장 오래되었으며 가장 오랫동안 이어졌다.

'종말'ἀποκάλυψις이라는 말은 '밝혀냄' 혹은 '계시'를 뜻하는 그리스어다. 종말론apocalypticism의 핵심은 세상이 머지않아 커다란 전환을 맞이하게 될 것이며 신이 이에 관해 계시를 주었다는 데 있다. 종말론은 위기의 산물이다. 물론 사람들이 위기에 처한다고 해서 반드시 종말에 관한 생각, 종말에 관한 기대를 품지는 않는다. 그러나 유대교와 그리스도교 역사에서 기원전 586년 예루살렘이 바빌로니아에게 정복당하고 뒤이어 50년간 포로기를 겪은 이래 사람들은 위기를 마주하면 곧잘 종말론에 빠지곤 했다.[1]

이 위기를 통해 종말론이 시작하게 된 결정적인 요소는 성스러운 글들의 유효성과 권위였다. 당시에는 창세기를 포함한 성서를 이루는 많은 책이 정경의 형태로 결정화되고 있었다. 종말론은 언제나 권위 있는 오래된 본문에 새로운 해석이 가해져야만 나오는, 고도의 주

---

1 때때로 포로기 본문은 헬레니즘 시대에 발달한 종말론적 본문들과 구별하기 위해 '원시-종말론적'proto-apocalyptic 본문이라고 부른다. 이와 관련해서는 다음을 보라. John J. Collins, *The Apocalyptic Imagination: An Introduction to Jewish Apocalyptic Literature* (Grand Rapids, MI: Eerdmans, 1998), Ronald Hendel, 'Isaiah and the Transition from Prophecy to Apocalyptic', *Birkat Shalom: Studies in the Bible, Ancient Near Eastern Literature, and Postbiblical Judaism Presented to Shalom M. Paul* (Winona Lake, IN: Eisenbrauns, 2008), 261~279.

석 활동의 결과물이었다. 바빌로니아 포로기는 이러한 두 요소, 즉 현실 속 위기와 본문 주석이 함께 얽혀 폭발력 있는 혼합물을 낳은 첫 번째 시기다. 이후 수 세기에 걸쳐, 특히 그레코로만 시대부터 근대 초기까지 종말론 사상은 대다수 유대교와 그리스도교 종파의 주된 특징이 되었다.

종말론은 희망이 보이지 않는 상황에 희망을 제공하는 방법이다. 종말 사상은 신이 시간에 직접 개입해 악한 현실에 종지부를 찍고 태초에 있던 낙원이 미래에 다시 도래할 것이라고 이야기한다. 분명 미래는 알 수 없기에, 종말론은 암울한 현재를 살아가는 이들에게 위안을 제공하면서 동시에 미래를 선과 가능성으로 채우는 길을 열어준다. 종말론은 부당한 현실에서 정의와 보상을 약속하는 길을 열어젖히며 간절히 오길 바라는 현실을 가까운 미래에 투영한다. 창세기의 창조 이야기와 낙원 이야기는 종말에 일어날 새로운 창조와 도래할 미래의 낙원의 베일을 벗겨내 그 모습을 살피는데 결정적인 요소를 제공했다.

낙원의 강

종말론에서 가장 뚜렷하게 발견되는 특징은 신화적 상징들과 관념들이다. 그 대표적인 예로 창세기에 나오는 낙원의 강을 살펴보자 (창세 2:10~14). 네 강 중 하나는 기혼으로, "구스 온 땅을 돌아 흐른다"(여기서 구스는 에티오피아를 가리킬 것이다). 그러나 실제로 기혼 강이라는 이름을 가진 유일한 강은 예루살렘에 있는 작은 강이다. 창세기에서 기혼 강을 언급한 이유는 에덴동산과 예루살렘, 특히 예루살렘 성전이 연관이 있음을 가리키는 것처럼 보인다. 에덴동산처럼 성전은 인간이 신 앞에 서는 장소이기 때문이다. 그리고 실제로 성전 내부는 성스러운 나무와 거룹의 형상으로 가득 차 있었다. 성전의 문과 벽들에는 나무와 거룹이 새겨져 있었을 뿐 아니라, 거대한 거룹 동상들이 성전 지성소에 있는 언약궤를 지키고 있었는데 이는 에덴동산에서 "생명나무에 이르는 길목을 지키는" 거룹과 일치한다. 존 레벤슨Jon Levenson*이 썼듯 성전이 에덴동산을 상징했다는 것은 "사실상 성전이 낙원"이었음을 암시한다.[2]

　(이스라엘 백성이 커다란 위기를 맞이했던) 바빌로니아 포로기에 기록된 에제키엘서 40~48장에서 천사는 예언자에게 미래의 성전에 대한 종말론적 환상을 계시한다. 환상은 천사가 그를 낙원의 강인 기혼 강이 흐르는 성전의 동쪽으로 이끌고 갈 때 절정에 이른다.

---

* 　존 레벤슨(1949~)은 유대계 미국인으로 히브리 성서에 대한 탁월한 해석과 랍비 문헌, 고대 근동 문헌 등에 대한 전문적인 식견을 바탕으로 고대와 현대, 유대교와 그리스도교 간의 건전한 대화를 이끌고 있는 성서학자다. 하버드 대학교에서 박사 학위를 취득했고, 웨슬리 대학교, 시카고 대학교에서 교수를 역임했으며, 현재 하버드 대학교 신학대학원에서 교수로 재직하고 있다. 대표 저서로는 『이스라엘의 부활과 회복』Resurrection and the Restoration of Israel, 『아브라함을 계승하다』 Inheriting Abraham, 『하느님의 사랑』The Love of God 등이 있고, 한국에는 『시내산과 시온』(대한기독교서회), 『하나님의 창조와 악의 잔존』(새물결플러스)이 소개된 바 있다.

2　Jon D. Levenson, *Sinai and Zion: An Entry into the Jewish Bible* (Minneapolis, MN: Winston Press, 1985), 128. 『시내산과 시온』(대한기독교서회). 또한 다음을 보라. Ronald Hendel, 'Other Edens', *Exploring the Longue Durée: Essays in Honor of Lawrence E. Stager* (Winona Lake, IN: Eisenbrauns, 2008), 185~189.

"너 사람아, 보지 않았느냐?" 하고 말하며 그분은 나를 강가로 도로 데리고 갔다. 되돌아와 보니 강을 끼고 양쪽에 나무가 무성한 것이 보였다. 그분이 말씀하셨다. "이 물은 동쪽 지역을 향해 흐르고 사막으로 내려간다. 그리고 이 물이 바다, 즉 쓴 바다로 흘러가면 그 물들이 치유될 것이다." (에제 47:6~8)

여기서 "쓴 바다"는 생명이 없는 물인 사해를 가리킨다. 마지막 날에 낙원의 강은 사해의 물들을 치유해 사해가 생명으로 충만해질 것이다.

이 강이 흘러 들어가는 곳이면 어디에서나 온갖 생물들이 번창하며 살 수 있다. 어디로 흘러 들어가든지 모든 물은 단물이 되기 때문에 고기가 득실거리게 된다. (에제 47:9)

사해에 새 생명이 탄생하리라는 이 묘사는 창세기 1장의 묘사, 신이 바다 생물을 창조하는 장면("하느님께서 '바다에는 고기가 생겨 우글거리고 땅 위 하늘 창공 아래에는 새들이 생겨 날아다녀라!' 하시자 그대로 되었다")을 떠올리게 한다. "온갖 생물들이 번창하며 살 수 있다"라는 표현 또한 창세기에 나온 신의 활동을 암시한다. 생명이 넘치고 풍요로운 새 세상은 죄, 폭력, 부패로 더럽혀지지 않았던 첫 창조 직후의 완벽한 세상으로 돌아가는 것이라고 에제키엘서는 말하는 것이다.

에제키엘의 환상은 강둑에서 온갖 나무들이 기적처럼 자라는 모습을 묘사하며 마무리된다.

이 강가 양쪽 언덕에는 온갖 과일나무가 자라며 잎이 시드는 일이 없다. 그 물이 성소에서 흘러나오기 때문에, 다달이 새 과일이 나와서 열매가 끊어지는 일이 없다. 그 열매는 양식이 되고 그 잎은 약이 된다. (에제 47:12)

영원히 열매가 열리는 기적을 보이는 나무들은 창세기에서 신이 에덴동산에 심은 나무들을 떠올리게 한다.

"(그는) 보기 좋고 맛있는 열매를 맺는 온갖 나무를 그 땅에서 돋아나게 하셨다."(창세 2:9)

이 나무들은 아담과 하와가 동산에 사는 동안 풍성한 과일을 제공했다. 미래의 낙원은 쓴 물을 치유하고 인간이 완벽한 삶을 살 수 있게 해주는 새로운 에덴동산이 될 것임을 예언은 암시한다.

이처럼 에제키엘서라는 종말론적 본문은 창세기 본문을 고치고 바꿈으로써 훗날 종말론적 환상, 해석의 기풍을 확립했다. 즉 태초에 있던 이상적 존재는 미래의 이상적 존재가 되며 처음 시간은 마지막 시간에 되돌아온다. 에제키엘서는 종말론을 그린 최초의 본문 중 하나이며 여기서 창세기가 묘사한 태초의 세상은 다가올 미래 세상의 본보기이자 완벽한 세상에 대한 약속으로 간주되었다.

마지막 날

창세기가 마지막 날에 관한 신성한 비밀들에 대한 계시를 담고 있다는 생각은 종말에 관한 믿음의 산물일 뿐 아니라 창세기를 치열하고도 주도면밀하게 읽은 결과라 할 수 있다. 앞에서 이야기했듯 포로기 이후 사람들은 성서 기록들을 비밀을 간직하고, 현재에도 유효하고 완벽하고 신성한 기록으로 보았으며 그렇기에 본문에 감춰진 더 깊은 의미를 밝혀내기 위해 모든 세부 내용을 주도면밀하게 검토해야 했다. 그러한 면에서 주도면밀한 독해는 종말론적 해석의 특징이라 할 수 있다. 종말을 믿는 독자는 언제나 본문에서 종말론적 비밀, 감춰져 있되 완벽한 의미로 향하는 단서를 찾는다.

초기 해석자들은 창세기가 마지막 날에 대한 비밀을 담고 있다는 하나의 증거로 창세기 49장의 '야곱의 축복'의 서두를 들었다. 이 장에서 임종을 앞둔 야곱은 예언자처럼 보인다. 그는 아들들에게 그들의 자손에게 무슨 일이 일어날지 말한다.

> 야곱은 유언을 남기려고 아들들을 불렀다. "모두들 모여라. 훗날 너희에게 일어날 일을 내가 일러주리라." (창세 49:1)

이 장면은 분명 예언의 성격을 지니고 있고 야곱은 진짜 예언자처럼 말한다. 그러나 종말을 믿는 독자에게 야곱이 말하는 미래는 좀 더 특별한 성격을 갖고 있다. 히브리어 아하리트 하야밈אַחֲרִית הַיָּמִים은 "다가올 날"을 뜻하며 좀 더 일반적으로는 '미래'를 가리킬 때 쓰인다.

그러나 종말론적 해석자들은 이 말을 문자 그대로 해석해 '마지막 날'이라는 비밀을 간직한 말로 읽었다. 그들은 야곱이 신이 세상을 변화시키는 마지막 때에 관해 말하고 있다고 생각했다. 종말론적 해석에서는 강화된 문자적인 의미가 관용적 의미를 대체한다. 그리고 이러한 해석 가운데 야곱은 종말을 미리 본 이, 마지막 날을 미리 보고 이를 드러내는 이가 된다.

앞서 유다에 대한 야곱의 축복은 다윗 자손에서 나올 메시아사상의 씨앗이 되었다고 이야기한 바 있다. 야곱이 "왕의 지팡이가 유다를 떠나지 아니하리라"(창세 49:1)고 예언했을 때 그는 종말의 비밀을 드러낸 것이라고 초기 해석자들은 생각했다. 사해 문서는 이 예언을 다음과 같이 해석했다.

> 왕의 지팡이가 유다 지파에서 떠나지 않을 것이다. …
> 다윗의 자손, 정의의 메시아가 올 때까지.
> 그의 백성의 왕권에 대한 언약은
> 그와 그의 자손들에게 영원히 주어졌다. (창세기 A의 주석(4Q252))

종말론적 해석틀에서 야곱은 "마지막 날"에 관해 말하고 있는 것이기에 미래의 이상 세계에서 메시아가 영원히 통치할 것이라는 말은 완벽하게 의미가 통한다. 이처럼 종말론적 읽기는 '야곱의 축복'을 관용어로 읽지 않고 문자 그대로의 의미를 면밀하게 검토한다. 종말론적 해석은 완전한 세상이 도래하는 종말에 대한 갈망과 더 깊은 의미로

향하는 단서가 있을 것이라는 추정 아래 이루어진 주도면밀한 본문 검토가 결합되어 나온 결과물이다.

해석과 (아람어) 번역이 놀라울 정도로 조화를 이룬 팔레스타인 타르굼은 '야곱의 축복'에 대한 종말론적 읽기를 적용한 결과 나온 본문이다. 가장 이른 시기에 만들어진 타르굼은 창세기 49장 1절을 이렇게 번역한다.

> 그 후 야곱은 유언을 남기려고 아들들을 불렀다.
> "모두들 모여라. 숨겨진 비밀, 감추어진 종말,
> 의인의 보상으로 주는 것, 악인의 심판,
> 그리고 에덴의 행복이 무엇인지 내가 일러주리라."
>
> (창세기 49:1에 대한 팔레스타인 타르굼*Targum Neofiti, at Genesis 49:1)[3]

이 번역물에서 야곱은 완전한 종말론적 선견자로 묘사된다. 그렇기에 그가 베푼 축복 또한 마지막 날 드러나게 될 비밀을 담고 있는 본문으로 변화한다. 이렇게 창세기는 종말의 비밀을 간직한 책이 되었다.

---

* 타르굼은 히브리어로 기록된 구약성서를 아람어로 번역하고 해석한 성서이자 주석서다. 아람어가 국제어로 통용되면서 히브리어를 읽기 힘들어하는 유대인들이 많아졌고, 이에 성서를 아람어로 번역하면서 랍비들의 주석을 첨가했다. 대표적으로 이스라엘에서 사용된 팔레스타인 타르굼, 바빌로니아를 포함한 동방 지역에서 널리 사용된 바빌로니아 타르굼이 있다.

3 Martin McNamara(tr.), *Targum Neofiti 1: Genesis* (Collegeville, MN: Michael Glazier, 1992), 215.

아담의 영광

포로기 이후 시대에 등장한 종말론 집단에게, 창세기가 비밀을 간직하고 있다는 가정은 그저 고려해 볼 만한 가정이 아니었다. 그들은 자신들이 살아가는데 창세기가 좋은 지침이 된다고 여겼다. 신성한 비밀의 계시는 현실에 대한 사람들의 이해를 변화시켰으며 종교에 깊이 헌신하는 이들에게는 새로운 삶을 살아가게 했다. 오늘날 알려진 최초의 완전한 종말 공동체는 기원전 2세기부터 기원후 1세기까지 사해의 황량한 해안 근처에 살았던, 사해 문서를 만든 공동체다.[4] 이 공동체는 창세기와 그 밖의 성스러운 문헌들에서 수집한 종말의 비밀을 따라 자신의 삶을 바꾸었다.

에세네Essenes, 즉 "경건한 이들"이라 불리는 집단이었던 이 공동체의 구성원들은 자신들을 정화하기 위해 문명 세계를 떠나 사막으로 갔다. 그들은 이사야의 예언을 매우 진지하게 받아들였다.

한소리가 외친다.

광야에 주님께서 오실 길을 닦아라.

사막에 우리의 하느님께서 오실 큰길을 곧게 내어라. (이사 40:3)

그들은 이사야의 저 말을 마지막 때를 준비하기 위한 종말론적 명

---

4 다음을 보라. *The Oxford Handbook of the Dead Sea Scrolls* (Oxford: Oxford University Press, 2010) 또한 다음을 참조하라. Crispin H.T.Fletcher-Louis, *All the Glory of Adam: Liturgical Anthropology in the Dead Sea Scrolls* (Leiden: Brill, 2002)

령으로 받아들였다. 그러나 사막 어디로 가야 하는가? 주님께서 오시는 광야란 어디인가? 이사야는 종말 공동체가 어디로 가야 하는지와 관련해 충분한 지침은 주지 않았다.

사해 집단을 설립한 이들은 이사야서의 저 말을 에제키엘의 환상에서 언급된 낙원의 강과 결합했다. 앞서 살펴보았지만 에제키엘은 사해 지역이 지금은 생명이 없는 사막이지만 마지막 때에는 기적처럼 무성하고 열매가 끊임없이 나오는 장소가 될 것이라고, 사해의 물은 치유되고 사막은 영광스러운 낙원으로 돌아갈 것이라고 이야기한 바 있다. 사해 집단의 설립자들은 사해 북서쪽 해변 근처에 있는 쿰란 부지를 낙원의 강이 사해로 흘러 들어갈 장소라 추정했다. 이들에게는 그곳이 미래 새로운 에덴동산, 낙원의 중심부가 위치할 장소였다.

쿰란 공동체는 혹독한 광야에서 금욕적인 삶을 살았다. 역설적이지만 이러한 삶은 에덴동산이 회복될 때 누리게 될 삶을 미리 맛보는 것이었다. 그들은 자신들이 "천사들과 함께", 즉 거룩한 신적 존재들과 함께 살고 있다고 믿었다. 아마도 이 때문에 그들은 성관계를 하지 않은 것으로 보인다. 천사는 성관계를 하지 않기 때문이다(마르 12:25를 참조하라).[5] 마찬가지 이유에서 그들은 천사의 의복인 하얀 세마포 두루마기를 입고 살았고(다니 10:5, 12:6~7을 참조하라) 정착지에 들어갈 때마다 자신을 정화하는 차원에서 목욕을 했다(천사처럼 순결하고

---

5 "사람이 죽은 사람들 가운데서 살아날 때는, 장가도 가지 않고 시집도 가지 않고, 하늘에 있는 천사들과 같다." (마르 12:25)

거룩해야 했기 때문이다). 쿰란 공동체의 삶은 지금, 여기서 낙원을 맛보는 순결하고 완벽한 삶이었다. 그렇게 그들은 "주님께서 오실 길"을 닦으며 마지막 날 높임 받게 되기를 기대하고 기다렸다.

쿰란 공동체가 마지막 날 높임 받는 것을 어떻게 이해했는지를 살피기 위해서는 다시금 그들이 창세기를 어떻게 종말론에 비추어 읽었는지를 살펴보아야 한다. 쿰란 공동체 기록에 따르면 마지막 날 그들은 "아담의 모든 영광" כל כבוד אדם(콜 케보드 아담)을 되찾을 것이라고 믿었다. 이 문구는 공동체 기록에 여러 번 등장하는데 신이 이 악한 시대에 개입해 세상을 완전히 변화시킬 때 공동체 구성원들이 겪게 될 영광스러운 삶을 가리킨다. 공동체에서 주로 읽힌 두 개의 규율서는 마지막 날 그들이 신에게 어떻게 "아담의 모든 영광"을 받게 되는지를 묘사한다.

> 이들은 세상에서 진리의 자손들을 위한 영적 기반이다. 진리 안에서 걷는 모든 이들은 치유, 풍성한 평화, 영원한 축복을 받은 다복한 자녀, 영원한 기쁨과 끝나지 않는 삶을 보상받게 될 것이다. 그들은 영원한 빛 아래 위엄 있는 두루마기를 입고 머리에 영광스러운 왕관을 쓰게 될 것이다. … 하느님께서는 영원한 언약을 맺으시기 위해 그들을 선택하셨다. 그들에게 아담의 모든 영광이 돌아갈 것이다.
> (공동체 규율Rule of the Community(1QS) iv. 6~7, 22~23)[6,*]

---

6   해당 번역은 다음에서 인용했다. Florentino Garcia Martinez and Eibert J.C. Tigchelaar(tr.), *The Dead Sea Scrolls Study Edition* (2 vols., Grand Rapids, MI: Eerdmans,

하느님께서는 당신의 위대하고도 신비로운 활동들을 통해 그들의 잘못을 용서해주시고 그들의 죄를 씻어주셨다. 그리고 그분은 그들을 위해 이스라엘에 안전한 집을 지으셨는데 역사가 시작된 이래 이러한 집은 없었다. 그 안에 남아 있는 이들은 영생을 얻을 것이고 아담의 모든 영광을 받게 될 것이다. (다마스쿠스 문서Damascus Document (CD-A)** iii. 18~20)[7]

이스라엘에 있는 "안전한 집"에 "남아 있는" "진리의 자손들"은 마지막 때 과거 아담이 에덴동산에 누렸던 삶을 누리게 된다. 그들은 죽지 않으며 "영생"을 살 것이다. 슬퍼하지 않으며 "영원한 기쁨과 끝나지 않는 삶"을 누릴 것이다. 고통스러운 노동과 출산의 저주에서 벗어나 "영원한 축복을 받은 다복한 자녀"를 얻게 될 것이다. 폭력에서 벗어나 치유되고 "풍성한 평화"를 누리게 될 것이다. 낙원의 강이 사해를 치유하듯 신은 "진리 안에서 걷는 모든 이들"을 치유한다.

1997~1998), vol. 1, 77~79.

* 공동체 규율은 사해 문서 중 하나로 쿰란 제1 동굴에서 거의 완벽한 본문이 발견되었고 책의 히브리어 이름이 '세렉 하야하드'חדיה ךרס여서 1QS로 약칭한다. 공동체의 목적과 이상, 공동체 입회예식, 공동체의 교리(이원론적 신앙), 공동체 생활의 목적과 규율, 새 공동체의 규율, 찬양시가 포함되어 있다.

** 다마스쿠스 문서라는 이름은 본문에 "다마스쿠스 땅의 새 계약"이라는 언급이 반복적으로 나와서 붙여진 이름이다. 약칭인 CD는 카이로 다마스쿠스Cairo Damascus를 표기한 것으로, 이 문서가 사해 문서 중에 포함되어 있지만 그전에 이미 이집트 카이로(에스라 회당의 게니자(유대교 회당에 있는 일종의 문서 저장고))에서 발견되었기 때문이다. 두 개의 사본이 발견되어 전자를 CD-A, 후자를 CD-B로 부른다. 교훈과 율법이 포함되어 있다.

7 위의 책, vol. 1, 555.

이들이 새로운 에덴동산에서 입을 의복에 대한 묘사는 이들이 신적인 지위에 오르게 될 것을 시사한다. 낙원에서 그들은 거의 "하느님처럼" 될 것이다(창세 3:4,22). 좀 더 구체적으로 그들은 "영원한 빛 아래 위엄 있는 두루마기를 입고 머리에 영광스러운 왕관을 쓰게 될 것이다". 이러한 묘사는 시편에 나오는 신에 관한 묘사를 떠올리게 한다.

> 실로 웅장하십니다.
> 영화도 찬란히 화사하게 입으시고
> 두루마기처럼 빛을 휘감았습니다.
> 당신은 더없이 위대하십니다.
> 권위와 위엄을 갖추셨습니다.
> 빛을 옷처럼 걸치셨습니다.
>
> (시편 104:1~2)

그러나 세상에 있는 "진리의 자손들"이 입게 될 옷은 '하느님의 옷'이 아니라 '아담의 옷'이다. 이 옷은 "아담의 모든 영광"에 속한다. "위엄 있는 두루마기"는 아담이 범죄를 저지르고 추방당하기 전 에덴동산에서 그가 높은 지위에 있었음을 가리킴과 동시에 쿰란 공동체가 위대한 변혁의 날, 자신들이 누리게 될 것이라고 기대하던 완벽한 삶을 가리킨다. 그들이 남긴 어느 조각 본문에는 이 마지막 날과 관련된 구절이 있다.

땅에서는 더는 범죄가 일어나지 않을 것이고, 파괴자와 모든 적은 사라질 것이다. 온 세상은 에덴과 같을 것이다. 온 땅이 영원히 평화를 누릴 것이다. (새로워진 땅Renewed Earth(4Q475))[8]

온 세상은 "에덴과 같을" 것이고 그곳은 "영원히 평화를" 누릴 것이다. 그곳에서는 더는 "범죄가 일어나지 않을" 것이다. 이것이 낙원에서의 삶이며 더는 "적"מַשְׂטֵמָה(마스템)이 없을 것이다. '마스템'이라는 단어는 마스테마Mastema, 벨리알Belial, 혹은 사탄Satan이라 불리는 주요한 인류의 적들을 떠오르게 한다. 새 땅에서는 오직 선과 축복, 풍성한 기쁨, 그리고 빛나는 옷만 있을 것이다. 신에게 헌신한 이들은 마지막 때 아담과 하와가 상실한 완벽한 삶으로 돌아갈 것이다. 신은 그들의 죄를 용서하고 그들에게 아담의 영광을 줄 것이다.

당신은 죄를 용서해주시고 그들의 모든 잘못을 제거해주시고 그들에게 아담의 모든 영광(과) 풍성한 날들을 유산으로 주셨습니다. 그렇게 당신은 당신의 (영원한) 이름을 높이셨습니다. (추수감사 Hodayot(1QHa) iv. 15)[9]

공교롭게도 유대-로마 전쟁(기원후 68~70년) 동안 에세네는 로마 군대의 잔인한 보복에서 살아남지 못했다. 쿰란은 폐허가 되었고 공동

---

8 위의 책, vol. 2, 957.
9 위의 책, vol. 1, 149.

체의 기록이 담긴 두루마리는 인근 동굴에 숨겨졌으며 1940년대에 이르러서야 발견되었다. 종말에 대한 그들의 꿈은 너덜너덜한 양피지와 파피루스에 담겨 살아남았으나 벌레의 먹이가 되었다. 그러나 아담의 영광을 받아 빛나게 될 날에 대한 경건한 기대는 주변 종말 공동체, 즉 초기 그리스도교인들이 이어갔다.

마지막 아담

바울 서신은 기원후 50년대에 기록된, 가장 오래된 그리스도교 본문이다. 그는 쿰란에 있던 에세네 공동체와 동시대를 살았다. 바울이 에세네 혹은 그들의 가르침에 직접적인 영향을 받지는 않았다. 그들의 공통점은 당대 모든 유대인 집단이 공유하던 종교 개념이 무엇인지를 보여준다. 대다수 유대인처럼 바울 또한 마지막 때가 도래하기를 열광적으로 기대했다. 다마스쿠스로 가던 길에서 회심한 후(사도행전 9장) 그는 그리스도교인이 되었고 이방인의 사도가 되었다.

고린토에 있는 그리스도교 공동체에 보낸 두 번째 편지에서, 바울은 14년 전 "한 사람"이 경험했던 "환상과 계시"를 묘사한다. 아마도 이는 자신이 회심 체험을 했던 때 본 것을 이야기하는 것으로 보인다.

이제 나는 주님께서 보여주신 신비로운 환상들과 계시들에 대하여 말씀드리겠습니다. 내가 잘 아는 그리스도 교인 하나가 십사 년 전에 셋째 하늘까지 붙들려 올라간 일이 있었습니다. 그때 몸째 올라갔는지 몸을 떠나 올라갔는지 나는 모릅니다. 그러나 하느님께서는 알고 계십니다. 나는 이 사람을 잘 압니다. 몸째 올라갔는지 몸을 떠나서 올라갔는지 나는 알지 못하지만 하느님께서는 아십니다. 그는 낙원으로 붙들려 올라가서 말로 표현할 수도 없고 사람이 말해서도 안 되는 말씀을 들었습니다. (2고린 12:1~4)

이렇게 바울은 신의 신비에 관한 환상과 계시를 보았다. 그를 그리스도교 사도로 변화시킨 것은 다름 아닌 그가 본 종말론적 환상이었다. 그는 환상을 통해 세 번째 하늘, 거룩한 예언자가 신에 관한 지식을 알게 되는 천상의 에덴동산으로 올라갔다. 바울은 그곳에서 무엇을 들었는지 이야기하지 않는데 이는 신에 관한 비밀이기에 사람의 "말로 표현할 수 없고 사람이 말해서도 안 되"기 때문이다. 그럼에도 이 종말론적 비밀은 마지막 날 도래하는 것과 관련된 그의 그리스도교 신앙과 앎의 원천이 되었다.

바울의 종말론적 지식은 앞서 쿰란 공동체에서 엿보았던, 태초에 아담이 받은 신의 영광에 관한 생각과 흐름을 같이한다. 다만 바울은 이제 인류가 그리스도를 통하여 아담의 영광을 회복할 것이라고 본다.[10] 그에게 아담은 "장차 오실 분의 모형"(로마 5:14)이며 신의 영광을 지닌 이는 아담이 아니라 그리스도다. 이러한 생각의 전환은 쿰란 공

---

10 이 주제와 관련된 논의는 다음을 참조하라. Morna D. Hooker, *From Adam to Christ: Essays on Paul* (Cambridge: Cambridge University Press, 1990), Morna D. Hooker, *Paul: A Short Introduction* (Oxford: Oneworld, 2003)

동체의 기록과 신약성서 본문을 비교해 보면 좀 더 분명하게 알
수 있다.

(아담), 우리의 (아)버지, 당신은 (당신의) 영광의 형상으로 만들어졌습
니다. (빛의 말씀Words of the Luminariesa(4Q504) viii. 4)[11]

그리스도는 하느님의 영광을 드러내는 찬란한 빛이시요, 하느님의
본질을 그대로 간직하신 분이십니다. (히브 1:3)

신약성서에서 아담의 영광은 그리스도의 영광이 된다. 그리스도를
통해 의인은 물질적인 몸을 버리고 "(하느님의) 아들의 형상과 같은 모
습"인 영적인 몸을 얻게 될 것이다. 그렇게 그들은 하늘, 아마도 바울
이 생전에 잠깐 올라가 천상의 비밀을 배웠던 에덴동산에 올라갈
것이다.
　고린토인들에게 보낸 그의 첫째 편지에서, 바울은 이 신비로운 변
화가 어떻게 일어날 것인지를 이야기한다.

내가 이제 심오한 진리 하나를 말씀드리겠습니다. 우리는 죽지 않고
모두 변화할 것입니다. 마지막 나팔 소리가 울릴 때 순식간에 눈 깜
빡할 사이도 없이 죽은 이들은 불멸의 몸으로 살아나고 우리는 모두

11　Florentino Garcia Martinez and Eibert J.C.Tigchelaar, *Dead Sea Scrolls*, vol. 2, 1009.

변화할 것입니다. 이 썩을 몸은 불멸의 옷을 입어야 하고 이 죽을 몸은 불사의 옷을 입어야 하기 때문입니다. (1고린 15:51~53)

죽을 수밖에 없는 몸에서 죽지 않는 영생의 몸으로의 변화는 쿰란 공동체 본문에서 "진리의 자손들"이 미래에 맞이할 변화와 유사하다. 그러나 마지막 때 그리스도교인이 취하는 몸은 새로운 아담인 그리스도의 죽지 않는 영생의 몸이다.

아담의 영광처럼 그리스도의 영광은 신의 영광을 반영한다. 아담처럼 그리스도도 신의 모습을 따라 창조되었다. 바울은 그리스도교인의 몸이 미래에 겪게 될 변화를 아담의 물질적인 몸과 그리스도의 영적인 몸을 대비하면서 묘사한다.

성서에 기록된 대로 첫 사람 아담은 생명 있는 존재가 되었지만 나중 아담은 생명을 주는 영적 존재가 되셨습니다. 그러나 영적인 것이 먼저 있었던 것이 아니라 육체적인 것이 먼저 있었고 그다음에 영적인 것이 왔습니다. 첫째 인간은 흙으로 만들어진 땅의 존재이지만 둘째 인간은 하늘에서 왔습니다. 흙의 인간들은 흙으로 된 그 사람과 같고 하늘의 인간들은 하늘에 속한 그분과 같습니다. 우리가 흙으로 된 그 사람의 형상을 지녔듯이 하늘에 속한 그분의 형상을 또한 지니게 될 것입니다. (1고린 15:45~49)

다시 말하면, 인류는 모두 최초의 인간인 아담처럼 흙으로 된 몸, 즉 육체적이고 죽을 수밖에 없는 몸으로 시작한다. 그러나 마지막 날 인류는 그리스도 안에서 "하늘에 속한 그분의 형상을 지니게" 될 것이다. 바울에게 위대한 신비는 우리가 "첫 사람"에게 물려받은 육체적 몸이 "하늘에 속한 그분의 형상"으로 변화될 때 드러날 것이다. 영광스러운 그리스도의 영적인 몸으로 변화하는 것은 신이 인류에게 주는 궁극적인 보상이다.

또한 마지막 날에는 신의 자녀만이 아니라 모든 피조물이 영적인 몸이라는 영광을 얻게 되리라고 바울은 보았다.

> 곧 피조물에게도 멸망의 사슬에서 풀려나서 하느님의 자녀들이 누리는 영광스러운 자유에 참여할 날이 올 것입니다. (로마 8:21)

달리 말하면, 세상은 낙원이 될 것이다. 신의 영광은 그리스도를 통하여 타락한 세상을 새롭고 완벽한 세상으로 변화시킬 것이다. 인류와 세상은 "마지막 나팔이 울릴 때, 눈 깜빡할 사이에, 홀연히" 영적인 영광을 입게 될 것이다.

쿰란 공동체 구성원들처럼 바울은 이 신비로운 변화가 자신이 살아있는 동안 일어나기를 기대했다. 가장 이른 시기에 쓴 서신에서 그는 기록했다.

> 그때 살아남아 있는 우리가 그들과 함께 구름을 타고 공중으로 들리어 올라가서 주님을 만나게 될 것입니다. 이렇게 해서 우리는 항상

주님과 함께 있게 될 것입니다. (데살 4:17)

그러나 쿰란에 있던 사람들처럼 바울 역시 마지막 날 위대한 변화가 일어나기 전에 세상을 떠났다. 이후 많은 시간이 흘렀고 많은 것이 변화했다. 그러나 여전히 수많은 그리스도교인이 마지막 나팔 소리가 울려 퍼지고 하늘로 올라가 마지막 아담의 영광을 얻게 될 그 순간을 기다리고 있다.

종말론적 이원론

지금까지 살펴본 에제키엘서, 사해 문서, 그리고 신약성서 본문들은 창세기가 어떻게 종말의 비밀을 간직한 책으로 여겨지게 되었는지를 보여준다. 현실 속 위기와 거룩한 경전에 대한 주도면밀한 해석이 결합된 결과 마지막 날에 관한 경전의 비밀을 밝히는 법이 나왔다. 해석자들은 에덴동산, 낙원의 강, "마지막 날"에 관한 야곱의 축복, 범죄 이전의 아담의 축복받은 삶처럼 창세기에 나온 개념들을 신이 계획한 영광스러운 미래를 보여주는 신비로운 개념으로 여겼다.

에세네와 바울은 자신들이 속한 세상이 악한 세력의 권세 아래 있다고 생각했다. 에세네에게 악의 세력은 벨리알, 어둠의 세력이었고 바울에게 악의 세력은 "통치자," "권세자," 그리고 "이 어두운 세계의 지배자들"이었다. 그는 말했다.

우리의 싸움은 인간을 적대자로 상대하는 것이 아니라, 통치자들과

권세자들과 이 어두운 세계의 지배자들과 하늘에 있는 악한 영들을 상대로 하는 것입니다. (에페 6:12)

사해 문서도 이와 유사하게 악의 세력에 대해 묘사한다.

> 모든 정의의 아들이 어둠의 천사로 인해 부패하게 되고,
> 그들의 모든 죄악, 부정, 불법과 공격적인 행동은
> 하느님의 날이 올 때까지 그분의 신비에 따라
> 어둠의 천사의 지배 아래 있다.
> 그리고 그들의 모든 고난과 슬픔의 시기는
> 어둠의 천사가 행하는 증오의 지배에서 야기된다.
> 그의 땅의 모든 영은 빛의 아들들을 타락하게 만든다.
>
> (공동체 규율 (1QS) iii. 2024)[12]

어두운 세계의 지배자들도 "하느님의 신비에" 속한다. 그들의 통치는 신과 빛의 천사들이 악의 영들을 압도하는 마지막 날, 거대한 변혁의 시기에 끝날 것이다. 이 악한 세상은 저물고 새로운 완벽한 시대, 새로운 낙원의 여명이 빛을 발할 것이다.

종말론의 세계관은 이원적이다. 종말론적 세계는 빛과 어둠이라는 두 우주적 세력, 그들이 통치하는 두 시대로 이루어져 있다. 우리

---

12 위의 책, vol. 1, 75~77.

가 사는 이 타락한 세상은 어둠과 악의 지배 아래 있다. 다가올 완벽한 세상은 신과 영원한 선의 지배 아래 있게 될 것이다. 그때가 오면 에세네의 표현을 빌리면 '빛의 자녀', 바울의 표현을 빌리면 '하느님의 자녀'들은 높임 받게 될 것이다. 자료에 따라 조금씩 다르기는 하나 에세네 혹은 그리스도교인과 같은 선택받은 백성은 낙원에서 천사처럼, 낙원에서 살도록 창조되었던 아담처럼 살게 될 것이다. 종말에 에덴에서의 삶은 회복되고, 구원받은 이들은 아담 혹은 마지막 아담처럼 살게 될 것이다.

이러한 종말론을 믿는 공동체는 자신들이 두 시대 사이를 살고 있다고 생각했다. 그들에게 '지금'은 '어두운 세계'의 마지막에 해당하는 날들이다. 그들은 이미 다가올 완벽한 삶, 천상에서의 삶을 맛보았다. 그렇기에 그들은 마지막 날이 자신들이 살아있는 동안 오기를, 영원한 선과 축복 속에 머물게 되기를 고대했다. 그들의 삶은 '지금'과 '다가오는 것' 사이, 어둠과 빛 사이, 황혼에 자리하고 있었다. 현재는 천천히 지고 있다고, 미래가 거의 다가왔다고 그들은 믿었다.

현실에 대한 종말론의 이원적 관점은 성서에 대한 종말론의 이원적 관점과 상응한다. 창세기는 과거에 일어났던 일을 이야기하지만 그 비밀, 즉 종말과 관련된 의미는 미래에 대한 계시다. 현실처럼 창세기의 말들은 두 얼굴을 가지고 있는데 하나는 지난 과거를 되돌아보는 얼굴이고, 다른 하나는 구원의 미래를 바라보는 얼굴이다. 종말론의 관점에서 에덴동산, 낙원의 강, 아담의 영광 등 창세기의 모든 세부 내용은 이중 의미를 갖고 있다. 하나는 창세기를 읽는 모든 이가 발견할 수 있는 과거의 의미고, 다른 하나는 종말론적 선지자와 해석자만 발견할 수 있는 미래의 의미다. 사해 문서는 의를 가르치는 선생인 에세네 지도자에 관해 언급한다.

> 하느님께서는 당신의 종인 예언자들이 한 말에 감춰진 모든 신비로운 의미를 선생이 알게 하셨다.[13]

종말론을 따르는 이들은 창세기를 기록한 이는 예언자 모세였으나 그 비밀은 이후 의를 가르치는 선생, 예수, 바울, 그리고 많은 종말론적 해석자들에게 알려졌다고 믿었다.

이러한 과정을 통해 창세기는 세상이 이 세상과 다가올 세상으로 구성된 두 층의 구조로 이루어져 있듯 모든 사람이 알 수 있는 의미와 감추어진 의미를 지닌, 두 층의 구조로 이루어진 책이 되었다. 이 세상은 흙으로 만든 아담의 몸처럼, 창세기의 표면적인 말들처럼 이내 사라질 것이다. 다가올 시대는 영광을 입은 아담처럼, 창세기의 비밀처럼 사라지지 않는 낙원의 시대가 될 것이라고 종말론자들은 믿었다. 그리고 바울이 말했듯 자신들은 현재 창세기를 "거울에 비추어보듯이 희미하게" 읽고 있지만, 그 비밀은 신비가 온전히 드러나는 마지막 날 밝혀지리라고 생각했다.

---

13 Pesher Habakkuk (1QpHab) vii. 4~5, 해당 번역은 다음을 인용했다. Florentino Garcia Martinez and Eibert J.C. Tigchelaar, *Dead Sea Scrolls*, vol. 1, 17.

"위로 솟구칠 때 정신은 …
완벽한 음악의 법칙에 맞추어 행성 및 고정된 별들과 춤을 추며
자신을 사랑으로 인도하는 지혜를 뒤따른다."

동굴 밖으로

알프레드 노스 화이트헤드Alfred North Whitehead는 모든 서양철학은 결국 "플라톤 철학에 대한 일련의 각주"라고 말한 바 있다.[1] 그보다는 덜 분명할지라도 모든 서구 종교 역시 플라톤에게 커다란 빚을 지고 있다. 창세기의 생애 중 상당 시기는 플라톤 사상이라는 틀 아래 형성되었다. 알렉산드로스 대왕Alexander the Great의 정복을 계기로 그리스식 사고와 실천이 유대교에 스며들었다. 유대교와 그 자손인 그리스도교까지 이러한 혼합은 천년 넘게 이어졌다. 플라톤주의자는 성서와 세계를 보이는 것과 보이지 않는 것으로 이루어진 이중 현실의 일부로 보았다. 여기서 보이는 물질 세계는 개인이 태어나 살고 죽는, 불완전함과 변화의 영역이다. 이와 견주었을 때 보이지 않는, 고차원의 세계는 만물이 참된 형태로 영원히 존재하는, 완전함과 불변의 영역이다. 이러한 사고의 틀 아래 유대인들과 그리스도교인들은 창세기에 감추어진 의미는 우리를 물질 세계의 속박에서 해방시켜 저 이상적인 세계로 가는 길을 제시한다고 보았다.

플라톤적 창세기의 뿌리는 저 유명한 동굴의 비유가 나오는 『국가』The Republic 제7권에 있다. 이 비유에서 동굴은 이 세계, 즉 감각 세계의 상징이다. 이 세계에서 우리가 보는 것은 사물의 참된 모습이 아니라 사물들의 그림자일 뿐이다. 오직 철학자만이 동굴 밖으로 올라가 더 높은 세계에서 사물의 참된 모습을 볼 수 있다. 플라톤은 이

---

1   Alfred North Whitehead, *Process and Reality: An Essay on Cosmology* (New York: Free Press, 1978), 39. 『과정과 실재』(민음사)

비유의 의미를 다음과 같이 설명한다.

> 동굴 밖으로 올라가는 것과 높은 곳에 있는 것을 보는 것을 '지성을
> 통해 알 수 있는 영역'을 향한 혼의 등정으로 간주한다면 ⋯ 인식할
> 수 있는 영역에서 최종적으로 그리고 각고의 노력 끝에 보게 되는
> 것은 '선의 이데아'이네. ⋯ 일단 이를 본 다음에는 이것이 모든 것
> 에 있어서 모든 옳고 아름다운 것의 원인이라고 결론 내릴 수 있네.
>
> (국가 517b~c)[2]

"지성을 통해 알 수 있는 영역"은 이상적인 형태의 세계이며 오직 지
성으로만 알 수 있다. 이 세계는 '존재'being의 보이지 않는 세계로 완
전하고 보이지 않으며, 불완전하고 일시적인 '생성'becoming의 영역, 물
질 세계와 대비를 이룬다. 플라톤에 따르면 철학자의 목표는 사물의
참된 모습을 보기 위하여 저 "지성을 통해 알 수 있는 영역"으로 올라
간 다음 물질 세계로 되돌아와 다른 이들을 가르치는 것, (혹은 철학자
가 왕이라면) 그들을 통치하는 것이다.

플라톤 철학에서 현실은 이원적이다. 일상 세계, 즉 물질 세계는
이상 세계의 결함 있는 복제품이다. 이 일상 세계는 참된 앎이 아닌
신념, 감정, 편견이 지배한다. 우리의 감각은 이 그림자 세계에 익숙
해져 있어 이 세계만을 유일한 세계라고 가정한다. 오직 철학적 정신

---

2 해당 번역은 다음에서 인용했다. Robin Waterfield(tr.), Plato, *Republic* (Oxford: Oxford
   University Press, 1993), 244. 『국가』(서광사)

만이 감각을 지배할 수 있고 동굴 밖에 있는 보이지 않고 불변하며 완전한 세계를 볼 수 있다. 물질 세계의 한계를 넘어 순수한 형태로 존재하는 실재와 선을 추구해야 한다고 플라톤은 자신을 따르는 이들에게 가르쳤다.

물질 세계 너머에 순수한 형상이 존재한다는 철학사상은 부분적으로 피타고라스Pythagoras 및 그의 학파가 발전시킨 수학과 기하학의 논리에서 유래한다. 우리가 모두 대강은 알고 있는 피타고라스의 정리($a^2+b^2=c^2$(직각 두 변의 길이의 제곱의 합은 빗변 길이의 제곱과 동일하다))는 직각 삼각형과 관련이 있다. 이 정리는 우리가 실제로 보거나 그린 삼각형에는 들어맞지 않는다. 눈에 보이는 현실에서 삼각형은 어떠한 식으로든지 구부러져 있고 불완전하기 때문이다. 피타고라스 정리에서 이야기하는 삼각형은 완벽하게 각도를 맞춘 완전한 삼각형이다. 그러나 이러한 '참된' 삼각형은 물질 세계에 존재하지 않는다. 이러한 맥락에서 수학과 기하학은 완전한 삼각형과 사각형, 사면체가 실제로 존재하는 세계를 가정해야만 한다.

플라톤은 이 수학과 기하학의 이상적인 세계를 견본으로 삼아 이 세계 만물에 이상형이 있다고 추론했다. 이를테면 특정 침대는 이상적인 '침대'의 불완전한 예시며 다른 모든 것도 마찬가지다. 『국가』에서 플라톤은 인간이나 장미와 같은 인공물이나 자연적인 실체보다는 '정의'나 '아름다움' 같은 윤리적 속성들을 이용해 이상적인 형상을 묘사한다. 그에 따르면 '선'의 초월적인 형태는 모든 가치의 근원일 뿐 아니라 모든 현실의 원천이다. 플라톤에게 이 이상적인 형상은 인격화되지 않은 신神 개념이라 할 수 있다.

플라톤은 『티마이오스』Timaeus에서 우주의 생성을 설명하며 저 이상적인 형상과 불완전한 물질로 이루어진 복제품 사이의 구별을 적용했다. 『티마이오스』는 밀도 있고 난해한 작품이다. 여기서 우주의 생성은 진리가 아니라 신화 혹은 "그럴듯한 이야기"로 제시된다. 여기서 플라톤은 이상적인 세계의 계획 이후 신성한 "장인"δημιουργός(데미우르고스)이 어떻게 이 물질 세계를 창조했는지를 상세히 기술한다. 그는 수학적인 관계가 우주 모든 구조의 근간을 이룬다고 보았다. 17세기 근대 과학에 바탕을 둔 우주론이 부상할 때까지 『티마이오스』는 플라톤의 모든 작품 중 가장 커다란 영향력을 행사했다. 그리고 세부 내용은 바뀌었으나 갈릴레오와 아이작 뉴턴Isaac Newton은 정말로 수학을 통해 우주의 구조를 설명할 수 있음을 입증했다.

수학에 기대어 우주론을 제시했다는 점에서 플라톤의 우주론은 근대 과학을 예견했다고 할 수 있다. 하지만 동시에 그의 우주론은 성서의 창조 이야기와도 흥미로운 유사성을 지니고 있다. 『티마이오스』에 따르면, 신성한 장인은 물질 세계의 청사진으로 이상 세계를 참고했다. 이는 성서에서 하느님이 우주를 창조할 때 반半인격화된 지혜חכמה(호크마)에 의존한 것을 연상시킨다. 잠언 8장에 따르면, 하느님이 우주를 창조할 때 지혜는 '장인'אמון(아몬)역할을 했다. 티마이오스에서 '장인'은 "눈에 보이지 않고"ἀόρατος(아오라토스), "형태도 없는"ἄμορφος(아모르포스), 그러나 이미 존재하는 실체에서 물질 세계를 만들었다(이상 티마이오스 51a). 이는 창세기 1장 2절에 나오는 (이미 존재하나) "형태 없는 혼돈"תֹהוּ וָבֹהוּ(토후 바보후)을 연상시킨다. 티마이오스에서 장인은 "무질서 상태에서 질서 있는 상태"로 이끌었는데 "질서 있는 상태가 무질서한 상태보다 모든 면에서 더 좋다고 생각"(티마이오스 30a)했기 때문이다. 이는 성서에서 신이 새롭게 창조된 우주를 보고 "참 좋았다"(창세 1:31)고 선언하는 것과 유사하다. 이러한 유사점들 덕분에 사람들은 플라톤의 가르침을 창세기 창조 이야기에 손쉽게 적용했다.

플라톤의 장인은 세계를 선하게 만들었으나 그는 세계의 물질적 속성이 지닌 결함에 제한을 받았다.

> 그는 … 그 본성에 있어서 가능한 한 가장 아름답고
> 가장 훌륭한 작품을 만들기를 바랐습니다. (티마이오스 30b).

완전한 선은 이상 세계에만 존재하며 우리가 살아가는 세계는 그 그림자일 뿐이다. 이러한 이상 세계와 물질 세계의 이원성은 왜 우리의 일상 세계가 불완전한지를 설명하고 더 높고 완벽한 세계를 찾는 길을 제공했다. 플라톤의 우주론은 다양한 수정을 거치면서 그리스 철학을 지배하게 되었다. 유대인이 그리스 세계에 들어왔을 때, 플라톤의 우주론과 창세기를 혼합하는 건 너무도 자연스러운 일이었다.

창세기 그리스어 역본

기원전 333년 알렉산드로스 대왕은 페르시아 제국의 다리우스

Darius 왕을 물리쳤다. (기억하기 무척 쉬운) 이 해는 고대 역사에서 새로운 시대를 열었다. 유대인들이 그리스 세계로 들어온 것이다.[3] 기원전 3세기 어느 시점에 모세오경이 그리스어로 번역되었다. 이 번역 작업은 알렉산드로스의 후계자가 이집트의 새로운 수도로 삼았으며 당시 학문의 중심지였던 알렉산드리아에서 이루어졌다. 당시 알렉산드리아에는 그리스어를 사용하는 커다란 유대인 공동체가 있었기 때문에 창세기 그리스어 역본이 탄생하기 좋은 여건이었다. 오경의 그리스어 번역본은 72명의 유대인 학자들이 72일 동안 따로 번역하여 각자의 번역본들을 비교했는데 모두가 똑같았다는 후대 전설 때문에 '칠십인역'Septuagint이라고 불리게 되었다. 위 전설은 번역을 신이 허락했음을 강조한다. 이를 두고 기원후 1세기 유대인 현자 알렉산드리아의 필론은 말했다.

우리는 이들을 단순한 번역자가 아니라 성스러운 신비의 예언자이자 해석자로 임명한다. 그들은 가장 순수한 영인 모세의 영과 자신의 발걸음을 일치시킬 수 있는 순수한 사고를 지녔다.

(모세의 생애Life of Moses 40)[4]

---

3 다음을 보라. Elias Bickerman, *The Jews in the Greek Age* (Cambridge, MA: Harvard University Press, 1988), Erich S. Gruen, *Heritage and Hellenism: The Reinvention of Jewish Tradition* (Berkeley: University of California Press, 1998)

4 해당 번역은 다음에서 인용했다. David Winston, *Philo of Alexandria: The Contemplative Life, the Giants, and Selections* (New York: Paulist Press, 1981), 272.

칠십인역 번역자들은 대체로 히브리어 단어 하나하나를 신중하게
그리스어로 번역했다.[5] 그러나 그렇게 히브리어를 충실하게 옮기려
했음에도 불구하고 그 결과물은 때때로 번역자가 품고 있는 플라톤
적 철학 사상을 반영했다. 번역자들은 박식한 학자, 교양있고 헬라화
된 유대인이었다. 그들은 성서의 사상과 그리스 사상이 다양한 방식
으로 섞인 세계관을 갖고 있었다. 문자에 충실한 번역을 한 그 결과
물을 통해 우리는 창세기가 어떻게 플라톤화했는지를 엿볼 수 있다.

앞서 살펴보았듯 선재하는 물질에 대한 창세기와 『티마이오스』의
서술은 놀라울 정도로 유사하다. 창세기 1장 2절에 따르면 "땅은 토
후 바보후תֹהוּ וָבֹהוּ"다. 이를 제임스흠정역은 "형태가 없고 공허
한"unformed and void으로 번역했다. 사실 이 히브리 어구는 번역하기 까
다롭다. 토후תֹהוּ는 '황무지'wasteland 혹은 '혼돈'chaos을 뜻하고 보후בֹהוּ는
아무런 뜻도 갖고 있지 않은, 그저 토후와 운율을 맞추기 위해 들어
간 단어다. 이를 칠십인역 번역자는 하나하나 신중하게 번역했다.

　　　땅은 보이지 않았고 조직화되지 않았다.

왜 그들은 "토후 바보후"를 "보이지 않는"ἀόρατος, 그리고 "조직화되지
않은"ἀκατασκεύαστος(아카타스케바스토스)으로 번역했을까? 대답은 티마이
오스에서 찾을 수 있다. 『티마이오스』에서는 선재하는 물질을 "보이

5　다음을 참조하라. Ronald Hendel, *The Text of Genesis 1–11: Textual Studies and Critical
　　Edition* (New York: Oxford University Press, 1998), 16~20.

120 | 창세기와 만나다

지 않고", "형태가 없는" 것으로 묘사한다. 칠십인역 번역자는 선재하는 물질과 관련해 널리 알려진 플라톤의 언어를 활용한 것이다. 그는 플라톤과 모세가 동일한 내용을 말하고 있다고 여겼다. 여기서 우리는 창세기 그리스어 역본이 어떻게 그리스 개념과 히브리 개념을 조합하는지를 엿볼 수 있다.

창세기 그리스어 역본에서 플라톤적 사고가 엿보인다는 사실은 창세기 그리스어 번역이 나쁜 번역이라는 이야기가 아니다. 모든 번역은 원자료의 언어와 번역어의 개념과 범주를 혼합한다. 창세기 그리스어 역본의 단어와 사상은 그리스어로 쓰였기 때문에 그리스 색채를 띠었다. 칠십인역은 신약성서의 모든 저자를 포함한 그리스어를 말하는 유대인과 대다수 그리스도교인에게 표준 성서가 되었다. 이는 유대인들과 그들의 후손들이 창세기를 플라톤적 세계의 눈으로 읽었음을 뜻한다.

영혼의 상승

예수, 그리고 바울과 동시대 사람인 알렉산드리아의 필론은 창세기, 출애굽기 주석에서 유대교와 그리스 철학 세계를 완전히 통합했다. 그의 저술에서 모세와 플라톤의 말은 조화를 이루어 소리를 낸

---

* 해리 울프슨(1887~1974)은 미국의 유대교 철학자이자 역사학자다. 오늘날 벨라루스 공화국에서 태어나 1903년 미국으로 이주해 하버드 대학교에서 공부했고 이후 약 50년간 하버드 대학교 교수로 활동했다. 유대교 철학, 교부들의 철학, 스피노자의 철학 등에서 저술을 남겼으며 미국 유대교 학회American Academy for Jewish Research를 창립했다. 주요 저서로『스피노자의 철학』The Philosophy of Spinoza, 『필론』Philo, 『교부들의 철학』The Philosophy of the Church Fathers 등이 있다.

다. 언젠가 해리 울프슨Harry Wolfson*은 필론을 철학적 종교의 창시자라고 말한 바 있다. 이 철학적 종교는 근대 초기까지 유대교와 그리스도교를 지배한 사상과 실천 양식이며 현대 종교 사상에도 영향을 미치고 있다.[6] 오늘날 대다수 사람은 필론이라는 이름을 모르지만 그의 유산인 철학적 종교는 시대를 통과해 여전한 힘을 갖고 있다.

필론은 그리스 철학이라는 렌즈로 성서를 읽으면서 전임자들(대부분 알렉산드리아 유대인)의 노력을 이어갔다. 부분적으로 그는 유대교 사상이 그리스 사상만큼이나 정교함을, 모세가 플라톤의 철학을 예견했음을 보여주려 했다. 필론의 방대한 주석은 그리스 사상을 초기 성서 해석자들의 네 가지 가정(성서는 비밀을 간직하고 있고, 현재에도 유효하며, 완벽하고, 신성하다는 가정)과 조합했다. 그러나 전임자들과 달리 그는 성서를 읽으며 종말론적 비밀이 아닌 철학적 지혜를 발견했다.

필론은 성서 본문에 두 가지 의미가 있다고 보았다. 눈에 보이는 의미는 영원하고 완벽한 의미의 그림자에 지나지 않는다고 그는 생각했다.

> 율법의 내용은 보이지 않는 것의 보이는 상징이며
> 표현할 수 없는 것을 표현한 상징이다.[7]

---

6 다음을 보라. Harry Wolfson, *Philo: Foundations of Religious Philosophy in Judaism, Christianity, and Islam* (2 vols., Cambridge, MA: Harvard University Press, 1947)

7 Philo, *Special Laws*. 3.178. David Winston, *Philo of Alexandria*, 79에서 재인용.

(플라톤의) 동굴의 비유를 보듯 필론은 성서를 보았고 그 감추어진 철학적 의미를 밝히는 방법을 '우의적 해석'allegorical interpretation이라고 불렀다.

> (성서의) 신탁의 말들은 육체에 드리워진 그림자이지만, 그 안에서 드러난 의미는 참 존재를 가지고 있다는 확신을 가지고 우의적 해석을 하며 앞으로 나아가라. (언어의 혼란Confusion of Tongues 190)[8]

성서의 표면적인 말은 플라톤의 동굴 비유에서 언급되는 "그림자"와 같다. 이 말들의 더 깊은 의미는 동굴 밖 더 순수한 형태를 지닌, 더 높은 세계의 "진정으로 존재하는 것"과 관련이 있다. 필론은 동굴의 비유를 성서 해석 방법으로 만들었다. 창세기 이야기는 더 고차원적인 의미의 그림자이자 상징이다. 그 참뜻은 그림자 너머에서 빛나는 빛, "진정으로 존재하는" "보이지 않는 것"을 드러낸다. 이러한 맥락에서 창세기와 현실은 모두 두 가지 차원(감각으로 인지할 수 있는 저차원, 철학적 사고로 인지할 수 있는 고차원)이 있다고 할 수 있다.

우의적 방법을 활용해 필론은 창세기의 많은 문제를 해결했다. 이를테면 신이 아담을 두 번 창조한 명백한 모순을 살펴보자.

> 하느님은 당신의 모습대로 사람을 지어내셨다. 하느님의 모습대로

---

8 David Winston, *Philo of Alexandria*, 79에서 재인용.

사람을 지어내시되 남자와 여자로 지어내시고. (창세 1:27)

야훼 하느님께서 진흙으로 사람을 빚어 만드시고 코에 입김을 불어 넣으시니, 사람이 되어 숨을 쉬었다. (창세 2:7)

1장에서 우리는 이 반복이 P와 J라는 두 가지 창조 이야기가 편집을 거쳐 결합된 결과임을 살펴본 바 있다. 그러나 이러한 설명은 필론에 게는 유효하지 않았다. 그는 이를 상상조차 할 수 없었을 것이다. 필론은 신이 시나이 산에서 모세에게 창세기 본문을 계시했다고 믿었기 때문이다. 이 반복의 문제를 해결하기 위해 그는 여기에 철학적 의미가 있다고 간주하고 그 흔적을 쫓았다.

이 탁월한 플라톤주의자는 명확한 해결책을 제시했다.[9] 그에 따르면 아담의 첫 번째 창조는 지성으로만 알 수 있는, 이상적인 형상의 영역에서 일어난 것이다. 필론은 하느님이 아담을 "하느님의 모습대로" 창조했다는 것에 주목했다. 신은 보이지 않으므로 그의 "모습"은 이상적인 형상, 보이지 않는 세계를 이야기하는 것임이 틀림없다고 그는 생각했다. 따라서 필론은 아담의 첫 번째 창조가 아담의 이상적인 형상을 가리킨다고 결론짓는다. 마찬가지 맥락에서 두 번째 창조는 물질 세계에서 일어나는 것이라고 그는 이야기했다. 신이 아담을 "진흙으로" 빚어 만들고 아담은 "숨을 쉬게" 되기 때문이다. 이상적

---

9 다음을 보라. Thomas H. Tobin, *The Creation of Man: Philo and the History of Interpretation* (Washington, DC: Catholic Biblical Association, 1983)

인 아담은 더 높은, 지성으로만 알 수 있는 영역에만 존재하며 육체를 갖게 된 아담은 지상에 있는 그 복제품이다. 필론은 말했다.

> 모세는 이 지상에 현재 있는 인간과 일찍이 하느님의 형상을 따라 창조된 인간 사이에 엄청난 차이가 있음을 분명하게 보여준다. 현재 있는 인간은 감각으로 인지하며 구체적인 특징을 지니고 있고 몸과 영혼으로 이루어져 있으며 남자, 혹은 여자이고 유한한 생명을 지닌다. 반면 형상을 따라 만들어진 인간은 이상적인 인간, 혹은 종으로서의 인간, 모든 개별 인간에게 새겨지는 인장印章으로서의 인간이다. 이 인간은 지성으로만 감지할 수 있으며 구체적인 형태를 지니고 있지 않고 그 본성상 불멸이다. (세상의 창조Creation of the World 134)[10]

플라톤의 이원화된 세계를 믿는 이들에게 이 설명은 아담의 두 번의 창조에 대해 충분히 설득력 있게 다가갔을 것이다.

플라톤과 마찬가지로 필론에게 있어 인간이 지닌 최상의 소명은 지혜로운 이가 이 세계라는 동굴에서 위의 세계로 올라가는 것이었다. 그는 족장 아브라함이 신의 부름을 받아 이주하는 사건을 저 철학적이고 영적인 여정에 대한 창세기의 "보이지 않는 상징"이라고 보았다. 이 이야기에서 신은 아브라함에게 말한다.

---

10   David Winston, *Philo of Alexandria*, 103에서 재인용.

네 고향과 친척과 아비의 집을 떠나

내가 장차 보여줄 땅으로 가거라.

나는 너를 큰 민족이 되게 하리라.

너에게 복을 주리라. (창세 12:1)

필론은 이 말들에 숨겨진 철학적 의미를 다음과 같이 밝힌다.

> 하느님은 인간의 영혼을 정화하려는 완전한 구원의 출발점으로 세
> 가지 영역, 즉 몸, 감각적 인지, 말을 벗어나 이주할 것을 명하신다.
> "고향"은 몸, "친척"은 감각적 인지, "아비의 집"은 말의 상징이다.
> … (그러므로 저 명령은 실제로 다음을 뜻한다) 너를 둘러싼 지상의 문제
> 들로부터 앞으로 나아가라. 사람아, 가증스러운 감옥인 너의 몸으로
> 부터, 간수처럼 행동하는 쾌락과 욕정으로부터 벗어나라.
>
> (아브라함의 이주Migration of Abraham 2, 9)[11]

아브라함으로 대표되는 인간 영혼의 목표는 참된 지혜를 향해 올
라가는 것, '생성'이 아닌 '존재'를 향해 나아가는 것이다. 때때로 필
론은 이 상승을 플라톤적인 고차원의 세계로 나아가는 신비로운 여
정으로 묘사한다.

---

11 위의 책, 167.

위로 솟구칠 때 정신은 … 완벽한 음악의 법칙에 맞추어 행성 및 고정된 별들과 춤을 추며 자신을 사랑으로 인도하는 지혜를 뒤따른다. 감각으로 감지할 수 있는 모든 물질을 초월하면, 그 순간 정신은 지성으로 인식할 수 있는 것을 갈망하게 되고 헤아릴 수 없는 아름다움, 아래 세계에서 감각으로 감지했던 것들의 원형과 원본을 위의 영역에서 바라보게 된다. 이때 정신은 마치 열정에 들뜬 이들처럼 차가운 흥분에 사로잡히고 … 영감을 얻는다. 지성으로 인식할 수 있는 세계에서 가장 높은 둥근 천장까지 호위를 받으며 영혼이 올라가는 그 모습은 마치 위대한 왕에게로 가는 것만 같다. 그러나 정신이 그를 보기 위해 애쓰면 순수하고 정제되지 않은 빛이 홍수처럼 쏟아져 나오고 이 섬광들로 인해 지성의 눈은 핑핑 돌게 된다.

(세상의 창조, 70~71)[12]

여기서 필론은 지혜를 추구하는 지성의 상승을 신 앞으로 나아가는 선견자의 신비로운 경험과 통합하고 있는 것처럼 보인다. 순수한 형상의 세계, 눈에 보이지 않고 영원한 세계는 천국과 상상할 수 없는 신의 신비로운 계시가 된다. 필론의 영적 여정에서 플라톤은 모세 및 성서의 예언자들과 힘을 합쳐 인간 영혼이 참된 복을 누리기 위해 신에게로 올라가도록 돕는다.

---

12 위의 책, 173.

하늘의 예루살렘과 지상의 예루살렘

더 높은 차원의 세계, 신비로운 천상으로 올라간 또 다른 현자는 바울이다(3장을 보라). 그의 상승은 보이지 않는 세계를 향한 플라톤적인 상승이자 종말론적 비밀이 드러나는 순간으로 들어가는 것이었다. 학식 있는 헬라파 유대인이었던 바울의 글 전반은 플라톤 사상의 언어 및 개념과 친연성을 보여준다. 이를테면 그는 한 편지에서 이방인들이 신을 어떻게 아는지에 대해 다음과 같이 기록한다.

사람들이 하느님께 관해서 알 만한 것은 하느님께서 밝히 보여주셨기 때문에 너무나도 명백합니다. 하느님께서는 세상을 창조하신 때부터 창조물을 통하여 당신의 영원하신 능력과 신성과 같은 보이지 않는 특성을 나타내 보이셔서 인간이 보고 깨달을 수 있게 하셨습니다. (로마 1:19~20)

"당신의 … 보이지 않는 특성"이 있는 영역과 "창조물"이 있는 보이는 영역의 구분은 보이지 않는 세계와 보이는 세계를 나누는 전형적인 플라톤적 사고다. 창세기를 해석할 때도 바울은 이 두 세계의 구분을 활용한다. 아브라함의 두 아내인 사라와 하갈을 언급하며 그는 이를 플라톤적 방식으로 해석한다. 필론처럼 그에게 있어 둘은 의미를 감추고 있는 일종의 비유다.

이것은 비유로 한 말인데 그 두 여자는 두 계약을 가리킵니다. 하나는 시나이 산에서 나와서 노예가 될 자식들을 낳았습니다. 그것이 하갈입니다. 하갈은 아라비아에 있는 시나이 산을 가리키는데 그것은 지금의 예루살렘에 해당합니다. 현재 예루살렘은 그 시민들과 함께 종노릇을 하고 있으니 말입니다. 그러나 하늘의 예루살렘은 자유인이며 우리 어머니입니다. (갈라 4:24~26)

바울은 두 여인(사라와 하갈)을 "하늘의 예루살렘"과 "지금의 예루살렘" 즉 지상의 예루살렘의 상징으로 본다. 하늘의 예루살렘은 "우리 어머니", 바울과 그 추종자들(선택받은 아들 이사악은 바로 이들의 상징이다)의 완전한 원천이다. 신이 율법을 준 "시나이 산에서 나온" 지상의 예루살렘은 자신의 자식들을 율법의 노예로 만든다. 이스마엘로 대표되는 노예들은 율법을 지킬 의무가 있는 유대인이며 여기에는 율법을 준수하는 그리스도교인들도 포함된다. 이들은 "지금의 예루살렘"에 살고 있는 바울의 경쟁자인 야고보와 베드로를 따르는 이들이다(갈라 1:18~2:14을 보라).

창세기에 대한 바울의 우의적 해석에서 '율법 대 믿음', '노예 대 자유인'의 대조는 하늘의 예루살렘과 지상의 예루살렘이라는 플라톤적 세계에 따라 이루어진다. 사라, 즉 하늘의 예루살렘은 완전하고 영적으로 열매를 맺으며 참된 믿음을 지닌 어머니인 반면 하갈, 즉 지상의 예루살렘은 세상에 속해 있고 타락했으며 사람들을 율법의 노예로 만든다. 바울에게 하늘의 예루살렘은 (요한의 묵시록 21장에 나오는) 마지막 때 하늘에서 내려올 종말론적인 예루살렘이 아니라 순수하고 보이지 않는 형상을 지닌 플라톤적 예루살렘이다. 지금 예루살렘은 하늘의 예루살렘의 불완전하고 결함 있는 복제품이며 잘못된 지식과 잘못된 종교를 산출하는 지상의 그림자다.

앞에서 우리는 바울이 창세기에 대한 종말론적 해석자임을 살펴본 바 있다. 그리고 지금 살펴보았듯 그는 플라톤적 해석자이기도 하다. 그는 시간과 변화를 넘어 존재하는, 보이지 않는 천상이 지닌 구원의 진리와 눈에 보이는 지상 세계에 전반적으로 흐르는, 짐을 짊어진 노예의 길의 관계에 초점을 맞추고 창세기를 해석했다.

영지주의 창세기

플라톤과 창세기의 가장 기이한 조합은 그리스도교 영지주의자들이 성스럽게 여긴 본문에서 발견된다. 그리스도교 영지주의는 이단으로 억압받기 전인 기원후 2세기에서 4세기까지 유행했던, 느슨한 조직으로 이루어진 운동이다.[13] 창세기에 대한 영지주의자들의 해석 중 가장 중요한 작품은 『요한의 비밀 계시록』The Secret Revelation of John이다. 이 문헌은 1945년 이집트 사막에서 발견된 영지주의 복음서 중 하나다. 카렌 킹Karen King*이 말했듯 『요한의 비밀 계시록』은 "신의 본

---

13 다음을 보라. Elaine Pagels, *The Gnostic Gospels* (New York: Random House, 1989) 『숨겨진 복음서, 영지주의』(루비박스)

* 카렌 킹은 미국의 그리스도교 역사학자다. 브라운 대학교에서 박사 학위를 받은 뒤 훔볼트 대학교, 옥시덴탈 칼리지 교수를 거쳐 1997년부터 하버드 대학교 신학대학원의 신약학 및 초기 그리스도교사 교수가 되었다. 초기 그리스도교 역사와 영지주의에 관한 다양한 저술을 펴냈다. 주요 저서로 『요한의 비밀 계시록』The Secret Revelation of John , 『막달라 마리아 복음서』The Gospel of Mary of Magdala, 『영지주의란 무엇인가?』What Is Gnosticism? 등이 있다.

성, 세상의 기원, 인간의 구원을 아우르는 이야기를 진술한 최초의 그리스도교 기록"이다.[14] 그리고 이 작업은 창세기를 플라톤식으로 새롭게 해석하는 방식으로 이루어졌다.

이 영지주의 창세기에 따르면 물질 세계와 이상 세계는 도덕적으로 대립한다. 물질 세계는 이상 세계를 인지하지 못하는 악한 신이 창조했다. 이 사악한 창조자의 이름은 얄다바오트Yaldabaoth이며 창세기 1장 2절에 나오는 "혼돈"תהו(보후)을 암시한다. 문헌에서는 그를 "사클라스"Saklas(어리석은 이), 사탄의 이름 중 하나인 사마엘Samael이라고 부르기도 한다.

이제 이 연약한 통치자는 세 개의 이름을 갖고 있다. 첫 번째 이름은 얄다바오트다. 두 번째 이름은 사클라스다. 세 번째 이름은 사마엘이다. 그는 광기로 가득 차 있고 불경스럽다. … 그는 말했다. "나는 하느님이고 나 이외에 다른 신은 없다." 그는 자신의 힘이 어디서 나오는지에 대해 무지했다. (요한의 비밀 계시록 12:7~13)

여기서 얄다바오트는 십계명의 첫 번째 계명("나는 야훼 너의 하느님이다. 너는 내 앞에서 다른 신을 모시지 못한다")을 바꾸어 표현한다. 그는 성서의 신이다. 영지주의자들은 그를 완전한 신을 알지 못하는 연약하고 기만적인 신으로 보았다.

---

14 Karen L. King, *The Secret Revelation of John* (Cambridge, A: Harvard University Press, 2006), vii. 이후 『요한의 비밀 계시록』 번역은 이 판을 따랐음을 밝힌다.

그들은 빛나고 완전한 신은 천상, 즉 플라톤적인 순수한 이해의 세계에 있다고 보았다. 그리고 완전한 신은 천상에서 세 완벽한 존재(지혜, 스스로 창조된 그리스도, 완벽한 인간인 아담)를 창조했다고 여겼다.

> 첫 번째 이해와 완벽한 정신에서 하느님은 ⋯ 참으로 완벽한 인간 (을 창조하셨다). 그는 최초의 계시이며 아담이라는 이름을 갖고 있었다. 하느님은 그를 최초의 영역에 있는 위대하고 신성하며 스스로 창조된 그리스도 곁에 두셨다. ⋯ 그리고 보이지 않는 영이 그에게 무적의 지적 능력을 주었다. (요한의 비밀 계시록 9:1~4)

영지주의자들은 이러한 방식으로 창세기 1장 27절에 나오는, 하느님이 자신의 모습을 따라 최초의 인간을 창조했다는 말을 해석했다.

아래 세계에서 얄다바오트는 높은 신("거룩하고 완벽한 어머니-아버지")의 모습을 따라 만들어진 하위의 아담을 태고의 물 안에서 창조한다. 그러나 얄다바오트와 그의 동료 신들은 아담이 그들보다 더 현명하기 때문에 그를 질투하게 되어 물질 세계로 던져버린다. 이것이 창세기의 아담 창조의 영지주의 버전이다. 그러자 위의 높은 신이 아담에게 자비를 베풀어 그에게 "빛나는 생각"을 보내는데, 이는 하와의 이상적인 형상이다. 그녀는 그에게 그가 참된 앎과 구원의 상위 세계로 올라갈 수 있게 할 앎gnosis을 가르칠 것이다.

> 복 받으신 분, 자애롭고 자비로운 어머니-아버지가 (아담에게) 자비를

베푸셨다. … 그는 자애로운 영과 위대한 자비를 통하여 아담에게 돕는 이를 보냈다. 그녀는 빛나는 생각이며 아담에게서 나왔고 생명 (하와)이라 불린다. 그녀는 그와 함께 힘들게 일하고, 그가 완전하도록 바로잡아 그를 인도하고, 씨앗 뿌리는 법을 그에게 가르치고, 내려왔던 길이자 올라가는 길에 대하여 그에게 가르침으로써 천지 만물을 돕는다. (요한의 비밀 계시록 18:19~27)

하와의 이상적인 형상은 "빛나는 생각"이다. 이후 그녀는 독수리의 형상으로 바뀌어 앎의 나무 꼭대기에 앉는다. 그곳에서 그녀는 지상의 아담과 하와를 참된 앎의 길로 인도한다.

나는 그들을 깊은 잠에서 깨우고 가르치기 위하여 … 독수리의 모습으로 앎의 나무에 나타났다. 그들은 둘 다 타락한 상태였고 자신들이 벌거벗고 있음을 알았다. 생각은 빛으로 그들에게 나타나 그들의 생각을 일깨웠다. (요한의 비밀 계시록 21:26~33)

영지주의판 에덴동산 이야기에서 지상의 신(알다바오트)은 아담이 앎의 나무의 열매를 먹지 못하게 함으로써 자신의 무지와 악의를 드러낸다. 이와 달리 천상의 신은 "생각"을 보내 아담과 하와를 가르치고 나무의 열매를 먹게 한다. 그리하여 그들은 물질 세계의 악을 초월하고 착각에 빠진 (지상의) 창조자가 만들어 놓은 속박에서 벗어날 수 있게 된다. 영지주의판 에덴동산 이야기는 기존의 이야기를 뒤집은 이야기다. 영지주의자들은 창세기 이야기에 감추어진 철학적 의미는 문자적이고 물질적인 의미의 반대라고 생각했다. 그들은 창세기에 나오는 신은 참된 신이 아니라고 생각했다. 그는 질투하고 화내고 연약한 저급한 신이다. 이와 달리 참된 신, 더 높은 신은 "자애롭고 자비로운 어머니-아버지"이고 "완벽한 정신"이다. 그리고 앎의 나무에서 나오는 열매는 천상의 지혜를 얻고 영적으로 해방되는 비밀의 길이다. 이 비밀의 길은 하와의 이상적 형상인 "생각"으로 알 수 있다(다른 영지주의 본문에서 이 길은 지상에서 형태를 입은 지혜인 뱀을 통해 알 수 있게 된다).

『요한의 비밀 계시록』은 창세기에 대한 밀교적 해석으로, 요한복음서의 플라톤적 신학이 뒤섞여 있다. 요한복음서의 도입부에 따르면 그리스도는 천상의 존재이며, 물질형태를 띠고 지상에 내려온 영적 빛이다.

> 말씀은 하느님과 함께 계셨고 하느님과 똑같은 분이셨다. ⋯ 모든 것은 말씀을 통하여 생겨났고 이 말씀 없이 생겨난 것은 하나도 없다. ⋯ 말씀이 곧 참 빛이었다. 그 빛이 이 세상에 와서 모든 사람을 비추고 있었다. ⋯ 말씀이 사람이 되셔서⋯ (요한 1:1~14)

요한복음서는 창세기 1장 1절을 선재한 계시, 완벽한 그리스도라는 맥락 아래 재구성해 기록한다. 창세기에 대한 영지주의적 수정을 통해 하느님과 그리스도가 있는 천상의 세계와 인간이 있는 물질 세계

사이의 충돌은 좀 더 다양한 층위를 갖게 되었다. 이 구도에서 지상은 악하고 무지한 신들이 통치하는 감옥이다. 영지주의적 지혜의 목표는 이 감옥에서 벗어나 완벽한 세계에 있는 빛을 향해 올라가는 데 있다.

빛나는 몸

플라톤 철학은 사유 체계일 뿐 아니라 (좀 더 중요한 측면에서) 삶의 방식이었다. 이러한 맥락에서 『국가』는 참된 철학자들을 낳는 이상적인 사회를 건설하기 위한 방대한 제안서다. 이와 유사하게 플라톤적인 창세기는 알렉산드리아의 필론이 분명하게 보여주었듯 단지 앎의 체계가 아닌, 계몽된 삶을 살기 위한 철학적 방안이다.

이러한 삶을 실천할 때 육체는 중요한 역할을 한다. 플라톤 사상에서 신성한 장인은 선한 세계가 되도록 이 세계를 창조했으나 물질의 한계로 인해 제약을 받았다. 필론과 다른 플라톤주의자들도 신이 아브라함을 부른 것을 해석했을 때처럼 종종 육체를 영혼의 감옥으로 묘사했다.

> 너를 둘러싼 지상의 문제들로부터 앞으로 나아가라. 사람아, 가증스러운 감옥인 너의 몸으로부터, 간수처럼 행동하는 쾌락과 욕정으로부터 벗어나라. (아브라함의 이주, 9)

영지주의자들은 창세기를 해석하면서 악의에 찬 신이 창조한 물질 세계 전체를 감옥으로 묘사하기 위해 육체를 한층 더 폄하했다. 감지하는 것과 이해하는 것, 육체와 영혼이라는 플라톤의 이원론은 얄다바오트와 그 동료들의 세계를 거치며 매우 복잡해졌다.

플라톤주의와 창세기의 혼합물에서 도출된 삶의 규율을 가장 철저하게 따른 이들은 사막 교부Desert Fathers로 알려진 그리스도교 금욕주의자들이었다. 기원후 4세기 이집트 사막에서 일어난 사막 수도운동은 자기부정과 고행을 그 특징으로 했다. 그렇기에 나그함마디 수도원 밖에 있는 이집트 사막에 금욕적인 수도사들이 영지주의 복음서들을 숨겨 놓은 것, 플라톤의『국가』번역본이 영지주의 문헌과 함께 묶여 있었던 것은 결코 우연이 아니다. 창세기를 플라톤식으로 재구성한 사상은 사막에서 구원을 추구하던 이들의 종교적 배경이었다.

사막 교부들은 금식하고 기도하며 격정, 분노, 욕정이라는 악덕과 맞서 싸웠다. 어떤 이들은 절대 말하지 않았다. 그들의 몸은 수척했고 질병을 앓아 흉터가 남았으며 누더기를 입었다. 그들은 동굴이나 임시로 만든 방에 살았다. 그럼에도 관찰자들은 그들이 마치 태초의 낙원에서 살고 있는 아담처럼 그들의 삶을 완벽한 삶으로, 그들을 천사처럼 묘사했다. 이러한 역설적인 상황에 대해 피터 브라운Peter Brown*은 말했다.

---

* 피터 브라운(1935~)은 역사학자로 1935년 아일랜드 더블린에서 태어나 옥스퍼드 대학교에서 역사를 공부하고 이후 런던 대학교, UC 버클리 대학교를 거쳐 1986년부터 프린스턴 대학교에서 역사학 교수로 활동하고 있다. 후기 로마 연

금욕주의자들은 가혹할 정도로 자신들의 몸에 제약을 가했다. 자신들의 여정을 완수하기 위해서는 그러한 대가를 치러야 한다고 확신했기 때문이다. … 그들은 황량하고 고요한 사막에서 침묵하며 고행할 때 최초의 아담이 지니고 있던 영광스러운 모습을 조금이나마 회복할 수 있으리라고 여겼다.[15]

쿰란의 에세네 금욕주의자들처럼 사막 교부들 역시 규율과 기도를 통해 아담의 영광을 회복하려 노력했다. 하지만 사막 교부들의 금욕 수준은 에세네 금욕주의자들보다 훨씬 강도가 높았다. 쿰란 공동체 구성원들 또한 사막 교부들처럼 자신들을 정화하고 마지막 날을 준비하기 위해 문명에서 나왔다. 그러나 그들은 육체적 고행을 하지 않았으며 육체가 영혼의 감옥이라고 생각하지도 않았다. 쿰란 공동체에게 이원론은 육체 대 영혼이 아니라 육체 안에서 이루어지는 선과 악의 이원론이었다.

지금까지 진리와 불의의 영은 사람의 마음속에서 불화를 일으켰다.

(공동체 규율 (1QS) iv. 23)

구 및 초기 및 중세 유럽 연구 방면에 걸출한 업적을 남긴 학자로 평가받는다. 주요 저서로 『아우구스티누스』Augustine of Hippo, 『고대 후기 세계』The World of Late Antiquity, 『성인숭배』Cult of the Saints 등이 있으며 한국에 『아우구스티누스』(새물결), 『성인숭배』(새물결), 『기독교 세계의 등장』 등이 소개된 바 있다.

15 Peter Brown, *The Body and Society: Men, Women, and sexual Renunciation in Early Christianity* (New York: Columbia University Press, 1988), 222.

그들은 종말이 찾아와 대변환이 일어날 때 신이 "모든 불의한 영혼을 육체의 가장 깊숙한 부분에서 떼어내신 뒤 거룩한 영으로 그를 씻어 주실 것"(iv. 20~21)이라고 믿었다. 그들에게 육체는 범죄자가 아니었다. 이렇듯 쿰란 공동체의 금욕을 통한 전환에 관한 이론과 실천은 사막 교부들과는 차이가 있다.

사막 교부 중 한 사람인 요한 클리마쿠스John Climacus에 따르면 사막에서의 고행은 자신의 물질적 본성과 싸우는 것이다.

> 수도자는 지상의 더럽혀진 몸을 지니고 있지만 몸을 지니지 않은 천사들의 상태, 그들이 있는 곳까지 자신을 밀고 나아간다. … 수도자가 이 세상을 포기하는 행동은 사람들이 물질적으로 소중하게 여기는 모든 것을 자발적으로 증오하는 것이며 본성을 넘어서기 위해 본성을 부정하는 것이다.(거룩한 등정의 사다리Ladder of Divine Ascent)[16]

수도자가 자신의 본성과의 싸움에서 이기면 하느님은 이에 대한 상으로 그를 천사와 같은 상태, 아담의 빛나는 몸으로 변화시켜 주신다고 사막 교부들은 믿었다. 피터 브라운은 태초 상태의 아담, 그리고 그의 육체라는 관념이 어떻게 사막 수도사들에게 고행의 동기를 제공했는지를 말했다.

---

16 John Climacus, *The Ladder of Divine Ascent* (Mahwah, NJ: Paulist Press, 1982), 74. 『거룩한 등정의 사다리』(은성)

아담의 본래 몸은 우리의 육체와는 상상할 수 없을 정도로 다르다. 그의 몸은 신뢰할 만한 영혼의 거울로 신의 모습을 완전히, 본래 그대로 반영한다. … 그의 몸은 마치 한낮에 하늘에서 내리쬐는 선명한 빛과 같다.[17]

아담의 빛나는 육체는 자신의 흠 없는 영혼을 완벽하게 담아낼 수 있는 그릇이다. 이에 따라 사막 교부들은 자신들의 이상을 "영광스러운 아담"을 닮아 육체가 빛나는 것으로 묘사했다.

그들은 압바 팜부스Pambo가 모세 같았다고 이야기했다. 모세는 주님의 영광을 받아 얼굴이 빛났는데 이는 흡사 영광스러운 아담 같았다. 압바 팜부스의 얼굴도 섬광처럼 빛났다. (사막 교부들의 금언 12:372)[18]

다른 거룩한 사막 교부(압바는 '아버지'를 뜻하는 아람어다)들과 관련된 이야기에서도 비슷한 묘사가 등장한다. 압바 오르Or의 경우 "얼굴이 너무 빛나 그를 보는 것만으로도 경외심이 솟아올랐다."[19] 또 다른 금언에서는 어느 수도사가 압바 아르세니우스Arsenius가 있는 방을 들여다

---

17 Peter Brown, *Body and Society*, 294.

18 위의 책, 222.

19 *The Lives of the Desert Fathers: The Historia Monachorum in Aegypto* (London: Mowbray, 1980), 63. 『사막 교부들의 삶』(은성)

보니 그가 "불꽃"과 같은 모습을 하고 있었다고 이야기한다.[20] 어떤 금언에서는 압바 요셉Joseph이 손을 들자 "그의 손가락은 열 개의 횃불처럼 되었"으며 "당신이 진실로 원한다면 당신의 육체 전체가 불꽃이 될 것입니다"라는 말을 남겼다고 전한다.[21] 이렇듯 사막 교부들은 그림자 같은 육체를 벗어버리고 아담의 영광스러운 육체를 입기 위해 아담이 고통과 죽음의 세계로 타락하기 전에 입고 있던 육체, 마지막 때 의인이 한 번 더 입게 될 육체를 얻기 위해 노력했다.

오늘날 사람들의 눈에 사막 교부들의 육체는 그저 안쓰럽고 괴로워 보이고 그러한 육체를 '빛나는 몸'으로 묘사할 수 있는지 의구심이 들지 모른다. 이를 이해하기 위해서는 플라톤적 육체의 이원론을 염두에 두어야 한다. 사막 교부들의 안쓰러워 보이는 육체는 더 높은 곳에 있는 실재를 가리는 감각적인 물질일 뿐이다. 이러한 맥락에서 패트리샤 밀러Patricia Miller가 말했듯 "금욕주의는 '어둠에 잠긴' 자신의 육체를 가능한 한 밝고 투명하게 만들려는 노력"으로 볼 수 있다.[22]

어떤 면에서 사막 교부는 "지금 여기에서 영적인 육체가 무엇인지를 보여주는 공연 예술가"라고도 할 수 있다.[23] 자신의 육체를 활용한 이 공연을 통해 사막 교부는 수척해진 자신의 육체가 어떻게 빛나고

---

20 'The Sayings of the Fathers', *The Desert Fathers* (New York: Vintage, 1998), 129.

21 위의 책, 117.

22 Patricia Cox Miller, 'Desert Asceticism and 'The Body from Nowhere'', *The Poetry of Thought in Late Antiquity: Essays in Imagination and Religion* (Burlington, VT: Ashgate, 2001), 162.

23 위의 책, 159.

완벽하며 지성으로 알 수 있는 육체가 될 수 있는지 관객들에게 보여준다. 눈에 보이는 것은 실재의 그림자이므로, 교부들은 실재인 영적 육체를 드러내기 위해 자신들의 그림자 육체를 단련했다. 여기서 교부들의 망가진 육체는 성서 이야기처럼 깨달은 이들에게는 더 높은 존재를 가리키는 은밀한 기호가 된다.

사막 교부들이 이해한 육체는 감지할 수 있는 육체와 지성으로 알 수 있는 육체로 이루어진 이원화된, 플라톤적 육체였다. 동시에 그들은 자신들이 한때 빛나는 육체를 소유했으나 의지, 탐식, 격정에 휘말리게 됨으로써 이를 잃어버린, 최초의 인간 아담에게서 유래한 육체를 지니고 있다고 생각했다. 그들은 황량한 사막에서 자신들의 의지와 몸을 단련함으로써 아담의 빛나는 육체를 회복하려 애썼다. 역설적이지만, 그들의 고된 삶은 낙원을 회복하는 삶이었다. 언젠가 팔라디우스Palladius*는 이 사막 영웅들의 삶을 묘사하며 그들의 삶이 "부활의 충분한 증거"가 된다고 이야기했다. 그들이 빛나는 불멸의 육체를 지니게 되었고 낙원에서 살고 있다고 여겼기 때문이다.[24]

사막 교부들에게서 우리는 플라톤적 세계와 종말론적 기대가 어떻게 합쳐지는지를 엿볼 수 있다. 이들의 빛나는 육체는 마지막 때

---

* 갈라티아의 팔라디우스Palladius of Galatia는 363년 갈라티아에서 태어나 폰투스의 에바그리우스Evagrius of Pontus의 제자로 고전문학을 교육받았고, 23세에 수도 생활을 시작했다. 장소를 옮기며 수도 생활을 하던 중 400년 비티니아에서 요한네스 크리소스토무스에 의해 헬레노폴리스의 주교로 서품받았다. 요한네스 사후 그는 스웨네에서 유배 생활을 하는 동안 『담화집』Dialogus을 저술했다. 412년에 갈라티아로 돌아와서 431년 세상을 떠났다.

24 위의 책, 159.

아담의 영광을 입은 모든 의로운 이들이 맞이할 모습을 엿볼 수 있게 해준다고 당시 사람들은 믿었다. 많은 이가 사막 교부들을 찾아 사막으로 갔고 그들의 '완벽한' 삶을 엿보려 했다. 이와 관련해 팔라디우스는 말했다.

> 나는 분명하고도 경건한 의도를 가지고 사막에 사는 수도사들의 모든 동굴과 임시 숙소를 들여다보았다.[25]

사막 교부들의 육체는 마지막 때와 더 높은 실재, 지성으로만 알 수 있는 세계를 가리키는 기호였다. 그들은 겸손한 삶, 그리고 영적 은총을 강조하는 삶을 살며 창세기에 대한 플라톤적 이해와 종말론적 기대가 어떻게 하나로 엮어질 수 있는지를 보여주었다.

---

25 위의 책, 159.

"위르탈리가 실제로 노아의 방주 안에 있지는 않았다 … 그가 너무 커서 그 안에 들어갈 수가 없었기 때문이다. 그는 그 위에 어린아이들이 목마를 타듯이 … 한쪽 다리는 이쪽, 다른 쪽 다리는 저쪽으로 말 타듯이 걸터앉아 있었던 것이다."

중세와 근대 초기 사이 언젠가부터 창세기의 상징적 의미는 한계에 이르렀고 무너지기 시작했다. 상징적 의미는 단순하고 문자적인 의미로 대체되었다. 상징적 의미가 쇠퇴하기 시작하자 창세기의 생애에 새로운 문제들이 발생했다. 중세에 정점에 이르렀던, 창세기에 숨겨진 의미가 있다는 생각은 이제 사라질 위기에 처하게 되었다. 이와 관련된 모든 논쟁이 창세기를 두고서만 이루어진 것은 아니다. 그러나 중세 우주론과 역사관을 형성한 핵심 문헌으로서 창세기 이야기는 언제나 논쟁들의 주요 소재였다.

상징의 세계

중세의 가장 위대한 시 『신곡』The Divine Comedy 중 지옥편Inferno에서 단테는 지옥의 제5원을 돌다 자신을 위협하는, 그리스 신화에 나오는 복수의 세 여신과 조우한다. 그는 잠시 발길을 멈추고 독자들에게 말을 건넨다.

오 건전한 지성을 가진 그대들이여
이 신비로운 구절의 베일 뒤에
감추어진 가르침을 생각해보라.
(지옥편 9.61~63)[1]

---

1 Dante Alighieri, *The Inferno* (New York: Doubleday, 2000), 171. 『신곡』(열린책들)

사나운 여신들을 피해 눈을 가리고서 단테는 본문의 상징적 특성을 지적한다. 그는 자신의 신비로운 시구들에는 숨은 뜻이 있다고, 그 뜻을 파악하기 위해서는 "건전한 지성"이 필요하다고 이야기한다. 단테가 권하는 해석법은 당시 사람들이 성서(단테는 이 시에서 성서를 쓸 때 의도적으로 모국어 성서를 썼다)를 읽을 때 권하는 해석법과 유사하다. 하지만 두 해석법 사이에는 중요한 차이점이 하나 있다. 그의 시는 다른 곳에서 말했듯 "아름다운 거짓말 아래 감추어진 진실"(향연 Convivio II.1.3)을 담고 있는 데 반해 성서는 하나의 진실 아래 또 다른 진실, 감추어진 진실을 담고 있다. 진실이 두 층으로 이루어져 있는 셈이다.[2] 여기서 한 층은 눈에 보이는 그대로의 말로 표현되고 다른 한 층은 숨은 뜻으로 표현된다.

성서가 이중적 진실을 담고 있다는 이야기를 성문화한 사람은 아우구스티누스Augustine of Hippo다. 그는 5세기 고트족이 로마를 침략한 직후 쓴 위대한 저서 『신국론』The City of God에서 이를 이야기했다. 아우구스티누스는 종말론적인 의미와 플라톤적인 의미를 아우르는 성서의 상징적 의미를 받아들임과 동시에 눈에 보이는 성서 이야기 역시 역사적 사실을 증언한다고 이야기했다. 즉 성서의 문자적인 의미와 상징적인 의미라는 두 층 모두가 참이라는 것이다. 그는 문자 그대로 읽었을 때 받아들이게 되는 진리를 붙들고 있다면 다양한 상징적 의미가 도출될 수 있다고 생각했다. 여기서 그는 문자 그대로의

---

2 Robert Hollander, *Dante: A Life in Works* (New Haven, CT: Yale University Press, 2001), 98.

의미가 이성과 부딪힐 때 그 의미의 진실성을 부정했던 필론이나 오리게네스Origen 같은 철저한 상징주의자들을 반대한다.

에덴동산 이야기를 해설하면서 그는 이야기의 플라톤적인 의미와 종말론적 의미(그는 전자를 '상징적'인 의미로, 후자를 '예언자적'인 의미라고 부른다) 모두를 받아들이지만, 역사적으로 분명히 일어난 사건이라고도 주장한다.

> 낙원을 가리켜 지복에 이른 사람들의 삶으로 이해하지 말라는 법도 없고, 낙원에 있었다는 네 강을 네 가지 덕으로 이해하지 말라는 법도 없으며 … 나무의 열매들은 경건한 사람들의 행습을 … 생명나무는 지혜를 가리키고 선과 악을 알게 하는 나무는 계명을 어기는 실험을 가리킨다고 해석하지 말라는 법도 없다. … 이런 해석은 교회에도 적용할 수 있다. 이들을 미래 사건들에 선행하는 예언적 표징으로 받아들일 때 성서를 더 잘 이해할 수 있기 때문이다. 다시 말해 … 낙원을 교회로 이해하고, 낙원의 네 강은 네 복음서를, 열매 맺는 나무들은 성인들을, 그 나무의 열매들은 성인들의 행적을, 생명나무는 성인들의 성인인 그리스도…로 이해할 수도 있다. … 낙원의 의미를 영적으로 해석하는 것을 아무도 말리지 않으므로 이런 식으로나 달리 … 말해도 좋을 것이다. 다만 낙원의 역사에 관한 지극히 충실한 진실성은 … 담보된 것으로 믿어야 한다. (신국론 13.21)[3]

---

3 Augustine of Hippo, *Concerning the City of God against the Pagans* (New York: Penguin Books, 1984), 535. 『신국론 1~22』(분도출판사)

아우구스티누스는 성서 본문이 문자적으로 전하는 이야기가 역사적으로 의문의 여지 없이 진실인 한 감추어진 의미 역시 진리라고 이야기한다. 필론의 해석과 마찬가지로 성서 본문은 플라톤적으로 네 개의 덕, 지혜 등으로 해석될 수 있다. 또한 종말론적으로 미래에 이루어질 구원의 주체인 그리스도와 교회로도 해석될 수 있다. 아우구스티누스는 성서에 나오는 실제 사건과 연관된 더 많은, 잠재적으로 무한한 해석이 있을 수 있음을 인정한다.

이러한 성서 읽기 방식은 자연과 역사에 관한 중요한 의미를 함축하고 있다. 즉 성서에 쓰인 말은 감추어진 진리를 지니고 있을 뿐 아니라 그 말이 묘사하는 사건과 상황 또한 진실이다. 우리가 평소에 쓰는 말이 때로는 있는 그대로 뜻을 지닐 때도 있고 때로는 숨겨진 뜻을 지니고 있듯 그 말이 가리키는 사건 역시 마찬가지다. 말과 사건 모두 문자 그대로의 의미와 감추어진 의미를 지니고 있다. 그리고 의미의 이 모든 층은 모두 창조주 하느님이 의도한 것이라고 아우구스티누스는 생각했다.

마리-도미니크 세뉘Marie-Dominique Chenu*는 이러한 이원적 관점을 "상징주의적 사고방식"이라고 불렀다.[4] 세계는 책 중의 책, 즉 신성한

---

* 마리-도미니크 세뉘(1895~1990)는 프랑스의 로마 가톨릭 수도사이자 신학자다. 프랑스에서 태어나 1913년 도미니크 수도회에 입회하고 1919년 사제 서품을 받았으며 1920년 로마 성 토마스 아퀴나스 대학교에서 아퀴나스에 관한 연구로 박사 학위를 받았다. 진보적인 가톨릭 신학지 콘칠리움을 창간했으며 앙리 드 뤼박, 이브 콩가르 등과 더불어 현대 가톨릭 신학에서 교부에 대한 새로운 관심을 주도한 '신新 신학'의 대표주자로 평가받는다.

4 M. D. Chenu, *Nature, Man, and Society in the Twelfth Century* (Chicago: University of Chicago Press, 1968), 99~145.

저자가 여러 의미를 담아 놓은 성서와 같다. 12세기 학자 생 빅토르의 위그Hugh of Saint Victor 역시 책을 세계에 대한 은유로 썼다.

감각으로 인지할 수 있는 세계는 하느님께서 손으로 쓰신 책과 같다. ⋯ 그리고 각 피조물은 그 책에 등장하는 인물이다.[5]

세계에 대한 플라톤적 이원론은 이러한 생각에 부합했다. 성서의 문자 그대로의 의미처럼 이 세계에서 감각으로 인지할 수 있는 것들은 모두 풍부한 의미를 담고 있는 상징이다. 건전한 지성을 지닌 이들은 "이 신비로운 구절의 베일 뒤에" 감추어진 의미를 알 수 있다. 이러한 상징주의적 사고방식은 중세 그리스도교 신학을 지배했으며 중세 유대교(특히 카발라Kabbalah*로 대표되는 상징주의적 사고방식) 또한 마찬가지였다.[6]

단테가 자신의 독자들에게 자신이 쓴 "신비로운 구절"에 감추어진 의미를 살펴보라는 요청은 중세 시기 세계에도 마찬가지로 적용되었

---

5 위의 책, 117. 그리고 다음을 보라. Peter Harrison, *The Bible, Protestantism, and the Rise of Natural Science* (Cambridge: Cambridge University Press, 1998), 1.

* 카발라는 유대교 신비주의 사상이자 분파를 지칭한다. 이들은 신이 세상과 인간을 창조했으므로 창조를 통해 태어난 인간은 신의 협력자로서 신의 창조 과정을 역으로 거슬러 올라가 이를 완성해야 한다고 본다. 토라의 연구 방법(페샤트Peshat: 겉으로 나타난 뜻, 레메즈Remez: 비유하거나 은유하는 뜻, 데라쉬Derash: 미드라쉬처럼 재해석, 소드Sod: 내재한 비밀을 신비스럽게 해석) 중 소드를 시도한다.

6 다음을 보라. Amos Funkenstein, *Perceptions of Jewish History* (Berkeley: University of California Press, 1993), 98~121., Moshe Idel, *Absorbing Perfections: Kabbalah and Interpretation* (New Haven: Yale University Press, 2002), 314~351.

다. 신이 창조한 모든 피조물은 영적인 것을 가리키는 상징이다. 세 뉘는 말했다.

> 만물이 엄밀한 의미에서 성사sacramentum, 즉 내적 실재를 가리키는 기
> 호였다.[7]

중세 동물 우화집과 동물과 식물이 새겨진 보석을 보면 알 수 있듯 사람들은 동물, 돌, 식물에도 숨겨진 의미가 있다고 여겼다.[8] 이를테면 사과는 '악'evil을 뜻했다. 사과의 라틴어 이름 '말룸'malum이 악의 라틴어 이름 '말룸'malum과 동음이의어이기 때문이다. 중세 및 르네상스 시기 에덴동산의 금지된 열매('선과 악'bonum et malum을 알 수 있게 해주는 열매)를 그릴 때 언제나 사과로 그렸던 이유는 바로 이 때문이다.

이러한 상징주의는 성서에서 일관되게 흐른다고 당시 사람들은 생각했다. 모리몽의 오도Odo of Morimond는 말했다.

> 신성한 성서는 우리가 신앙을 가질 수 있도록 사물을 빌어 우리에게
> 말을 건넨다.[9]

---

7 M.D.Chenu, *Nature, Man, and Society in the Twelfth Century* (Chicago: University of Chicago Press, 1968), 119~120.

8 Jacques Le Goff, *Medieval Civilization* (Oxford: Basil Blackwell, 1988), 332~333. 『서양 중세 문명』(문학과지성사)

9 G.R.Evans, *The Language and Logic of the Bible: The Earlier Middle Ages* (Cambridge: Cambridge University Press, 1984), 61에서 재인용.

성서에 나오는 모든 것, 그리고 세계의 모든 것은 상징이며 신이 구원을 이룰 때 들어 쓰는 수단이다. 자크 르 고프Jacques Le Goff*가 말했듯 "당시 사람들의 과제는 감추어진 세계, 참된 외부 세계, 구원받을 수 있는 세계를 열어젖힐 수 있는 열쇠를 발견하는 것이었다".[10]

상징의 남용

교부 히에로니무스Jerome는 성서가 "무한한 의미의 숲"이라고 말한 바 있다.[11] 구원이 달려있기에 이 숲에 발을 들여놓는 일은 매우 진지하게 이루어질 수밖에 없었다. 그러나 성서의 모든 문자를 상징으로 보면 볼수록 문제가 발생하기 시작했다. 어떠한 해석이 적절한가? 그리고 그 해석이 적절한지를 판단할 수 있는 권한은 누가 갖고 있는가? 혹은 모든 해석이 동일하게 참된가? 무수한 해석의 소용돌이 가운데 어떻게 길을 찾을 수 있을까? 이에 대한 하나의 대안으로 중세 학자들은 교부들의 성서 주해를 엮었으나 이는 상징의 남용이라는

---

* 자크 르 고프(1924~2014)는 프랑스의 역사가다. 아날학파에 속해 있으면서 특히 중세가 고대, 근대와 구별되는 문명을 형성했다고 주장한 역사가로 널리 알려져 있다. 고등사범학교를 졸업하고 역사학 교수 자격을 획득한 뒤 고등연구원 교수와 사회과학대학원 원장, 같은 대학원 서양중세사인류학과 교수를 역임했다. 1969년부터 「아날」Annales 공동 편집위원을 맡았다. 주요 저서로 『중세와 화폐』Le Moyen Âge et l'argent, 『중세 몸의 역사』Une histoire du corps au Moyen Âge, 『연옥의 탄생』La Naissance du purgatoire 등이 있으며 한국에는 『돈과 구원』(이학사), 『중세의 지식인들』(동문선), 『연옥의 탄생』(문학과지성사), 『서양 중세 문명』(문학과지성사) 등이 소개된 바 있다.

10   Jacques Le Goff, *Medieval Civilization*, 331.

11   Jerome, *Epistle* 64, Henri de Lubac, *Medieval Exegesis. Vol. I: The Four Senses of Scripture* (Grand Rapids, MI: Eerdmans, 1998), 75에서 재인용.

문제를 더 선명하게 드러냈을 뿐이다.

세계를 거대한 상징으로 보는 흐름을 예리하게 비판한 대표적인 이는 릴의 알랭Alan of Lille이었다. 그는 모든 문자에 대한 해석은 이성을 바탕으로 이루어져야 한다고 주장했다. 그가 보기에 성서 해석의 옳고 그름 여부를 교회에 맡기는 것은 충분하지 않았다. 교회의 권위가 악용될 수 있기 때문이다. 그래서 그는 말했다.

> 권위는 구부러질 수 있는 밀랍 코를 가지고 있으므로 이성을 통해 강화되어야 한다.[12]

알랭은 역사가들이 중세 르네상스라고 부르는 시기를 대표하는 인물이다. 이 시기에는 학문이 번성했고 최초의 대학이 설립되었다. 언어, 논리, 인문학이 새로운 방식으로 연구되었으며 신학 연구는 새로운 학문과 제휴를 맺었다. 일례로 알랭은 기하학의 언어를 빌어 인상적인 경구를 남겼다.

> 하느님은 모든 곳에 중심이 있으나 원주는 어디에도 없는, 지성으로 헤아릴 수 있는 구체다.[13]

---

12 Alan of Lille, *Against the Heretics* 1.30.

13 Alan of Lille, *Rules of Theology*, rule 7, Gillian Rosemary Evans, *Alan of Lille: The Frontiers of Theology in the Later Twelfth Century* (Cambridge: Cambridge University Press, 1983), 73에서 재인용.

새로운 학문이 권위를 얻으면서 신학과 성서 해석에서도 이성이 점점 더 중시되었다.

12세기 내내 창세기 해석은 그리스도교와 유대교 양쪽에서 모두 급진적인 변화를 겪었다. 결정적인 인물은 라쉬로 더 잘 알려진 프랑스 유대인 랍비 솔로몬 벤 이사악Solomon ben Isaac이었다. 아브라함 그로스만Avraham Grossman*이 설명했듯 라쉬는 새로운 학문에 깊은 영향을 받았다.

> 그는 이성이 지닌 힘에 확신을 갖고 있었다. ··· 12세기 유럽의 문화
> 르네상스에 영향을 받고 성서에 대한 그리스도교적 해석에 대응할
> 방안을 모색했던 이 프랑스 유대인 학자는 새로운 해석 방법을 기꺼
> 이 수용했다.[14]

새로운 방법은 그가 성서의 "문자 그대로의 의미"פשט(페샤트)라고 부른 것을 중시했다. 그는 스페인에서 아랍어 학문의 방법론을 익힌 유대인들에게 히브리어를 배웠다. 르네상스 학자들의 분석적 이성을

---

* 아브라함 그로스만(1936~)은 이스라엘의 유대교 역사가다. 예루살렘 히브리 대학교에서 유대교와 탈무드를 공부했고 박사 학위를 받았다. 1986년부터 예루살렘 히브리 대학교 교수로 활동했고 하버드 대학교, 예일 대학교 방문교수로도 활동했다. 2007년에는 히브리 대학교 명예교수가 되었다. 주요 저서로 『라쉬』Rashi, 『경건과 반항』Pious and Rebellious 등이 있다.

14 Avraham Grossman, 'The School of Literal Jewish Exegesis in Northern France', *Hebrew Bible / Old Testament: The History of Its Interpretation. Vol. I: From the Beginnings to the Middle Ages (Until 1300), Part 2: The Middle Ages* (Gottingen: Vandenhoeck & Ruprecht, 2000), 327~328.

존중하고, 히브리어의 문법과 문맥을 고려한 분석에 초점을 두었던 그는 권위 있는 랍비들의 상징적 해석과 본문의 "문자 그대로의 의미" 사이에 상당한 괴리가 있음을 깨달았다. 성서를 주석하며 그는 문자 그대로의 의미, 문자적 의미에 적절할 때만 기존 랍비들의 해석을 인용했으며 마땅한 해석이 없을 때는 본인의 해석을 제시했다.

라쉬는 자신의 목표를 다음과 같이 진술한다.

> 미드라쉬의 해석은 여러 가지가 있다. 우리의 랍비들은 창세기 랍바와 다른 미드라쉬 책들에 나온 여러 해석을 적절한 순서로 수집했다. 그러나 내가 관심이 있는 것은 오직 성서의 문자 그대로의 의미, 성서의 말을 적절한 방법으로 설명한 미드라쉬 해석뿐이다.
>
> (창세기 주석Commentary on Genesis 3:8)[15]

라쉬에 따르면 성서의 "문자 그대로의 의미"는 "성서의 말을 적절한 방법으로 설명한 … 해석"에서 도출된다. (그로스만을 따라) "적절한 방법"이라고 번역한 표현은 문자 그대로 번역하면 "상황에 따라 발화된 말"דבר דבר על אפניו(다바르 다부르 알-아프나브)이다. 여기서 상황은 의미상 맥락과 문법 규칙을 뜻한다. 다시 말하면 성서 해석은 언어가 어떻게 쓰이고 있는지를 파악하는 이성을 바탕으로 이루어져야 한다.

---

15 Avraham Grossman, 'The School of Literal Jewish Exegesis in Northern France', 335 에서 재인용. 그리고 다음을 보라. *Chumash with Rashi's Commentary: Genesis* (Jerusalem: Feldheim Publishers, 1985), 14.

라쉬는 문법, 맥락, 단어의 의미를 따라 본문의 문자 그대로의 의미를 설명하려고 노력했다. 그 외 다른 기준은 없다. 이 기준이 "적절"하지 않다면 해석은 이루어질 수조차 없다. 이러한 맥락에서 그는 창세기 10장 25절에 대한 주석에서 말했다.

> 성서는 뜻을 숨기는 것이 아니라 분명하게 설명하는 것לֹפָרֵשׁ(레파레쉬)에 관심이 있다.

성서에 숨겨진 의미, 혹은 비밀스러운 의미는 없다. 이는 혁명적인 주장이었다.

창세기 주석에서 그는 종종 문자 그대로의 의미에 어긋나는 해석들을 비판했다. 그의 주석에는 "미드라쉬 해석이 있지만, 이는 문자 그대로의 의미에 적절하지 않다"(창세기 주석 3:22 등), 혹은 좀 더 단순하게 "많은 미드라쉬 해석들이 있다"(창세기 주석 5:1 등)는 표현이 수십 번 등장한다. 라쉬는 이 해석들을 인용하지는 않았으나 그 해석들이 존재한다는 사실은 인정했다. 그렇게, 본문을 있는 그대로 해석하지 않은, 적절하지 않은 해석을 생략하는 방식으로 그는 과도한 상징주의적 해석들에 대처했다.

특정 구절의 경우 라쉬는 상징적 해석을 한두 가지 언급하며 자신의 문자적 해석과 대조시키기도 한다. 때로는 흥미롭게도 자신의 해석을 제시하지 않은 채, 문자 그대로의 의미에서 벗어나는 해석을 인용할 때도 있다. 설사 본문의 문자 그대로의 의미에서 상당히 벗어났다 할지라도 어떤 상징적 해석은 좋아했던 것으로 보인다.

이를테면 에덴동산 이야기에서 신이 아담을 위해 "그를 돕는 이"עֵזֶר כְּנֶגְדּוֹ(에제르 크네그도)를 창조하기로 결정했을 때 라쉬는 두 단어로 된 구절을 분해하여 해석한 미드라쉬 해석(창세기 랍바 17.3)을 인용한다.

그가 덕이 있다면, (그녀는) 그를 돕는 사람עֵזֶר(에제르)이 될 것이다. 그러나 그가 덕이 없다면, (그녀는) 그에 맞서כְּנֶגְדּוֹ(크네그도) 싸우는 사람이 될 것이다. (창세기 주석 2:18)

이 해석은 "그를 돕는 이"라는 말에 대한 문자 그대로의 해석이 아니다. 라쉬는 종종 자신이 수집한 랍비들의 해석 중 "성서의 말을 적절한 방법으로 설명하는지" 여부와 관계없이, 자신이 선호하는 해석을 종종 가져다 쓰곤 했다.

창조 첫째 날, "그 빛이 하느님 보시기에 좋았다. 하느님께서는 빛과 어둠을 나누시고"라는 구절에 대해 라쉬는 이렇게 말한다.

여기서 우리는 (미드라쉬) 해석에 의존해야 한다. 해석에 따르면 하느님께서는 악인이 빛을 사용하는 것이 적절하지 않음을 아셨고 다가올 미래의 의인을 위해 이를 분리시키셨다(창세기 랍바 3.6). 이 구절의 문자 그대로의 의미는 다음과 같이 설명할 수 있다. 하느님께서는 빛을 좋게 보셨고, 빛이 어둠과 뒤섞인 혼란 속에서 자신의 역할을 감당하는 것이 적합하다고 여기지 않으셨다. 그래서 그분은 빛은 낮에, 어둠은 밤에 묶어 놓으셨다. (창세기 주석 1:4)

여기서 라쉬는 두 가지 해석을 애써 대조하지 않는다. 한편 그는 성서 구절에 대한 문자 그대로의 의미를 적절하게 해석하면서도 동시에 상징적 해석을 끌어다 쓰기도 한다. 신이 다가올 미래의 의인을 위해 빛을 따로 남겨두었다는 미드라쉬의 해석은 플라톤적 사고가 들어있는 종말론적 해석이다. 이에 따르면 미래 세계에서는 의인들이 초월적인 빛의 영역에서 살아간다. 이 해석은 빛이 창조 첫째 날 창조되지만 태양은 4일째가 되어서야 창조되는 창조 이야기에 바탕을 두고 있다. 이에 따라 미드라쉬는 첫째 날의 빛이 넷째 날 햇빛과 달라야 하며 신이 이 태초의 빛을 종말이 올 때까지 감춰 놓았다고 추론한다.

라쉬는 본문의 문자적 의미를 분명하게 이해했음에도 불구하고 종말론적-플라톤적 해석을 받아들였다. 왜 그는 이때 자신이 세운 기준을 스스로 위반했을까? 라쉬는 문자적 의미를 설명하지만, 상징적 의미를 완전히 배제하지는 않는다. 자신의 진술한 목표와 그가 실제로 행한 해석 사이에는 차이가 있다. 아마도 그가 선대 랍비들을 존경했고 그들의 상징적 해석 일부를 좋아했기 때문일 것이다.

라쉬는 선택의 원칙을 세움으로써 상징의 남용에 대응하되 자신이 원할 때는 그 원칙을 느슨하게 적용했다. 그의 입장은 상징적 해석과 문자적 해석 사이에서 왔다 갔다 한다. 라쉬는 전자를 때로는 비판하고 때로는 수용한다. 그렇게 그는 자신의 전임자들인 고전적 랍비들을 향한 "공개된 질책과 감추어진 사랑"을 표현했다. 오늘날 유대교 전통에서 라쉬의 주석을 선호하는 이유도 바로 이 때문이다. 그의 주석은 창세기 말씀과 미드라쉬에 대한 고전적인 해석의 일종의 요약본이라 할 수 있다. 결과적으로 라쉬의 주석은 지성과 상상력 모두에 호소한다. 그의 해석에는 모든 부류의 독자를 사로잡는 무언가가 있다.

라쉬는 이성과 언어학 지식의 중요성을 환기함으로써 본문의 문자 그대로의 의미에 대한 해석이라는 새로운 창세기 읽기 방식을 도입했다. 이론상 이 원리는 성서에 감추어진, 비밀스러운 의미를 없애고 상징적 해석이라는 광대한 숲을 배제한다. 맥락상 "적합"하느냐의 여부로 해석의 참됨 여부를 따지는 그의 전략은 상징적 해석의 남용을 관리하는 하나의 방법이었다. 물론 그는 이 방법을 엄격하게 적용하지는 않았다. 그는 전통적인 해석의 유산을 축소된 형태로나마 보존하면서도 이성의 주장을 받아들여 상징적 해석과 문자적 해석 사이의 중간 길을 걸었다. 그렇게 라쉬는 랍비들의 해석이 지닌 권위에 경의를 표하면서도 해석의 근간을 결정적으로 수정했다.

성서에 담긴 분명한 말

(유명한 학자가 된 라쉬의 손자를 포함한) 라쉬의 제자들은 본문에 대한 상징적 해석에서 문자 그대로의 의미를 강조하는 사실주의적 해석으로 초점을 바꾼 라쉬의 전환을 받아들였고 이는 빠른 속도로 프랑스

그리스도교인들에게 영향을 미쳤다. 일례로 프랑스 학자 리르의 니콜라Nicholas of Lyra의 영향력 있는 저서『성서 전서에 대한 문자적 주석』Literal Commentary on the Whole Bible(1331)에는 랍비 솔로몬Rabbi Solomon의 해석이 자주 인용된다.

16세기 아우구스티누스회 젊은 수도사 마르틴 루터Martin Luther는 처음에는 문자 그대로의 의미에 중점을 두는 니콜라의 해석 방식에 저항했다. 훗날 그는 회상했다.

> 수도사 시절 저는 우의적 해석의 대가였습니다. 모든 것을, 심지어 요강까지도 우의적으로 해석했지요.[16]

그러나 개신교 종교개혁의 선봉장이 되었을 때 그의 관점은 바뀌어 있었다. 그는 우의적 해석을 버렸다.

> 문자적 의미에 생명, 위안, 힘, 교훈, 기술이 들어있습니다. 나머지는 제아무리 화려한 인상을 주어도 보잘것없는 장식품에 불과합니다.[17]

루터가 우의적 해석을 거부하고 문자적 해석을 받아들인 것은 그

---

16 Martin Luther, *Table Talk* (Luther's Works 54, Philadelphia: Fortress Press, 1967), 46 (no. 335).『탁상담화』(컨콜디아사)

17 위의 책, 406 (no. 5285).

가 당시 가톨릭 교회의 권위를 거부한 것과 밀접한 연관이 있다. 그는 신앙과 그리스도교적 삶의 기반이 '오직 성서'sola scriptura에 있음을 역설했다. 1521년 루터는 보름스 의회Council of Worms에 참석해 자신을 이단으로 고발한 것에 대한 응답으로 성서와 오류를 범할 수 있는 교회의 가르침을 극명하게 대비한 뒤 자신은 오직 성서에 충성을 바친다고 이야기했다.

> 황제와 영주들이 답을 간단하게 할 것을 요구하므로 저는 간단하게 답하겠습니다. 제 확신의 근원은 성경의 증언이나 명쾌한 이성에 있습니다. 둘을 확신의 근원으로 든 이유는 교황과 공의회가 자주 오류를 저지르고 모순을 범했다는 것이 잘 알려져 있기 때문입니다. 저는 교황을 신뢰하지도 않고 공의회만을 신뢰하지도 않습니다. 저는 제가 인용한 성경에 매여 있으며 제 양심은 하느님 말씀에 사로잡혀 있습니다. 저는 제 입장을 철회할 수 없고 철회하지 않을 것입니다.[18]

루터는 "성경의 증언"과 "명쾌한 이성"에 의존함으로써 가톨릭 교회의 권위를 거부했다. 가톨릭 교회가 "자주 오류를 저지르고 모순을 범했다는 것이 잘 알려져 있기 때문"이다. 이제 루터에게 진리를 유일하게 보증하는 것은 성서와 명쾌한 이성이었다. 개신교 종교개혁

---

18 Martin Luther, *Career of the Reformer, Vol. II* (Luther's Works 32, Philadelphia: Fortress Press, 1958), 112.

은 이성의 빛(여기서 루터가 르네상스의 영향을 받았음을 알 수 있다)과 성서에 대한 문자적 해석의 동맹에 기초를 두고 이루어졌다. 전통에 대한 루터의 거부는 철저하게 근대적인 몸짓이었다. 그리고 이는 새로운 문제들을 만들어냈다. 이성이 때때로 성서의 문자 그대로의 의미와 충돌했기 때문이다.

『창세기 강해』Lectures on Genesis에서 그는 종종 우의적 해석을 조롱한다. 이를테면 아담과 하와를 "고차원의 이성"과 "저차원의 이성"으로 보는 플라톤적 해석을 두고 루터는 "가장 터무니없는 우의"라고 말한다. 그가 보기에 이러한 해석은 "참된 의미를 질식시켜 죽이고 이를 쓸모없을 뿐만 아니라 재앙에 가까운 생각으로 대체한다". 그러므로 "이러한 파괴적이고 어리석은 부조리를" 넘어서야 한다고 루터는 이야기한다.[19]

루터에게는 우의적 해석을 비난할 만한 또 다른 동기가 있었다. 당시 우의적 해석은 교회의 잘못된 주장을 뒷받침하는 수단이었다. 이를테면 교황 인노켄티우스 3세Innocent III는 창세기 1장 16절에 나오는 "두 큰 빛"이 교황권과 왕권의 상징이라고 선언했다. 루터는 이러한 주장이 권력을 조잡하게 정당화하는 것이라고 신랄하게 지적했다.

교황이 자신의 고상한 위치에서 고함을 치는데 특히 우의의 문제와

---

19   Martin Luther, *Lectures on Genesis* (Luther's Works 1, St. Louis: Concordia Publishing, 1958~1966), vol. 1, 184~185.

관련한 그의 믿음과 학식은 실로 감탄스럽기 그지없다. 그는 창세기를 다음과 같이 풀어낸다. "하느님께서는 두 개의 큰 빛, 해와 달을 만드셨습니다. 해는 교황청으로 그 빛에서 황제의 권위가 나옵니다. 이는 달빛이 해에서 유래하는 것과 같습니다." 오, 이 뻔뻔스러운 교만, 그리고 권력을 향한 이 지독한 욕망을 보라! (창세기 강해 2.152)

우의적 해석에 탐닉한 교부들 역시 루터의 칼날을 피하지 못했다. 창세기 1장에 나오는 일곱 "날들"을 "영적 조명"을 받는 일곱 단계에 관한 우의로 해석한 아우구스티누스를 두고 루터는 말했다.

그의 해석은 실제로 아무런 기여도 하지 않는다. 이중적인 지식을 쌓는 것이 도대체 무슨 필요가 있는가? 모세를 그렇게 신비롭고 우의적으로 만드는 것은 어떠한 유용한 도움도 되지 않는다. 모세의 목적은 우의적 피조물과 세계를 가르치는 것이 아닌, 실제 피조물, 우리가 감지할 수 있는, 눈에 보이는 세계를 가르치는 것이다. 속담을 빌리면 "있는 것을 그대로" 말하는 것이다. 우리가 일상에서 이야기하듯 그가 쓰는 '아침'과 '저녁'이라는 말 역시 문자 그대로 아침과 저녁이다. … 우리가 저 말들의 본질을 이해하지 못하거나 왜 하느님께서 저런 시간의 간격을 이용하셨는지 이해하지 못한다면, 맥락 없이 이상한 의미로 왜곡하기보다는 차라리 우리의 이해가 부족함을 고백하자. (창세기 강해 1.5)

여기서 몇 가지 중요한 지점이 있다. 우선 그는 우의적 해석의 핵심인 플라톤적 이원론에 이의를 제기한다. "이중적인 지식을 쌓는 것이 도대체 무슨 필요가 있는가?" 루터에게 성서의 문자 그대로의 의미, 세상의 있는 그대로의 의미는 부인할 수 없이 명백한 것이었다. 세상은 보이지 않는 관념을 가리키는 물질적 상징이 아니다. 그에게는 감각으로 알 수 있는 세계 너머에 있는 이상적인 세계를 상정할 이유가 없었다. 르네상스를 주도한 새로운 학문과 사실주의가 루터에게 미친 영향은 그의 비판에서 뚜렷하게 엿볼 수 있다. 말씀과 세계는 둘 다 실재한다. 둘은 보이지 않는 또 다른 차원을 갖고 있지 않다.

실재에 대한 플라톤적 이원론이 사라지자 성서에 대한 플라톤적 이원론 해석은 지지기반을 상실했다. 우의적 해석은 카드로 만든 집이 되어버렸고 루터는 카드를 날려 버리며 커다란 기쁨을 느꼈다. 그에게 이는 가톨릭 교회의 권위를 손상시키는 효과적인 수단이었다.

창세기 기록이 "실제 피조물, 우리가 감지할 수 있는 눈에 보이는 세계"를 다루고 있으며 플라톤적인 우의가 아니라는 그의 주장은 본래 청중인 고대 이스라엘 백성의 지적 능력에 관한 그의 역사적 판단을 반영하기도 한다. 르네상스에 이르러 등장한, 성서에 나오는 '과거' 이스라엘을 새롭게 보는 관점을 루터 또한 갖고 있었다. 그는 창세기에 대해 설명했다.

교육받지 못한 이들이 창조에 대해서 명확한 이해를 가질 수 있도록 모세는 창세기를 기록했다. (창세기 강해 1.19)

이는 상징적 해석에 대한 효과적 비판이다. 창세기가 철학자나 신학자가 아닌 목자와 농부들을 위해 쓰였다면 평범한 사람들도 창세기를 쉽게 이해할 수 있었다고, 그리고 여전히 쉽게 이해할 수 있다고 루터는 생각했다.

상징적 해석은 성서의 문자적 의미를 이해하지 못하는 해석자의 책략, 일종의 발악이다. 루터는 이를 두고 "맥락 없이 이상한 의미로 왜곡하기보다는 차라리" 자신의 "이해가 부족함을 고백"하라고 조언한다. 라쉬와 마찬가지로 루터에게도 성서의 본래 의미를 알 수 있는 가장 확실한 지침은 문맥을 고려하는 것이다. 그렇다면 의미가 모호할 때는 어떻게 해야 하는가? 루터는 "왜곡하기보다는" 차라리 "우리의 이해가 부족함을 고백"함이 낫다고 여긴다. 이는 본문의 문제를 대하는 매우 근대적인 태도다.

루터는 성서의 말들은 대부분 분명한 의미를 갖고 있기 때문에 "가장 단순한 의미, 그래서 교육받지 못한 사람도 이해할 수 있는 의미"(창세기 강해 1.10)로 해석하기를 선호한다고 말한다. 그에 따르면 에덴동산은 실제로 존재했던 곳이었고 낙원에서 흘러나오는 네 개의 강 역시 우의적 상징이 아니라 실제 강을 가리킨다.

이는 모두 역사적 사실이다. 내가 신중하게 이를 환기시키는 이유는 경솔한 독자가 저 구절들이 실제 역사를 이야기한다는 생각을 포기하고 우의라고 이야기하는 사제의 권위에 휘둘리지 않게 하기 위함이다. (창세기 강해 1.93)

그러나 "창조에 대한 분명한 설명"이 "역사적 사실"이라는 루터의
주장에는 문제가 있다. 그리고 그조차 에덴동산 이야기의 많은 세부
내용이 불확실하고 심지어 허구인 것처럼 보임을 인정했다. 바로 이
때문에 교부들은 본문에 감추어진 의미가 있다고 생각했던 것이다.
그러나 루터는 상징적 의미를 배제한 채 자신의 역사적 판단과 씨름
해야 했고 이성과 문자적 의미가 충돌할 때도 문자적 의미에 권위가
있음을 보여주어야 했다.

> 모든 경험과 이성이 본문과 충돌하는 것처럼 보이면 보일수록,
>
> 더 신중하게 본문을 살펴야 하고 더 확실하게 믿어야 한다.
>
> (창세기 강해 1.125)

아담의 갈비뼈에서 하와가 창조되었다는 구절을 어떻게 보아야
하느냐는 문제에 대해 그는 이야기했다.

> 당신에게 묻고 싶다. 당신이 이성을 따른다면 이 이야기는 동화처럼
>
> 들릴지도 모른다. 하와가 어떻게 창조되었는지 성경이 이렇게 분명
>
> 하게 말하지 않는다면 누가 이 이야기를 믿겠는가? … 성경의 권위
>
> 를 한쪽에 밀어둔 채 이성의 판단만을 따른다면 이 이야기는 과장된
>
> 허구, 어리석기 그지없고 터무니없는 말에 지나지 않을 것이다.
>
> (창세기 강해 1.123)

그는 결론 내린다.

비록 이성으로는 동화처럼 보이지만 이 이야기는 가장 확실한 진리
다. 하느님께서 이를 말씀으로 계시하셨고, 앞서 말했듯 참된 정보
만을 전달한다. (창세기 강해 1.131)

이 역설은 루터 및 이후 해석자들에게 문제를 제기한다. 루터가
보름스 의회에서 말했듯 참된 해석의 두 가지 기준이 "성경의 증언"
과 "명쾌한 이성"이라면 둘이 충돌할 경우에는 어떻게 해야 하는가?
루터는 잠재된 갈등을 해결하기 위해 성서의 권위를 끌어들였지만
이는 더 많은 문제를 낳았다. 성서의 뜻이 모호할 경우 누가 그 뜻을
결정하는가? 루터는 성서의 뜻을 궁극적으로 결정하는 이는 저자인
성령이라는 답을 제시했다.

성경은 성령이 고유한 방식으로 만든 책이고,
쓴 기록이며, 남긴 말씀이다.[20]

참된 성서 해석은 성령의 도움을 필요로 한다.

---

20 Roland H. Bainton, 'The Bible in the Reformation', *The Cambridge History of the Bible.
Vol. 3: The West from the Reformation to the Present Day* (Cambridge: Cambridge University
Press, 1963), 12.

성경은 성경을 기록한 성령을 통해서만 이해될 수 있다.[21]

성서 기록과 그 의미는 확실하다. 다만 일부는 저자에게만 분명하고 우리에게는 그렇지 못하다. 성령의 권위는 이성과 경험의 반대를 무효화한다. 그리고 성령을 통한 영감은 교회가 아니라 개별 신자에게 속한다.

루터는 성서 해석과 관련한 교회의 권위를 약화시켰고 성서의 "확실하고, 접근하기 쉬우며, 분명한" 말을 오직 믿음으로 읽고 이해하도록 모든 사람을 초대했다. 그는 성서를 독일어로 번역해 평범한 사람들도 성서를 읽을 수 있게 했다(인쇄기의 발명은 이를 수월하게 했다). 그러나 성령의 영감을 받아 성서를 해석하는 일을 개인의 일로 만들어버림으로써 그는 종교개혁을 거의 파멸로 몰아넣고 오늘날까지 이어지는 새로운 문제를 만들어냈다. 영감의 남용은 위험하다.

루터의 저술들이 퍼져나가자 급진 종교개혁가Radical Reformers라 불리는 다른 종교개혁가들이 성서에 대한 종말론적 해석을 알리기 시작했다. 그들은 사유재산, 신분제, 성직 제도가 발명되기 전의 삶, 아담과 하와의 완전한 삶을 회복하기 위한 혁명을 외쳤다. 그들은 구호를 내세웠다. '아담이 땅을 파고 하와가 실을 잣고 있을 때 귀족은 누구였는가?' 가톨릭 교회에서 루터를 이단으로 선언한 지 2년 후인 1524년 독일에서 농민들의 반란이 일어났다. 농민들은 교황권뿐만

---

21 위의 책, 21~22.

아니라 왕권 또한 거부했다. 그들은 자신들이 마지막 날 종말론적 전쟁에 참여하고 있다고 믿었다. 훈련받지 않은 반란군은 처음에는 승리를 거두었으나 그 기세는 그리 오래가지 못했다. 귀족들의 군대는 거의 10만 명에 달하는 농민들을 학살했다.

루터가 보기에 이 반란은 "악마의 소행"이었다. 악명 높은 소책자 『강도질하고 살인하며 도둑질하는 농민 도적 떼 반박』Against the Robbing and Murdering Hordes of Peasants에서 그는 급진적인 예언자와 그 추종자들을 규탄했다. 루터는 그들의 성서 해석에 격분했다. 루터가 해석한 창세기 창조의 풍경은 목가적인 분위기를 띠고 있었다. 이에 따라 그는 창세기가 부의 축적, 사유재산, 군주제를 거부하지 않는다고 이야기했다.

> 농민들이 창세기 1장과 2장을 모든 것이 자유롭고 공공의 재산으로
> 창조되었다고 주장한다면 이는 적절한 해석이 아니다.[22]

그는 에덴동산 이야기를 혁명 선언문으로 받아들여서는 안 된다고 이야기했다. 그리고 "매 순간 세상의 파멸이 예상된다"면서 반군들에게 경고했다.[23] 루터는 경악스러운 반응을 보였지만 '오직 성서', '오직 믿음', '만인사제직', '성령의 선물'이라는 생각들은 서로 결합해 불안

---

22 Martin Luther, *Selected Writings of Martin Luther* (4 vols., Philadelphia: Fortress Press, 1967), vol. 3, 351.

23 위의 책, 351.

한 혼합물을 만들어냈다. 루터는 종교개혁의 최대 경쟁자인 토마스 뮌처Thomas Müntzer를 향해 말했다.

성경은 바벨탑이요 거품이라고, 천 권의 성경책을 집어삼킨다 해도 아무런 도움이 안 된다고 당신은 말한다. 하지만 난 당신이 하는 행동을 뒷받침하는 분명한 성경 말씀이 무엇인지 이야기하지 못한다면 당신이 성령을 깃털을 포함해 통째로 집어삼켰다고 해도 당신의 말을 듣지 않을 것이다.[24]

그러나 성서의 "분명한 말들"은 종말론적 열정으로 타오르는 불에 상대가 되지 못했다.[25]

농민 반란은 잔인하게 진압되었다. 한편 개신교 운동은 수많은 교파로 분열되었다. 이내 유럽은 개신교 진영과 가톨릭 진영으로 나뉘었다. 한 세기에 걸친 종교 전쟁이 시작되었다. 성서 해석의 갈등은 광기, 유혈사태, 전쟁을 낳았다.

---

24 Roland H. Bainton, 'Thomas Muntzer: Revolutionary Firebrand of the Reformation', *The Sixteenth Century Journal* 13 (1982), 9에서 재인용.

25 루터는 급진적인 종교개혁가들에게 대응하면서 '세상의 영역'에서 이성이 지닌 역할을 강조한다. 그는 이 '세상의 영역'에서 아담이 동물들의 이름을 지어주는 것(창세 2:19)을 이성이 하는 일의 예로 들며 논의를 이어간다. "세상의 영역에서 하느님은 권력자들과 물질 세계가 이성에 복종하게 하셨다. 그분은 애써 성령을 보내 이를 변경하지 않으셨으므로 우리는 세상 법칙과 자연법칙의 근원인 이성에 따라 행동해야 한다." 니클라우스 라르기어는 루터가 근대적인 종교와 세속 영역을 구분하고 있다고 예리하게 지적한다. 다음을 보라. Niklaus Largier, 'Mysticism, Modernity, and the Invention of Aesthetic Experience', *Representations* 105 (2009), 37~60(루터의 말은 42에서 재인용).

현실에 관한 희극

세상이 광기로 가득 차 있을 때 인간이 할 수 있는 정직한 반응 중 하나는 웃는 것이다. 웃음은 불안과 공포를 덜어주고, 권력자의 허세에 균열을 낸다. 중세에 유머는 종종 음탕하고 외설적이었으며 그 때문에 효과적이었다. 루터가 그의 반대자들을 신랄하게 조롱한 것은 이러한 중세 전통에 뿌리를 두고 있다. 개신교 종교개혁이 절정에 이르렀을 때, 즉 사회가 격변하고, 종교 갈등의 골이 깊어지며, 마귀에 대한 생각이 대중을 사로잡았을 때 프랑수아 라블레François Rabelais는 풍자 소설 『가르강튀아와 팡타그뤼엘』Gargantua and Pantagruel 1권을 썼다. 미하일 바흐친Mikhail Bakhtin*은 말했다.

중세의 웃음은 라블레의 소설에서 최고의 표현을 발견한다.[26]

『가르강튀아와 팡타그뤼엘』은 출간되자마자 베스트셀러가 되었다. M. A. 스크리치M. A. Screech는 썼다.

---

* 미하일 바흐친(1895~1975)은 러시아의 사상가, 문학 이론가다. 노보로씨야 대학교, 페드로그라드 대학교에서 문학과 철학을 청강하고 근로학교에서 역사, 사회학, 러시아어 등을 가르쳤다. 1920년 비뗍스크 국립 교육대학교에서 세계문학 강사로 활동하는 등 여러 교육기관에서 활동하며 활발한 저술 활동을 펼치다 스탈린 정권의 탄압을 받아 카자흐스탄에서 6년간 유형 생활을 하게 된다. 이후에도 지방에 남아 교사 생활을 하면서 저술 활동을 이어갔다. 세상을 떠난 뒤 대대적인 재평가 작업이 일어났다. 한국에는 『프랑수아 라블레의 작품과 중세 및 르네상스의 민중문화』(아카넷), 『예술과 책임』(뿔), 『도스또예프스끼 시학의 제문제』(중앙대학교출판부), 『말의 미학』(길) 등이 소개된 바 있다.

26 Mikhail Bakhtin, *Rabelais and His World* (Bloomington: Indiana University Press, 1984), 97. 『프랑수아 라블레의 작품과 중세 및 르네상스의 민중문화』(아카넷)

라블레의 웃음은 루터의 격렬한 경멸과 분노에 대한 보완이자 해독
제다.[27]

의사이자 전前 베네딕도회 수도사였던 라블레는 당대 통념을 풍자했
다. 특히 그는 성서 및 당대 종교 갈등을 풍자하며 커다란 기쁨을 느
꼈다. 장 칼뱅John Calvin과 가톨릭 심문관은 한 가지만큼은 의견이 같
았는데 바로 라블레가 이단이라는 것이었다(그러나 실제로 라블레는 이
단이 아니었다. 다만 그는 무정하리만치 날카롭고 유쾌한 농담을 즐기는 박식한
가톨릭 신자였다). 칼뱅은 라블레를 "성경을 희생해 사악한 농담을 하
는 촌뜨기"로 매도했다.[28] 그리고 가톨릭 교회에서는 1564년『금서목
록』Index of Prohibited Books 초판을 내면서 그를 "최고 이단"의 자리에
올렸다.

『위대한 거인 가르강튀아의 아들이자 딥소디인들의 왕, 지극히 명
망 높은 팡타그뤼엘의 무시무시한 행적과 무훈과 용맹』The Horrifying and
Dreadful Deeds and Prowess of the Most Famous Pantagruel, King of the Dipsodes, Son of the Great Giant
Gargantua(1532)은 창세기를 중요 소재로 활용한다. 이 소설에서 영웅 팡
타그뤼엘은 창세기 6장 1절부터 4절 사이에 나오는, "하느님의 아들
들과 사람의 딸들 사이에서 태어난 자들"(이들은 칠십인역에서는 '기간테
스'gigantes, 즉 '거인들'이라고 불린다)인 거인족의 후손이다. 화자는 성서

---

27   M. A. Screech, 'Homage to Rabelais', *London Review of Books*, September 20, 1984,
       11.

28   Lucien Febvre, *The Problem of Unbelief in the Sixteenth Century: The Religion of Rabelais*
       (Cambridge: Harvard University Press 1982), 51. 『16세기의 무신앙 문제』(문학과지성사)

를 흉내내 팡타그뤼엘의 족보를 이야기하는데 그에 앞서 노아를 인류의 위대한 은인이라며 감사를 표한다.

노아, 우리가 포도주라고 부르는 감미롭고, 귀하고, 천상의 즐거움을 가져다주는 신성한 음료가 나온 포도나무를 심은 사람. 그러므로 신세를 지고 있는 우리 모두가 그 은혜에 깊이 감사드리는 성스러운 인물.[29]

라블레에게(그리고 의심의 여지 없이 많은 다른 이들에게도) 노아는 "신성한 음료" 포도주를 발명한 성인이었다. 이와 달리 종교개혁가들은 사람들이 술을 즐기다 취하는 모습을 보고 개탄을 금치 않았다. 루터는 말했다.

누구라도 노아처럼 술에 취하기를 바라는 사람이 있다면, 그는 지옥에 가 마땅하다.[30]

라블레는 이 딱딱한 감성(물론 실제 생활에서 루터는 좋은 맥주와 포도주를 즐겼다)을 뒤집었다.

다시 돌아가, 화자는 『팡타그뤼엘』에서 성서의 족보를 활용해 팡

---

29 Francois Rabelais, *Gargantua and Pantagruel* (New York: Penguin Books, 2006), 16~17. 『가르강튀아/팡타그뤼엘』(문학과지성사)

30 Roland H. Bainton, 'Bible in the Reformation', 15.

타그뤼엘의 족보를 만든다. 여기에는 유명했던 거인들이 포함된다.

첫 번째는 칼브롯이었고,

그는 사라브롯을 낳고,

그는 파리브롯을 낳고,

그는 대홍수 때 지배하고

빵을 넣은 수프를 잘 먹었던 위르탈리를 낳았고 …

그는 술잔 놀이를 발명한 에릭스를 낳았고 …

여름철에 포도주를 시원하게 해서 마시지 않아

최초로 매독에 걸렸던 에티온을 낳고 …

그는 건배하는 법을 처음 발명한 가바라를 낳고 …

그는 술통으로 술을 마셔대는 바람에

끔찍하게 멋진 코를 갖게 된 오포트를 낳고, …

끝이 뾰족하게 쳐들린 긴 신발을 유행시켰던 게마고그를 낳고 …

그는 이 세상에서 처음으로 안경을 끼고

주사위 놀이를 했던 모르간테를 낳고 …

그는 소 혓바닥을 벽난로에 훈제하는 법을

처음 발명한 아프무슈를 낳았고,

이전에는 소 혓바닥도 햄처럼 소금에 절이곤 했다. …

그는 포플러나무로 된 불알과

마가목으로 된 자지를 가졌던 게요프를 낳고 …

그는 나사로 잠그는 술병을 발명한 갈르오를 낳았고 …

그는 비드그랭을 낳고 …

그는 가르강튀아를 낳고,

그는 나의 주인이신 고귀한 팡타그뤼엘을 낳았다.[31]

이 과장되고 우스꽝스러운 족보는 (지루한) 성서 족보를 패러디한 것이다.

> 아다가 낳은 야발은 장막에서 살며 양을 치는 목자들의 조상이 되었
> 고 그의 아우 유발은 거문고를 뜯고 퉁소를 부는 악사의 조상이 되
> 었으며 실라가 낳은 두발가인은 구리와 쇠를 다루는 대장장이가 되
> 었다. 두발가인에게는 나아마라는 누이가 있었다. (창세 4:20~22)

창세기는 최초로 술잔 놀이, 끝이 뾰족하게 쳐들린 긴 신발, 나사로 잠그는 술병, 건배하는 법, 소 혓바닥을 벽난로에 훈제하는 법을 발명한 이들을 우리에게 말해 주지 않기에 라블레의 화자는 자신의 희극적인 창세기 확장판에서 그 공백을 채운다.

그리고 난 뒤 화자는 어려운 해석 문제를 다룬다. '과연 거인 위르탈리는 창세기에 나열된 목록에 없는데 어떻게 홍수에서 생존할 수 있었는가?' 탁월한 르네상스 시대의 해석자로서 화자는 유대교 전통에서 해결책을 찾아낸다.

---

31 Francois Rabelais, *Gargantua and Pantagruel*, 18~20.

내가 그 시대에 살아서 원하는 대로 여러분에게 설명할 수도 없는 처지이므로, 선량한 얼간이에다 나팔꾼인 히브리 율법학자들의 권위를 내세우겠다. 그들은 문제의 위르탈리가 실제로 노아의 방주 안에 있지는 않았다고 주장했다. 그가 너무 커서 그 안에 들어갈 수가 없었기 때문이다. 그는 그 위에 어린아이들이 목마를 타듯이 … 한쪽 다리는 이쪽, 다른 쪽 다리는 저쪽으로 말 타듯이 걸터앉아 있었던 것이다. … 이런 방식으로 그는 하느님 다음으로 그 방주를 위험에서 구해냈다. 그는 다리로 요동을 쳐주고, 배의 키를 사용하듯이 발로 원하는 방향으로 방주가 갈 수 있게 해주었던 것이다.[32]

이 해석은 거인 오그$_{Og}$의 방주 여행에 관한 유대 전설을 각색한 것이다.[33] 화자는 자신의 박식하지만 설득력 없는 해석을 스스로 조롱한다.

모두 다 잘 들었는가? 물을 섞지 말고 한잔 쭉 들이켜라. 당신이 믿거나 말거나 그녀가 "당신이 믿지 못한다면 나도 그래요"라고 말했으니 말이다.[34]

---

32 위의 책, 20~21.

33 *Pirqe de Rabbi Eliezer*, 23. 르네상스 시대의 지식인으로서 라블레는 히브리어를 어느 정도 알고 있던 것으로 보인다.

34 Francois Rabelais, *Gargantua and Pantagruel*, 21.

갑자기 언급되는 신원미상의 여인("그녀")은 앞의 해석을 믿지 않는 것처럼 보이고, 이는 술이나 한잔 들이켜라고 권하는 화자도 마찬가지다. 이렇게 홍수 이야기와 당대 해석을 풍자한 화자는 다시금 자신의 영웅의 (가짜) 족보를 이야기한다.

가르강튀아는 그의 나이 4백 하고 4 곱하기 20 더하기 40 하고 4살에 아들 팡타그뤼엘을 낳았다.

당시 많은 이가 홍수 이야기의 해석 문제를 다룰 때 그러했듯 라블레는 창세기를 패러디의 대상으로 삼았다. 르네상스 시대 대다수 사람이 그러했듯 그는 성서를 잘 알고 있었다. 탁월한 희극은 친숙하면서 신성불가침의 것을 웃음거리로 삼기 마련이다. 당시 사람들에게 창세기는 친숙하면서도 신성불가침한 대상이었다. 칼뱅은 분노하면서 라블레를 "하느님을 조롱하는 인간"이라고 말했지만, 라블레가 실제로 비판한 것은 당대의 가식적인 신앙이었다. 그는 풍자를 통해 성서와 그 외 무수한 어리석은 논쟁을 폭로했다. 라블레의 유쾌한 우상파괴와 감각적 쾌락에 대한 선호는 즉각적으로 독자들과 후원자들의 열광적인 반응을 낳았다. 그중에는 가톨릭 주교와 왕족도 있었다.

비록 주인공과 주인공이 겪는 모험담은 환상적인 분위기를 지니고 있고 허풍으로 가득 차 있지만, 라블레의 소설은 사실주의를 특징으로 하는 최초의 근대 소설 작품 중 하나다. 팡타그뤼엘과 그의 외설적인 친구들은 다른 세상, 다른 무언가를 가리키는 상징이 아니라 지금 여기, 지상의 현실을 탐닉한다. 여기에 플라톤적 세계는 없다. 라블레의 세계는 두말할 것 없이 물질로 이루어져 있고, 감각적이며, 성에 관심하는 인간들이 머무르는 곳이다.

라블레는 두 번째 책 『가르강튀아』Gargantua(가르강튀아의 좌우명은 "즐겁게 살자!"이다)의 서문에서 우의를 노골적으로 조롱한다. 여기서 화자는 신학 저술을 하는 척하면서 독자에게 자신의 책에서 감추어진 의미를 읽어내라고 조언한다.

> 이러한 독서를 통해 당신은 전에 보던 것과는 매우 다른 성향과 숨겨진 사상을 발견할 것이고, 그것은 당신에게 우리의 종교에 관한 것만큼이나 정치 상황과 가정생활에 관해서도 지고의 신비와 무시무시한 비밀을 밝혀줄 것이다.[35]

화자는 자신의 책에 "지고의 신비와 무시무시한 비밀"이 담겨 있다고 이야기한 다음, 다른 책에서 그러한 우의를 찾으려는 생각을 조롱한다.

> 여러분은 진정으로 과거에 호메로스가 『일리아스』와 『오뒷세이아』를 썼을 때 플루타르코스와 헤라클레이데스 폰티쿠스, 에우스타티우스, 코르누투스가 그것에 관해서 잔뜩 주석을 달았고, 이들로부터

---

35 위의 책, 207.

폴리지아노가 도용한 우의들을 생각했다고 믿는가? 그렇게 믿는다면, 여러분은 내 의견의 발치에도 미치지 못했다.[36]

우의가 불합리하다는 것을 들기 위해 언급한 책은 창세기가 아니라 호메로스의 저작들이지만 라블레가 하고자 하는 이야기는 같다. 숨겨진 상징적 의미를 찾으려 책을 읽는 사람은 바보다. "이 재미있고 새로운 연대기"에 대한 상징적 읽기도 마찬가지로 불합리하다.

> 이 글을 쓰며 여러분보다 더 많이 생각했던 것은 아니지만, 혹시 여러분도 나처럼 술을 마셨다면 말이다. … 나의 모든 행동과 말을 가장 완벽한 쪽으로 해석하라. 이 멋지고 무의미한 말들을 여러분에게 양식으로 제공하는 이 치즈 덩어리 모양의 머리에 존경심을 갖고, 능력이 닿는 한 언제나 나를 즐겁게 해주기 바란다.[37]

화자는 여러 이야기를 한 뒤 다시 제자리로 되돌아온다. 자신의 책에 숨겨진 의미가 있다고 선포한 후 이제 그는 자신이 "이 고상한 주제와 깊은 학문을 담은 책을 쓰는 데 적당한 시간"에, 즉 술을 마시며 책을 썼다고 실토한다. 화자는 책에 숨겨진 의미가 있다며 독자를 놀리는 동시에 그러한 해석 관행을 터무니없는 것으로 조롱한다. 라블레가 진정 자랑스러워하는 것은 자신의 책이 구체적인 것에 초점

---

36 위의 책, 207~208.
37 위의 책, 208.

을 맞추고 있다는 점이다. 여기에 보이지 않는 세계에 대한 우의는 없다. 오직 감각으로 지각할 수 있는 세계, 그 세계에서 이루어지는 외설적인 영웅의 "무훈과 용맹"이 있을 뿐이다.

에리히 아우어바흐는 라블레의 소설이 어떻게 초기 문학의 상징적 전통에서 탈피해 현실을 포용하는지를 적절히 이야기한 바 있다.

> (라블레는 희극 문체를 사용해) 당대의 반동적인 권위에 충격을 준 사건들을 다루고 이를 농담과 진담 사이의 어스름 속에 제시했다. … 이는 그 무엇보다도 정확하게 자신의 목적을 달성하게 해주었다. 즉 사건의 관습적인 측면과 균형을 뒤흔들고 초현실에서 현실이, 어리석음에서 지혜가, 활기차고 풍요로운 삶의 긍정 속에서 반란이 일어나게 했다. 이는 자유의 가능성에 빛을 비추는 효과적인 아이러니다.[38]

라블레는 생동감 넘치는 초현실주의, 우의에 대한 조롱, 특히 창세기를 포함한 모든 성스러운 것을 유머러스하게 패러디함으로써 근대적인 태도를 빚어냈다. 그는 세속적인 유머로 말과 세상에 대한 상징적 해석이라는 생각을 조롱한다. 세상은 기쁨과 고통을 머금은 채 눈에 보이는 그대로 존재한다. 라블레는 풍자를 통해 상징적 의미의 사망을 선고했다. 세계는 우리가 있는 곳이고 그 뒤에 감추어진, 보이지

---

38 Erich Auerbach, *Mimesis: The Representation of Reality in Western Literature* (Princeton, NJ: Princeton University Press, 1953), 281.

않는 세계란 없다. 우리는 이 유한한 세계에서 절망할 수도 있고 웃음을 택할 수도 있다. 팡타그뤼엘주의자들은 웃음을 선택했다.

가정에 대한 질문

창세기의 생애는 중세의 상징주의에서 12세기와 16세기 르네상스에 간헐적으로 등장한 사실주의를 거쳐 완전히 바뀌었다. 라쉬, 루터, 라블레는 이를 보여주는 대표적인 인물들이다. 그러나 이 거대한 전환은 '위대한 사람들'이 주도한 이야기가 아니라 근본적으로 정신적 지형이 한편으로는 점진적으로, 한편으로는 갑작스럽게 변화한 이야기다. 이 변화에는 무수한 직간접적인 요인들이 있다. 11, 12세기 길드의 부상, 도시 생활, 무역의 확대, 인쇄술의 발명을 포함해 15, 16세기의 유사한 변화들처럼 경제 상황의 변화, 기술의 발전 등이 이 전환에 작용했다. 세계는 다른 문화와 접촉하면서 더 커지고 복잡해졌다. 12세기 르네상스는 이슬람 황금시대의 영향을 받았고 16세기 르네상스는 신세계와 마주했다. 정신적 지형이 바뀌는 것은 불가피한 일이었다.

유대교 문화와 그리스 문화가 섞이게 된 이래 천 년이 넘는 기간 동안 해석자들을 이끌었던 네 가지 가정에 어떤 문제가 제기되었는지 살펴보면 이 시기 창세기 생애에 얼마나 커다란 변화가 일어났는지를 가늠해볼 수 있다. 고대 후기와 중세를 이끌었던 상징적 해석은 가파른 내리막길을 걸었다. 라쉬와 루터는 형상적 해석, 상징적 해석을 비판했고 라블레는 조롱했다. 두 번의 르네상스를 거쳐 성서가 비밀을 간직하고, 현재에도 유효하고, 완벽하며, 신성하다는 네 가지 가정은 도마 위에 오르게 되었다.

1. 비밀을 간직한

라쉬는 말했다.

성경은 의미를 감추고 있지 않다.
성경은 분명하게 설명하는 것을 중시한다. (창세기 주석 10:25)

그는 전통적 관행과 분명하게 대비되는 이러한 가정 아래 성서를 주석했다. 물론 그는 자신의 주석에 풍부한 전통 미드라쉬 해석을 인용하기도 했다. 상상력 넘치는 이러한 해석을 라쉬는 본문의 문자적 의미를 보완하는 랍비의 설교로 여겼을지도 모른다(루터 역시 너그러운 분위기에서는 우의적 해석을 설교할 때 참고할 만한 '장식'으로 간주했다). 분명그는 고전적인 랍비 해석이 가치 있다고 생각했다. 탈무드에 대한 그의 간결한 해석은 이를 분명하게 보여준다. 그러나 문자 그대로의 의미가 더 중요하다는 그의 주장은 성서는 본질적으로 비밀을 간직하고 있다는 원칙을 훼손했다.

자신이 주도하는 종교개혁의 신학적, 정치적 계획의 일환으로 루터는 "성경의 분명한 말", 즉 성서의 문자적 해석을 받아들이고 우의적 해석을 거부했다. 그는 당시 가톨릭 교회가 사악한 목적을 위해 이러한 해석을 사용하고 있다고 비난했다. 물론 그러한 루터도 심각하게 받아들이지 않으면 해롭지 않다고 여길만한 가벼운 우의적 해석은 즐겨 쓰곤 했다. 이를테면 그는 노아가 방주에서 보낸 까마귀와 비둘기는 자신이 선호하는 두 항인 율법과 은총을 상징한다고 주장했다(강하게 이야기하지는 않았다, 창세기 강해 2,158~164). 또한 그는 성령이 썼다고 여긴, 종말을 예견하는 구절들을 실제로 역사적 의미가 있는 것으로 여겼다(신약도 이러한 종말론적 해석을 하고 있기에, 그는 이를 완전히 없앨 수는 없었다). 그러나 대체로 루터는 성서에서 감춰진 의미를 찾는 일을 "공허한 추측과 거품"으로 여겼다(창세기 강해 1,233).

르네상스와 종교개혁 기간에 성서는 본질적으로 숨겨진 의미를 찾아야 하는 일종의 암호문이라는 생각 자체가 문제시되었다. 많은 해석자, 특히 신비주의적, 종말론적, 경건주의적 흐름에 속한 해석자들이 성서를 비밀을 감춘 본문으로 여기고 그 의미를 계속해 풀어냈지만 그러한 가정은 더는 모두가 공유하는 자명한 가정이 아니었다. 가톨릭 교회에서는 공식적으로 성서에 담긴 숨겨진 의미를 탐구하는 일을 공식적으로 권장하고 이러한 탐구를 이어갔지만, 종교개혁이 제기한 비판은 머지않아 그 효과를 발휘했다. 다음 장에서 살펴보겠지만 갈릴레오 사건이 일어날 무렵 이미 논쟁에서 성서의 우의적 의미에 호소하는 일은 불가능했다. 유대교에서는 오바댜 스포르노Obadiah Sforno와 같은 르네상스 학자들이 성서 사실주의에 대한 라쉬의 관심을 이어받아 주석 작업을 진행했다. 성서에 숨겨진 의미가 있다는 생각은 근대성의 유혹에 저항하는 운동에서만 지속되었다.

2. 현재에도 유효한

성서에 숨겨진 의미가 있다는 생각에 의지하지 않으면 창세기의 많은 구절은 확실히 '지금, 여기'에서는 유효하지 않다. 이를테면 족보를 생각해보자. 창세기 36장에 나오는 에돔 족보와 관련해 다소 피상적인 이야기를 한 후 라쉬는 말했다.

> 성경은 에사오와 그의 자손들이 어떻게 정착했는지 간략하게 서술한다. 그들이 어떻게 정착했는지는 세세히 설명할 정도로 인상적이거나 중요하지 않기 때문이다. (창세기 주석 37:1)

족보는 상당한 분량을 차지하지만 라쉬가 보기에는 "인상적이거나 중요하지 않"다. 라쉬는 그 때문에 성서가 세세한 설명을 붙이지 않고 족보를 단순히 나열했다고 여겼다. 이러한 라쉬의 설명은 명쾌하다. 그리고 여기에는 이 본문은 현재 별다른 가치가 없기에 구태여 주의를 기울일 필요가 없다는 생각이 들어있다.

루터는 족보를 성서의 전체 구조를 염두에 둘 때만 현재와 연관이 있다고 여겼다. 창세기 10장에 나오는 족보와 관련해 그는 "10장은 외견상 별다른 의미도 없고 아무런 목적도 없는 것처럼 보인다"고 이야기했다. 그러나 그는 이 목록에서 인간의 죄와 그리스도에 대한 암시를 힘겹게 발견해 낸 뒤 "비록 이 장은 죽은 말로 가득 찬 것처럼 보이지만, 이 세계에서 만물의 중간기와 마지막 때까지 이어지는 실을 지니고 있다"고 결론짓는다.[39] 시작과 끝, 즉 아담부터 그리스도까지 이어지는 실이 있지만, 이를 염두에 두지 않는다면 이 대목 자체는 "죽은 말로 가득 찬 것"처럼 보임을 인정한 것이다. 라블레 역시 이를 별 의미 없는 말로 간주하고 팡타그뤼엘의 외설적인 족보로 패러디했다.

루터는 성서 본문을 해석할 때 '율법'과 '복음'을 대조함으로써 '율법'과 관련된 많은 본문이 그리스도교에서 더는 유효하지 않게 만들었다. 이러한 맥락에서 그는 야고보의 편지가 "지푸라기 서신"이라는 널리 알려진 발언을 했고, 에스델(에스더)서를 정경 목록에서 제외했다.

> 그 문헌은 너무나 유대교적이며 적지 않은 이단적 요소를 포함하고 있다.[40]

루터는 성서에 부적절한 부분이 있으며 분별력 있는 독자라면 이를 무시하고 넘어가도 된다고 생각했다. 성서의 모든 구절이 현재에도 적절하고 유효하다는 옛 가정은 폐기되었다.

3. 완벽한

르네상스 시기 학자들의 작업을 알고 있던 루터는 성서 본문에 있

---

39 Martin Luther, *Lectures on Genesis* 2, 209.
40 Roland H. Bainton, 'Bible in the Reformation', 7.

는 실수와 불일치를 알고 있었다. 하지만 그는 세부내용에 오류가 있을지라도 주요 가르침은 분명하게 알 수 있다고 생각했다.

> 성령은 오직 본질을 바라본다. 성령은 말에 매이지 않는다.[41]

루터는 성서 이야기들에 사소한 결함이나 모순이 있다고 해서 크게 개의치 않았다.

> 그러한 점들은 특별히 나를 괴롭히지 않는다.[42]

술에 취한 노아의 이야기처럼 성서 속 인물들이 잘못된 행동을 하는 부분과 관련해서도 그는 "이 부분에 대해서는 변명의 여지가 없다"고 이야기했다.[43] 루터는 성서 본문, 성서 속 인물의 결함을 미화하지 않았다.

루터를 비롯한 르네상스 시기 독자들은 성서 본문과 본문에서 전하는 사건이 완벽하지 않을 수 있으나 이는 구원에 필수적이지 않은, 상대적으로 사소한 문제라고 생각했다. 신실한 독자라면 부적절하거

---

41 위의 책, 12.

42 위의 책, 12~13.

43 Martin Luther, *Lectures on Genesis* 2,166. 루터가 술을 즐겨 마셨다는 것은 널리 알려진 사실이다. "내일은 노아의 술 취함에 대해 강의해야 하므로 오늘 저녁 저는 그 경험을 알기 위해, 그 사악함에 대해 말할 수 있을 정도로 충분히 마셔야겠습니다." Martin Luther, *Table Talk*, 207(no. 3746).

나 불완전한 세부내용이 아니라 그 내용의 본질에 초점을 맞추어야 한다고 그들은 생각했다. 모국어로 번역된 성서를 이용할 수 있게 되고 교회의 권위가 몰락하면서 성서가 모든 부분에서 완벽하다는 가정은 더는 유지될 수 없게 되었다. 성서라는 직조물에 있는 이음새와 구멍이 사람들의 눈에 보이기 시작했다. 이제 숨겨진 의미가 있다는 생각으로는 이 이음새와 구멍을 덧댈 수 없게 되었다.

4. 신성한

라쉬와 루터는 창세기의 신성한 기원에 의문을 제기하지 않았다. 당시 유대인과 그리스도교인들에게 이는 상상조차 할 수 없는 일이었을 것이다. 그들은 모두 창세기의 말들은 신에게서 왔고, 그가 예언자 모세에게 자신의 말을 받아 적게 했다고 믿었다. 물론 라쉬와 루터 모두 모세의 죽음을 언급하는 오경의 마지막 장에 문제가 있다는 것을 알았다. 하지만 오래된 전통을 따라 이 부분은 여호수아가 기록했을 것이라고 둘은 추론했다. 성서가 신성하다는 네 번째 가정은 이때까지는 유지되고 있었다.

한 세기 후, 이교적 유대인 철학자 스피노자는 이 가정을 철저하게 검토했다. 출간 즉시 금서가 되고 지하의 인기도서가 된, 악명 높은 『신학-정치론』Theological-Political Treatise에서 그는 라쉬와 루터를 따라 성서에서 숨겨진 의미를 찾는 이들을 비판한다. 그가 보기에 이들은 필연적으로 플라톤적, 혹은 아리스토텔레스적 사상을 재생산하는데 이는 그가 터무니없다고 여겼던 사상들이다. 그는 조롱 섞인 말투로 이들의 동기를 해부한다.

> 그들은 이단의 추종자로 보이고 싶지 않아서 성서를 그리스인들의
> 사변과 일치하도록 만들었다. 그들은 자신들이 터무니없는 말을 하
> 는 것으로 모자라서 예언자들도 똑같이 터무니없게 되길 바랐다.[44]

우의적 방법으로 그리스 철학과 성서를 혼합하는 일에 대해 이 정도
로 언급하고 난 뒤 스피노자는 결정적인 한 걸음을 내디뎠다.

> 그들 대부분은 성서를 이해하고 참다운 의미를 찾아내기 위해 성서
> 전체는 어디서나 참되고 신성하다는 것을 근본적인 원칙으로 취한
> 다. 그러나 이는 성서에 대한 비판적인 검토와 이해를 통해 나와야
> 한다. 인간이 어떤 조작을 하지 않은 채 성서 자체에서 의미를 끄집
> 어내야 한다는 것이다. 그러나 그들은 처음부터 성서가 신성하다는
> 생각을 해석의 규칙으로 가정한다.[45]

여기서 스피노자는 루터가 보름스에서 자신을 변호하며 말했듯 성서
와 이성의 권위에 호소한다. 그리고 이들의 유대관계를 "성서에 대한
비판적인 검토와 이해"를 위한 프로그램으로 변형시킨다. 성서의 의

---

44 Benedict de Spinoza, *Theological-Political Treatise* (Cambridge: Cambridge University Press, 2007), 8. 『신학-정치론』(서광사)

45 위의 책, 8.

미는 교회가 아니라 성서 자체에서 나와야 한다는 루터의 주장은 이제 성서를 이성의 분명한 빛으로 검토하라는 요구로 바뀐다. 새로운 질문이 제기되었다. '성서가 참되고 신성하다고 믿는 것이 합리적으로 정당화될 수 있는가?' 스피노자가 보기에 이 질문은 오직 이성으로만 답할 수 있다.

라쉬, 루터, 그리고 라블레는 성서에 대한 고전적인 네 가지 가정 중 세 가지 가정들을 비판했다. 그리고 스피노자에 이르러 마지막 가정, 즉 성서가 신성한 책이라는 가정 또한 도마 위에 오르게 되었다. 스피노자의 논문은 열광 어린 반응을 낳았고, 이 시기, 17세기와 18세기의 정신적 풍토에서 과거 네 가지 가정들은 어느 것도 손쉽게 받아들여지지 않았다. 이 네 가지 가정들이 참되다고 여기는 사람들조차 다른 많은 사람이 이에 대해 의심을 품고 있음을 알고 불안해했다. 네 가지 가정은 논쟁거리가 되었다. 르네상스 시기를 거치며 이 가정들은 더는 보이지 않는 배경이 될 수 없었다. 이들은 더는 숨 쉬는 공기처럼 일상생활에 자연스럽게 묻어 들어있는 요소가 아니었다. 성서에 대한 고전적인 네 가지 가정들이 모두 도마 위에 오르게 되면서 창세기의 생애는 신의 본성, 자연, 이성, 현실에 대한 새로운 논쟁에 휘말리게 되었다.

"하느님께서 이렇게 만드신 두 큰 빛 가운데서 더 큰 빛은 낮을 다스리게 하시고 작은 빛은 밤을 다스리게 하셨다. 또 별들도 만드셨다. 하느님께서는 이 빛나는 것들을 하늘 창공에 걸어놓았다."

근대 과학은 16세기와 17세기 코페르니쿠스Copernicus, 갈릴레오, 뉴턴, 그리고 그들이 이룬 놀라운 발견과 더불어 탄생했다. 그 첫 번째 이정표는 코페르니쿠스의 논문 「천체의 회전에 관하여」On the Revolutions of the Celestial Spheres(1543)다. 이 논문에서 코페르니쿠스는 지구와 다른 행성들이 태양을 중심으로 돈다는 이론을 제시했다. 이러한 생각은 사람들에게 퍼져나갔고 마르틴 루터는 그 시대와 그의 기질에 걸맞게 짜증 섞인 반응을 보였다.

> 하늘, 즉 창공, 태양, 달이 아니라 지구가 움직이고 돈다고 입증하기를 원하는 새로운 점성술사에 관한 이야기가 들린다. 그 멍청이는 천문학의 전체 그림을 다 뒤집어엎기를 원한다. 그러나 성경은 우리에게 알려준다. 여호수아는 지구가 아니라 태양에게 가만히 있으라고 명령했다.[1]

루터는 학식 있는 사람이었지만, 그도 잘 알고 있었듯 태양을 중심으로 하는 우주는 성서를 문자 그대로 읽었을 때 그려지는 우주와 모순된다. 새로운 갈등이 일어나고 있었다. 이 갈등은 단순히 성서를 바탕으로 한 우주 모형과 태양 중심 우주 모형의 갈등이 아니었다. 신,

---

1 Martin Luther, *Tischreden*, no. 855. 동일한 이야기이나 조금 다른 번역을 보고자 하는 이는 다음을 참조하라. Martin Luther, *Table Talk* (Luther's Works 54, Philadelphia: Fortress Press, 1967), 358~359 (no. 4638). 또한 코페르니쿠스와 루터에 관한 논의는 다음을 참조하라. Wilhelm Norlind, 'Copernicus and Luther: A Critical Study', *Isis* 44(1953), 273~276.

자연, 종교적, 정치적 권위, 그리고 현실에 대한 이해의 갈등이었다. 거의 500년 동안 창세기의 생애를 형성한 이 다툼을 이해하기 위해서 우리는 창세기와 근대 과학 둘 모두를 진지하게 다룰 필요가 있다. 갈등의 발단을 살펴보자.

큰 빛

창세기 1장은 망원경, 인공위성, 그리고 다른 근, 현대 장치들의 도움을 받지 않고 우리의 일상적인 감각과 잘 맞는 세계를 묘사한다. 앞서 1장에서 살펴보았듯, 창세기는 고대의 우주 개념들을 활용하고 개선하여 세계를 조화롭고 구조화된 것으로 그렸다. 이 창조 이야기의 가장 놀라운 혁신은 신과 우주의 절대적인 구분이다. 신은 자연과 분명히 다르고 태고의 혼란 가운데 자연을 구성한다. 신은 창조의 주체이며 자연은 대상이다. 다채로운 물질 세계는 지적 설계의 산물이다. 이를 세계에 대한 분석을 바탕으로 기술한 모형이라 할 수 있다면 창세기 1장은 고대 과학의 작품이라 할 수 있다. 물론 이는 근대 과학과는 양립할 수 없다. 창세기는 근대 천문학, 지질학, 생물학의 발견을 상상하지 못했다.

창세기 1장이 고대의 우주 관념을 어떻게 다듬었는지를 살펴보자. 창세기 1장의 '천체 과학'celestial science이라고 부를 수 있는 하늘과 천체에 대한 묘사는 기원전 10세기 고대 근동 천문학에서 유래한다. 하늘은 접시나 뒤집힌 그릇 모양의 단단하고 회전하는 물체로 신들이 그 안에 태양, 달, 행성, 별들을 두었다고 당시 학자들은 생각했다. 기원전 7세기 아시리아 문헌에서는 "하층 하늘"을 하늘색 벽옥으로 이루어진 단단한 물체로 묘사하고 거기에 마르둑 신이 별자리를 새겨 넣었다고 이야기한다.

> 하층 하늘은 벽옥으로 이루어져 있다. 그것은 별들에 속해 있다. 그는 하층 하늘에 신들의 별자리를 그렸다.[2]

고대 천문학에 따르면, 천체는 신들에 의해 창조되었다. 그리고 사람들은 이를 신들만큼이나 신성시했다. 머큐리Mercury(수성), 비너스Venus(금성), 마스Mars(화성), 주피터Jupiter(목성), 새턴Saturn(토성), 우라노스Uranus(천왕성), 넵튠Neptune(해왕성), 그리고 이제는 행성에서 제외된 플루토Pluto(명왕성)에 이르기까지 … 오늘날에도 사람들은 이들을 신의 이름으로 부른다(이 이름들은 그리스-로마 종교에서 온 것이나, 궁극적으로 고대 바빌로니아와 아시리아 천문학에서 유래했다).

창세기 1장을 제외하면, 천체는 히브리 성서에서도 대체로 신성한 존재로 간주된다. 별신 중 하나이며 "아침의 아들, 새벽별"로 불리는 반역자(라틴어 번역으로는 '루키페르'Lucifer)는 신과 동등해지려 했으나, 오히려 지하세계로 떨어진다(이사 14:12~15).[3] 이는 별신 중 하나가 오

---

2 Wayne Horowitz, *Mesopotamian Cosmic Geography* (Winona Lake, IN: Eisenbrauns, 1998), 4.

3 "웬일이냐, 너, 아침의 아들, 새벽별아, 네가 하늘에서 떨어지다니! 민족들을 짓밟아 맥도 못 추게 하던 네가, 통나무처럼 찍혀서 땅바닥에 나뒹굴다니! 네가 평소에 늘 장담하더니 '내가 가장 높은 하늘로 올라가겠다. 하나님의 별들보다 더 높은 곳에 나의 보좌를 두고, 저 멀리 북쪽 끝에 있는 산 위에, 신들이 모여 있는 그 산 위에 자리 잡고 앉겠다. 내가 저 구름 위에 올라가서, 가장 높으신 분과 같

만과 교만 때문에 어떻게 하늘에서 떨어지게 되었는지에 관한 이야기다. 보통 별신들은 하느님의 신하, 하인, 군대 역할을 하면서 더 잘 처신한다. 욥기에 따르면 하느님이 세상을 창조할 때 새벽별이 이를 노래하는데(욥기 38:7) 이 장면은 창세기에 유독 빠져 있다. 또한 예언자 미가야는 하느님이 좌우에 "하늘 군대"를 거느리고 있는 모습을 본다(1열왕 22:19). 옛 시 '드보라의 노래'에서도 천체를 군사로 묘사하는데 가나안 군대에 맞서 "별들이 하늘에서 … 그 다니는 길에서 … 싸웠다"(판관 5:2)고 노래한다. 이외에도 당시 많은 이스라엘 사람들이 태양과 달을 포함한 천체를 숭배했음을 암시하는 본문들이 있다(2열왕 23:5, 에제 8:16).[4]

이러한 당시 관습 및 신념과는 대조적으로 창세기 1장의 창조 이야기는 천체를 어떠한 신적 행위자가 아닌 순수한 자연의 물체로 묘사한다. 여기서는 태양과 달을 당시 이를 지칭하던 일반적인 이름인 셰메쉬שֶׁמֶשׁ와 야레아흐יָרֵחַ를 쓰지 않는데 아마도 그 명칭이 이스라엘과 이웃 문화권에서 신의 이름(이를테면 메소포타미아의 태양신 샤마쉬Shamash와 가나안의 달신 야리흐Yarih)이었기 때문일 것이다. 대신 창세기

아지겠다' 하더니, 그렇게 말하던 네가 스올로, 땅 밑 구덩이에서도 맨 밑바닥으로 떨어졌구나." (이사 14:12~15)

4 "그는 또, 유다의 역대 왕들이 유다의 성읍들과 예루살렘 주위에 있는 산당에서 분향하려고 임명한, 우상을 숭배하는 제사장들을 내쫓았다. 그리고 바알과 태양과 달과 성좌들과 하늘의 별에게 제사 지내는 사람들을 모두 몰아냈다." (2열왕 23:5) "그가 나를 주님의 성전 안뜰로 데리고 가셨는데, 주님의 성전 어귀에, 바로 그 현관과 제단 사이에 사람이 스물다섯 명이나 있었다. 그들은 주님의 성전을 등지고, 얼굴을 동쪽으로 하고 서서, 동쪽 태양에게 절을 하고 있었다." (에제 8:16)

1장은 천체가 순수한 자연물임을 강조하기 위해 "큰 빛"이라는 옛 칭호를 쓴다.

> 하느님이 두 큰 빛을 만드시고, 둘 가운데서 큰 빛으로는 낮을 다스리게 하시고, 작은 빛으로는 밤을 다스리게 하셨다. 또 별들도 만드셨다. 하느님이 빛나는 것들을 하늘의 둥근 천장에 두시고 땅을 비추게 하시고, 낮과 밤을 다스리게 하시며, 빛과 어둠을 가르게 하셨다. 하느님 보시기에 좋았다. 저녁이 되고 아침이 되니, 나흗날이 지났다. (창세 1:16~19)

여기서 "하늘의 둥근 천장"은 단단한 물체다. 창세기에 따르면 신은 (라틴어 번역으로는) 이 "창공"에 두 큰 빛과 별들을 두었다. 욥기 37장 17절은 하늘을 "단단한 놋거울"로 묘사한다. 앞에서 인용한 아시리아 본문에 나오는 하층 하늘에 대한 묘사와 동일한 사상에서 유래한 것이다.

창세기 1장에서 신은 세 가지 임무, 땅을 비추고 낮과 밤을 다스리며 빛과 어둠을 가르게 하기 위해 천체를 창조했다(창세 1:17).[5] 창조 첫째 날, 신은 빛을 창조했고 낮과 밤이라는 시간 순환이 시작되었다 ("빛을 낮이라고 하시고, 어둠을 밤이라고 하셨다. 저녁이 되고 아침이 되니 하

---

5 "하느님이 빛나는 것들을 하늘 창공에 두시고 땅을 비추게 하시고, 낮과 밤을 다스리게 하시며, 빛과 어둠을 가르게 하셨다. 하느님 보시기에 좋았다." (창세 1:17~18)

루가 지났다."(창세 1:5)). 넷째 날, 신은 빛과 어둠, 시간의 흐름을 다스리고 조정하기 위해 천체를 창조했다. 천체는 신이 이미 진행한 과정을 조절하기 위해 창조한 일종의 장치다.

창세기 1장에 나오는 하늘과 천체의 그림은 근대 과학을 따르지 않는다. 그러나 이는 관찰에 바탕을 둔 현실의 모형이며 충분히 잘 작동한다. W.V.콰인W.V.Quine*이 기술한 의미에서 이 또한 '과학'으로 작동하는 개념적 모형이다.

> 지리와 역사의 가장 일반적인 문제에서 원자 물리학, 심지어 순수
> 수학과 논리학의 가장 심오한 법칙까지, 이른바 지식 혹은 믿음의
> 총체성은 인공적인 체제로 오직 그 경계선을 통해 경험에 영향을 미
> 친다. 달리 말하면 전체 과학은 경계선을 경험으로 하는 힘의 장場
> 이라 할 수 있다. 이 주변부에서 경험과 갈등이 일어날 때 이 장은
> 재조정된다.[6]

창세기 1장이 제시하는 현실 모형은 그 "경계선을 통해 경험에 영향"을 미친다. 우리는 그 경계선 안에서 빛과 어둠의 흐름, 낮과 밤의 변

---

* W.V.콰인(1908~2000)은 미국 철학자이자 논리학자다. 오벌린 대학교에서 수학과 철학을 공부했고 1932년 하버드 대학교에서 화이트헤드의 지도로 철학박사 학위를 받았다. 이후 78년 은퇴할 때까지 하버드 대학교에서 철학을 가르쳤다. 분석철학에 커다란 공헌을 남긴 학자로 평가받는다. 주요 저서로『논리학 체계』A System of Logic,『수학적 논리학』Mathematical Logic,『말과 대상』Word and Object 등이 있다. 한국에는『하버드 논리학 수업』(유엑스리뷰)이 소개된 바 있다.

6 W.V.Quine, 'Two Dogmas of Empiricism', *Quintessence: Basic Readings from the Philosophy of W. V. Quine* (Cambridge, MA: Harvard University Press, 2004), 50.

화를 경험하고 하늘을 배경으로 천체의 움직임을 본다. 또한 창세기 1장은 우주에서 우리가 차지하는 위치, 우리의 관계, 책임을 성찰할 수 있게 해준다. 이 모형은 근대 과학이 등장하기 전까지는 적절하게 기능했다. 이 모형은 경험 세계에서 관찰 가능한 규칙을 설명하는 '앎'(라틴어로는 '스키엔티아'scientia)의 체계라는 의미에서 고대 과학의 산물이다. 그러나 갈릴레오가 자신의 망원경을 가지고 하늘을 보면서 근대 과학은 시작되었고 이로써 화해할 수 없는 "주변부에서 경험과 갈등"이 일어났다.

한편 창세기 1장이 그리는 우주는 또 다른 의미에서 고대 과학이라 할 수 있다. 즉 창세기 1장은 이전 전통에 대한 지적 비판이다. 고대 이스라엘과 이웃 문화권에서 천체는 보통 신으로 간주되었으나 창세기 1장은 그 신성을 벗겨낸다. 천체는 신이 아니라 "큰 빛"이다. 이러한 자연화를 통해 우주는 자연을 초월하는 신과 대조적으로 완전한 물질, 자연으로 감지되는 세계로 변형된다. 신과 자연의 이 절대적인 분리는 고대 세계의 새로운 도약이다. 이전에 천체는 두 속성 사이에 어떠한 형식적 모순도 없이 물질이자 신이었으나 이제는 그저 자연물일 뿐이다. 한 바빌로니아 본문을 두고 프란체스카 로크버그Francesca Rochberg*는 말했다.

---

* 프란체스카 로크버그(1952~)는 고대 근동 연구자다. 펜실베이니아 대학교에서 고대 근동학을 공부하고 시카고 대학교에서 고대 근동 언어와 문명에 관한 연구로 박사 학위를 받았다. 캘리포니아 대학교, 노틀담 대학교를 거쳐 현재 시카고 대학교에서 고대 근동학을 가르치고 있다.

이 장면에서 신Sin은 달이면서 동시에 달-신moon-god이다. … 그는 물리적 세계를 초월하는 존재이면서 동시에 달이라는 현상으로 나타난다. 당시 사람들은 이러한 방식으로 초월과 내재라는 두 개념을 표현했다.[7]

그러나 창세기 1장은 초월적인 하느님과 자연 세계를 분명하게 분리한다. 태양과 달은 그저 창공에 있는 자연물일 뿐이다. 창세기 1장에서 진행한 우주의 자연화는 거의 비슷한 시기에 형성되기 시작한 그리스 세계 소크라테스 이전의 우주론에 견줄만하다(약 기원전 600년). 이 변화를 신화에서 과학으로의 도약으로 묘사하는 것은 과장된 표현이지만, 전통에 대한 지적 비판이자 수정임에는 분명하다. 우주에 대한 새로운 '각성'이 일어난 것이다.

창세기 1장에서는 신의 말만으로 자연과 문화의 질서가 창조된다. 신은 생명체가 아닌 잘 구성된 우주를 어떠한 갈등도 없이, 어떠한 저항도 받지 않은 채 창조한다. 신은 창조 이후 창조물을 살펴보고 만족스러워한다.

하느님이 손수 만드신 모든 것을 보시니,

보시기에 참 좋았다. (창세 1:31)

---

7 Francesca Rochberg, 'The Stars Their Likenesses: Perspectives on the Relation between Celestial Bodies and Gods in Ancient Mesopotamia', *What is a God? Anthropomorphic and Non-Anthropomorphic Aspects of Deity in Ancient Mesopotamia* (Winona Lake, IN: Eisenbrauns, 2009), 89.

그리고 신은 일곱 번째 날 쉬며 그날을 거룩하게 만든다. 이는 후에 계명 "안식일을 기억하여 거룩하게 지켜라"(출애 20:8)에 대한 이유가 된다. 이렇듯 창세기 1장에서 그리는 우주는 초월적인 창조주가 고안한 복잡한 체계다. 그렇기에 창세기 및 다른 성서 문헌들은 이 우주를 이해하기 위해서는 관찰과 종교적 의례가 필요하다고, 달리 말하면 천체 과학과 신학이 필요하다고 이야기한다.

시녀의 이야기

이후 창세기 해석자들은 두 가지 커다란 도전과 마주했다. 첫 번째 도전은 창세기 1장이 제시한 우주 그림을 에덴동산 이야기와 성서의 다른 곳(이를테면 이사 40장, 시편 104편, 욥기 38장)에 나오는 창조 이야기들과 조화를 이루도록 해석하는 것이었으며 두 번째 도전은 그 결과 나타난 그림을 자연 과학 및 천체 과학과 조화를 이루게 하는 것이었다. 두 번째 도전은 그리스-로마 시대부터 제기되었다. 앞서 4장에서 보았듯 알렉산드리아의 필론은 창세기를 플라톤적 우주론과 조화를 이루게 함으로써 두 과제를 모두 성취했다. 필론의 해석에서 신은 우선 보이지 않는 이상적인 형상의 세계를 창조했고, 그러고 나서 감각으로 지각할 수 있는 물질 세계를 창조했다. 창조를 이중으로 보는 이러한 해석은 창세기 1장과 2장에 두 가지 창조 이야기가 나오는 이유를 설명해줌과 동시에 플라톤적 우주론의 이원적 세계를 받아들인다. 필론은 창세기의 구절들을 상징으로 이해함으로써 해석의 문제를 해결하고 창세기와 그리스 철학을 종합할 수 있었다.

필론은 또한 철학이 학문의 여왕이라는 플라톤 사상을 고취했다. 플라톤은 감각으로 지각할 수 있는 물질 세계를 연구하는 '예비' 학문과 순수한 존재가 있는 더 높은 차원의 세계를 연구하는 철학을 구분했다. 문법학, 기하학, 자연 과학은 그가 보기에 철학자의 교육에서 예비 단계에 해당했다. 필론은 창세기 중 아브라함의 두 아내, 사라와 하갈의 관계를 상징으로 해석하며 학문의 위계를 재발견한다. 그에 따르면 시녀인 하갈은 참된 아내 사라에게 종속된다. 이를 들어 필론은 '예비' 학문(하갈)이 철학과 지혜(사라)에 종속된다고 주장했다.

> 학교의 예비 학문을 통해 얻는 일반교양은 지혜의 시녀다. … 문법학, 기하학, 천문학, 수사학, 음악 등 모든 다른 지적 이론의 가지들은 사라의 시녀인 하갈로 상징된다.[8]

이 상징적 의미는 왜 사라와 자녀를 갖기 원하던 아브라함이 먼저 사라의 시녀 하갈에게서 아들을 가져야 했는지를 설명해준다. 정신(아브라함)은 먼저 예비 학문(하갈)에게 교육을 받아야 한다. 그리고 나서야 철학과 참 지혜(사라)를 익힐 수 있다. 목적은 정신과 더 높은 지혜의 연합이다.

사라를 참된 지식으로, 시녀 하갈을 참된 지식에 순종하는 예비 학문으로 보는 필론의 해석은 고대 후기와 중세에는 학문이 '신학의

---

8 Philo, 'On the Preliminary Sciences 9-11' in *Philo of Alexandria: The Contemplative Life, the Giants, and Selections* (New York: Paulist Press, 1981), 213.

시녀'라는 잘 알려진 표현으로 퍼졌다. 여기서 신학은 '학문의 여왕'이다. 신학만이 참된 지식과 고차원적인 현실, 실재를 다루기 때문이다. 학문, 특히 과학은 감각으로 알 수 있는 세계를 다루므로 신학의 시녀다. 이원적인 플라톤적 세계의 관점에서 감각으로 알 수 있는 것에 관한 지식은 순수한 존재로 이루어진, 변치 않는 세계에 대한 지식의 그림자일 뿐이다. 참된 지식은 더 높은 차원의 세계를 다루며 이를 위해 성서에 감추어진, 완벽하고 상징적인 의미를 성찰한다.

아우구스티누스 또한 창세기를 해석하며 이러한 지식의 위계를 적극적으로 활용했다. 필론이 그랬듯 아우구스티누스 역시 감각으로 지각할 수 있는 성서의 의미와 상징적인 성서의 의미를 설명함으로써 창세기와 그리스 철학이 조화를 이루게 했다. 그는 보통 성서에는 문자적 의미와 상징적 의미 둘 다 참이라고 주장했지만, 과학과 문자적 의미가 분명하게 모순을 일으킬 때는 상징적 의미만을 강조했다. 예를 들어 그의 주석 『창세기의 문자적 의미』The Literal Meaning of Genesis에서 그는 신의 첫 번째 창조물인 빛("하느님이 말씀하시기를 '빛이 생겨라' 하시니 빛이 생겼다")은 물질인 빛을 언급할 수도 있고 영적인 빛을 가리키는 것일 수도 있다고 말한다. 그러나 이성이 "천체 이전에 존재했던, 물질로서의 빛의 존재"가 틀렸음을 입증한다면 영적인 빛을 상징한다고 보는 것이 이 구절의 유일한 참뜻이라고 그는 덧붙인다.[9]

달리 말하면, 문자적 의미가 과학적 지식과 충돌할 경우 상징적

---

9 Augustine of Hippo, *The Literal Meaning of Genesis* (New York: Newman Press, 1982), vol. 1, 42.

의미만을 받아들여야 한다는 것이다. 아우구스티누스는 "논쟁의 여지가 없다고 받아들여지는 주장이나 경험의 증거로 입증된 지식"일 경우 이러한 결정을 내려야 한다고 말한다.[10] 이때 과학과 성서를 모두 받아들이는 전략은 간단하다.

> 과학자가 신뢰할 만한 증거를 바탕으로 자연의 어떤 사실을 증명한다면 우리는 그것이 성서에 반하지 않음을 보여주어야 한다.[11]

성서에 대한 상징적 해석은 이 과제를 용이하게 해준다. 과학이 성서의 문자적 의미와 충돌할 때마다 성서의 참된 의미는 상징적 의미라고 이야기하면 되기 때문이다. 과학은 신학의 시녀로서 성서가 오직 상징적으로만 말하는 부분을 보여주고 잘못된 해석에서 보호하며 귀중한 안내를 제공한다. 진리는 그 자체로 모순되지 않기 때문에 과학의 진리는 성서의 진리와 모순되지 않는다. 시녀는 자신의 여왕과 모순될 수 없다. 아우구스티누스를 비롯한 모든 근대 이전의 창세기 해석자들은 두 진리는 조화를 이루기 때문에 과학을 두려워할 필요가 없다고 생각했다.

그러나 상징적 의미가 더는 좋은 선택으로 취급받지 않을 때는 어떻게 될까? 루터, 라블레, 그리고 대다수 사람이 상징적 의미는 불필요하고 불합리하며 창세기를 플라톤적인 우의로 해석해서는 안 된다

10　위의 책, 48.

11　위의 책, 45.

는 주장이 힘을 얻는다면 어떨까? 시녀와 여왕 사이에 갈등이 일어났고 확신이 무너지기 시작했다. 그리고 이로써 근대 과학이 탄생할 발판이 마련되었다. 갈릴레오 재판에서 절정에 이른 신성한 말과 세계의 불가피한 충돌은 이후 창세기의 생애를 완전히 바꾸어놓았다.

지구는 움직인다

코페르니쿠스의 태양 중심 우주 이론은 코페르니쿠스가 세상을 떠나고 60년 후 갈릴레오가 이 이론을 옹호하기 전까지는 거의 문제를 일으키지 않았다. 여기에는 두 가지 이유가 있다. 먼저, 당시 수학자가 아닌 대다수 사람은 코페르니쿠스의 논문을 이해하지 못했다. 그리고 이 논문의 출판을 주선한 신학자 안드레아스 오시안더Andreas Osiander는 코페르니쿠스에게 알리지 않은 채 그가 이를 실제 이론으로 제안하는 것은 아니라고 설명하는 (익명의) '독자에게 보내는 서신'을 삽입했다. 이와 관련해 로버트 웨스트먼Robert Westman은 말했다.

오시안더는 천문학이 물리적인 사실이나 개연성과 같은 부분에서 철학과 같은 고등 학문과 구별된다는 상투적인 옛 문구에 호소함으로써 코페르니쿠스가 적대적인 반응을 받지 않게 했다. 그가 보기에는 코페르니쿠스의 이론이 "관찰과 일치하는 공식을 제공한다면 그것만으로 충분했다".[12]

---

12 Robert S. Westman, 'The Copernicans and the Churches', *God and Nature* (Berkeley: University of California Press, 1986), 81.

과학은 신학의 시녀이기 때문에 사물에 대한 참된 묘사를 제공하지 않는다. 오시안더의 서문에 따르면 코페르니쿠스의 모형은 일부 수학 문제를 해결하는 장치일 뿐 경험적 내용을 갖고 있지 않다. 익명의 서문은 수학자들에게 "신성한 무언가가 드러나지 않는다면 어떠한 것도 확실하게" 진술할 수는 없다고 조심스럽게 이야기한다.

결국 오시안더가 이야기하고자 하는 바는 코페르니쿠스가 제시한 모형은 단지 유용한 허구일 뿐 학계나 교회에 위협이 되지 않는다는 것이다. 그의 논의에서 신학은 계시와 확실한 앎으로 가는 최고의 길로 여전히 남아 있다. 그리고 그보다 낮은 차원의 학문들은 관찰과 외형에 관심을 두며 이는 모두 진리의 그림자다.

그러나 이탈리아 수학자이자 발명가인 갈릴레오가 성능 좋은 망원경을 만들어 하늘을 관찰했고 이를 통해 코페르니쿠스의 이론이 옳다고 결론 내렸다. 1610년 그는 최초로 목성의 위성 궤도와 태양을 공전하며 변하는 금성의 모습을 묘사한 『항성의 메시지』 Sidereus Nuncius 를 출간했고 이로 인해 그의 이름은 널리 알려졌다. 갈릴레오는 명성과 함께 우주의 '실제' 이론으로 코페르니쿠스 모형을 옹호하는 것을 비판하는 새로운 적을 얻었다. 몇몇 친구들은 그에게 좀 더 신중하게 말하고, 가설 학문으로서 수학의 영역을 넘어가지 말라고 충고했다. 하지만 갈릴레오는 이러한 충고에 주의를 기울이지 않았고 과학적 탐구를 통해서만 진짜 현실을 알 수 있다는 견해를 일관되게 고수했다.

1613년 갈릴레오는 비판자들에 맞서 자신의 견해를 방어하는 편지를 썼다. 그는 코페르니쿠스의 이론은 입증 가능한 진리며, 진리는 나뉘지 않기에 태양 중심 이론은 성서와 조화를 이루어야 한다고 주장했다.

> 두 진리가 서로 모순일 수 없다는 것은 분명합니다. 현명한 해석자의 과제는 분명한 감각적 경험 혹은 거기서 필연적으로 도출되는 설명이 있을 때 그러한 결론에 동의하는 성경 구절의 참된 의미를 발견하는 것입니다.[13]

성서와 과학, 둘은 모두 참이며 서로 완벽한 조화를 이루어야 한다는 것이다.

2년 후 그는 편지 내용을 확장해 자신의 후원자인 크리스티나 대공 부인the Grand Duchess Christina에게 보냈다(이 편지는 비공식적으로 유포되었고 갈릴레오는 현명하게도 편지가 정식 출판되는 것을 20년 동안 미루었다). 그는 편지에 「감각적 경험과 여기서 필연적으로 도출되는 설명으로 성립되는, 순수하게 자연적인 결론과 관련해 성경 증언의 무분별한 사용을 방지하는 것에 관한 거룩한 교부들과 존경받는 신학자들의 새롭고도 오래된 가르침」New and Old Doctrine of the Most Holy Fathers and Esteemed Theologians on Preventing the Reckless Use of the Testimony of the Sacred Scripture in Purely Natural Conclusions That Can Be Established by Sense Experience and Necessary Demonstrations

---

13 Maurice A. Finocchiaro(ed. and tr.), *The Essential Galileo* (Indianapolis, IN: Hackett Publishing, 2008), 105.

이라는 제목을 붙였다. 이 편지가 책으로 출판되자마자 가톨릭 국가에서는 배포를 금지했고 로마 가톨릭 교회는 이를 『금서목록』에 올렸다.

코페르니쿠스의 이론에 대한 격렬한 옹호, 그리고 코페르니쿠스의 이론이 성서와 갈등을 일으키지 않는다는 주장은 갈릴레오의 의도와는 정반대의 결과를 낳았다. 1616년 로마 가톨릭 교회는 공식적으로 지구가 태양 주위를 돈다는 명제는 "거짓이고 성경에 전적으로 반한다"고 선언하면서 코페르니쿠스의 이론을 비난했다.[14] 이에 갈릴레오는 더 많은 주의를 기울이며 코페르니쿠스의 이론을 계속 지지했다.

코페르니쿠스의 이론이 "성경에 전적으로 반한다"는 교회의 주장은 옳았다. 창세기 1장과 다른 성서 본문은 분명 지구 중심의 우주를 전제한다. 하늘의 단단한 반구에 놓인 천체들은 일정한 경로를 따라 매일 지구 주위를 회전한다. 이를 전도서 1장 5절은 시적으로 묘사한다.

해는 여전히 뜨고, 또 여전히 져서, 제자리로 돌아가며,

거기에서 다시 떠오른다.

이는 고대 천문학의 표준적인 견해였고 육안으로 손쉽게 관측할 수

---

14 위의 책, 177.

있다. 그러나 지구가 태양 주위를 돈다는 코페르니쿠스의 수학적 설명도 옳다. 다시 말하면, 코페르니쿠스의 이론이 거짓이며 성서에 반한다는 교회의 고발은 맞기도 하고 틀리기도 하다. 코페르니쿠스의 이론이 성서에 반한다는 교회의 주장은 옳다. 그러나 코페르니쿠스의 이론이 거짓이라는 주장은 틀리다. 과학과 성서가 다른 말을 하고 있다는 점, 바로 이것이 문제였다.

1632년 갈릴레오의 걸작인 『프톨레마이오스와 코페르니쿠스의 두 주요 우주 체계에 관한 대화』Dialogue Concerning the Two Chief World Systems, Ptolemaic and Copernican가 출간된 지 1년 후 종교재판소는 갈릴레오를 재판에 부치고 유죄를 선고했다. 재판소는 그가 "이단으로 격렬하게 의심된다. 즉 옳지 않으며 신성하고 거룩한 성경에 반대되는 가르침을 주장하고 이를 믿고 있다"고 선고했다.[15] 또한 재판소는 "성경에 근거한 반대에 대한 응답으로 자기 뜻에 따라 성경을 해석한 것"과 "성경의 권위와 참 의미에 반하는 다양한 제안"을 한 것에 대해 유죄 판결을 했다.[16]

두 번째로 재판소는 그의 적들 사이에 널리 유포되었던 갈릴레오의 편지들을 고발했다. 거기서 그는 코페르니쿠스의 이론과 성서가 조화를 이룬다고 주장했다. 다시 말하면 갈릴레오의 성서 해석이 그의 과학 연구만큼이나 문제가 된 것이다. 재판소는 그가 편지들을 통해 성서의 "권위와 참 의미"를 위반한 점을 두고 유죄를 판결했다. 무

---

15 위의 책, 292.
16 위의 책, 289.

엇이 이단적인 제안이었을까? 갈릴레오는 아우구스티누스가 주창한 방법을 활용해 성서와 과학의 조화를 꾀했다. 그는 성서의 상징적 의미에 의존했다.

편지에서 갈릴레오는 성서의 문자적 의미를 고수하는 사람들에게 문제가 있다고 선언한다.

성서는 오류가 있을 수 없지만, 그럼에도 성서 해석자와 주석가들은 다양한 방식으로 오류를 범할 수 있다. 이 중 하나는 언제나 그 말을 문자적 의미로만 해석하는 것이다. 이는 매우 심각한 오류이며 빈번하게 일어나고 있다.[17]

갈릴레오는 아우구스티누스가 주창했듯 "말의 문자적 의미"에 묶여서는 안 되기 때문에 상징적 의미를 보아야 한다고 이야기한다.

성경은 그 참뜻을 파악한다면 결코 거짓을 말하지 않는다. 그러나 성경의 참뜻은 종종 파악하기 힘들고 본문의 문자적 의미와는 매우 다르다는 것을 부정할 수 없다. … 어떤 이가 언제나 문자적 의미만을 보려 한다면, 그리고 그 문자적 의미가 잘못되었다면 그에게는 성경이 모순과 거짓 명제로 가득 찬 문헌으로 보일 것이다.[18]

---

17 위의 책, 104.
18 위의 책, 115.

여기서 갈릴레오는 '조정'이라는 전통적인 사상에 호소한다. 즉 성서는 종종 인간의 제한된 지성에 맞추어 이야기를 건넨다는 것이다. 성령이 '조정된' 말을 건네는 부분에서 해석자는 숨겨진, 비밀스러운, 상징적 의미에서 진리를 찾아야 한다고 그는 말했다.

> 성령에 의해 받아 적힌 이런 명제들은 성스러운 기록자가 매우 세련되지 못하고 훈련되지 않은 군중의 이해 능력에 맞추는 방식으로 표현했기 때문에 … 현명한 해석자는 참 의미를 세심하게 표현해야 한다.[19]

그러나 성서와 달리 자연은 인간의 지성에 자신을 맞추지 않는다.

> 자연은 거침없고 변하지 않는다. … 그리고 자신이 작동하는 모호한 이유와 작동 방식이 인간에게 폭로되든 말든 상관하지 않는다.[20]

자연의 증언은 확실하고 믿을만하다. 그러므로 성서의 참된 의미를 알기 위해서는 그 해석을 조정해야 한다. 이어서 갈릴레오는 말한다.

> 우리의 감각적 경험, 자연 현상에서 도출되어 입증할 수 있는 설명이 다른 의미를 가진 것으로 보이는 구절 때문에 비난받거나 의문이

---

19 위의 책, 115~116.
20 위의 책, 116.

제기되어서는 안 된다.[21]

갈릴레오의 주장은 체계적이고 합리적이다. 그의 주장은 아우구스티누스의 성서 해석 전략과 완벽하게 일치한다. 경건한 가톨릭 신자로서 갈릴레오는 성서의 말씀이 참이라고 믿었고 위대한 과학자로서 과학 연구의 신뢰도와 현실성을 이해했다. 그러나 그의 주장은 당시 약해진 가정, 즉 성서는 비밀을 간직한 본문이고 진리는 종종 숨겨진 의미에 놓여 있다는 가정에 기반을 두고 있었다. 아우구스티누스 시대에는 아무도 의문을 제기하지 않았던 이 가정을 루터를 비롯한 종교개혁자들은 혹독하게 비판했고 이후에는 로마 가톨릭 학자들 역시 마찬가지로 비판했다. 당시 예수회는 공식 교육지침을 통해 성서를 "참된, 문자적인 해석을 따라" 해석해야 한다고 선언했다.[22] 갈릴레오 시대에 성서의 숨겨진 의미가 있다는 생각은 더는 통용되지 않고 신뢰받지 못하는 생각이었다.

갈릴레오의 발견이 보여주듯 이제 우세한 것은 사실주의였다. 망원경으로 하늘을 보았을 때 갈릴레오는 눈에 보이지 않는 완벽한 세계를 찾지 않았다. 그는 감각으로 지각할 수 있는 세계를 관찰하고 있었다. 고차원의 플라톤적 세계는 전혀 고려하지 않았다. 갈릴레오는 경험적 과학자였고 그에게 감각으로 지각할 수 있는 세계가 참된

---

21 위의 책, 117.

22 Rivka Feldhay, *Galileo and the Church: Political Inquisition or Critical Dialogue?* (Cambridge: Cambridge University Press, 1995), 236에서 재인용.

현실이었다. 이 세계는 지성으로만 알 수 있는 세계의 그림자가 아닌 실제 세계다. 그는 달 표면 분화구와 태양의 흑점을 그린 그림을 발표하면서 천체들이 완벽하지 않음을 보여주었다. 보수적인 학자들과 신학자들은 분노하고 당황했다. 실제 천체는 지저분하고, 구멍이 파여 있고, 종종 재해가 발생하며 완벽하지도 빛나지도 않는다. 이제 자연 과학은 그림자가 아닌 실제 세계에 관한 학문이 되었다. 플라톤의 이원적 세계와 중세 시대의 상징주의적 사고방식은 갈릴레오가 주도하는 과학이 떠오르면서 그 힘을 잃었다.

갈릴레오는 성서에 대한 상징적 해석이 자연에 대한 상징적 해석에 뿌리를 두고 있음을 깨닫지 못했다. 그는 감각으로 지각할 수 있는 세계에 관한 상징적 해석을 거부했는데 이러한 해석은 과학이 학문의 하위 분야이고 그저 그림자와 외형을 연구하는 것이라고 여기기 때문이다. 갈릴레오는 과학이 허구가 아니라 실제 세계에 대한 엄밀한 서술이라고 주장했다. 태양 중심 모형은 관찰과 수학적 계산에 따라 정확하기 때문에 성서의 문자적 의미를 그대로 따를 수는 없으며 상징적 의미를 택해야 했다. 이는 갈릴레오뿐만 아니라 비범한 교부 아우구스티누스의 방법이기도 했다. 그러나 아우구스티누스의 영향력은 힘을 잃고 있었다. 이제 더는 성서의 상징적 해석을 용이하게 쓸 수 없었다. 종교개혁, 새로운 학문, 라블레의 풍자가 새로운 판을 만들어냈다. 이러한 맥락에서 갈릴레오는 당시 재판관을 포함한 다른 학자와 신학자들이 한물간 것으로 여기던 것을 움켜잡고 있었다.

갈릴레오를 비판하던 이들 중 한 사람인 로도비코 델레 콜롬베

Lodovico delle Colombe는 이를 분명하게 보여준다. 그는 갈릴레오를 비난하며 말했다.

한 사람의 예외도 없이 모든 신학자는 성경을 문자 그대로 이해할 수 있을 때는 결코 다른 방식으로 해석해서는 안 된다고 말한다.[23]

이는 기본적으로 루터의 입장이며 종교개혁 한 세기 후 개신교와 로마 가톨릭 신학자들의 표준이 된 터였다. 성서에 숨겨진 의미가 있다는 갈릴레오의 주장은 이제 이단의 근거가 되었고 교회가 1616년 코페르니쿠스 이론을 판결하며 성서의 문자적 의미가 참이라고 선언한 이래 특히 그랬다. 종교재판소는 갈릴레오가 "거룩한 성경의 권위와 참된 의미"를 부정했다고 판결을 내렸다. 이는 그가 성서의 참된 의미를 결정하는 교회의 권위를 부정했다는 것을 뜻했다. 교회는 창세기 1장과 관련 본문의 문자적 의미를 고수함으로써 갈릴레오의 아우구스티누스적 주장을 거부했다.

갈릴레오는 『크리스티나 대공 부인에게 보낸 편지』Letter to the Duchess Christina에서 어느 추기경의 말을 인용했다.

성령의 의도는 우리가 어떻게 하늘(천국)에 가는지를 알려주는 것이지 어떻게 하늘이 움직이는지를 가르치는 것이 아니다.[24]

---

23 Robert S. Westman, 'The Copernicans and the Churches', 99.
24 Maurice A. Finocchiaro, *Essential Galileo*, 119.

이 말의 정신에 공감하며 갈릴레오는 과학의 발견과 교회의 정당한 관심사 사이에 분명한 선을 긋기를 바랐다. 그러나 종교재판소는 성서가 어떻게 하늘에 가는지와 어떻게 하늘이 움직이는지 모두를 가르쳐준다고 선언했다. 그들에게 성서는 신학 문헌임과 동시에 천체 과학 서적이었다. 성서의 문자 그대로의 의미에 대한 평가는 종교재판소가 옳았지만 실제 세계에 대한 평가는 갈릴레오가 옳았다. 지구는 태양 주위를 돈다.

갈릴레오는 위대한 과학자였지만 그의 성서 해석 방식은 더는 용인되지 않았다. 그의 신학은 시대에 뒤떨어진 것으로 평가받았다. 세계와 말씀의 상징적 의미가 쇠퇴함에 따라 성서의 문자적 의미는 이제 근대 과학과 정면으로 마주할 수밖에 없었다. 첫 번째 충돌에서는 종교가 승리했지만 커다란 희생을 치른 쓰라린 승리였다. 갈릴레오는 순교한 과학의 영웅이 되었고 교회의 권위는 세속적 앎의 영역에서 그 힘을 잃었다.

종교재판소는 판결을 내리며 갈릴레오에게 "위에서 언급한 오류와 이단을 포기하고, 저주하고, 혐오"하거나 처형을 택하거나 둘 중 하나를 택하라고 명했다. 자부심 강하지만 현실적인 사람이었던 갈릴레오는 첫 번째 선택지를 골랐다. 후대 전설에 따르면 갈릴레오는 "그래도 지구는 돈다"Eppur si muove고 중얼거리며 재판소의 판결과 자신의 철회를 부인하며 재판소를 떠났다. 아마도 그는 이 말을 하지 않았을 것이다. 그러나 전설은 옳았다. 갈릴레오가 알고 있었듯 그래도 지구는 움직이기 때문이다.

갈릴레오 재판이 있고 거의 200년 후 교회는 갈릴레오와 코페르니쿠스의 저작을 『금서목록』 신판(1832)에서 삭제했다. 좀 더 최근, 교황 요한 바오로 2세John Paul II는 갈릴레오를 복권했고 과학과 성서의 관계에 대한 그의 입장을 지지했다. 1992년 그는 갈릴레오를 따라 "성서는 물리적인 세계에 관한 상세한 설명에 관심을 기울이지 않는다"고 선언했다. 과학이 신학의 시녀가 아니라 병행하는 앎의 체계라고 이야기한 것이다.

> 앎에는 두 영역이 존재하는데, 하나는 계시에 그 근원을 가지고 있고, 하나는 이성이 스스로의 힘으로 발견할 수 있다.[25]

이제 과학의 자율성은 이단이라는 의심을 받지 않는다. 그러나 성서와 과학의 조화를 꾀하는 교황의 전략이 갈릴레오 시대보다 오늘날 더 설득력을 갖고 있을지는 의문이다.

갈릴레오 재판 이후 자연과 성서에 관한 연구는 갈라지기 시작했다. 어떤 면에서 사람들은 성서를 점점 더 현대적 관념과는 다른 생각을 지녔던 사람들이 외국어로 기록한 고대 문헌으로 여기기 시작했다. 창세기의 고대성이 보이기 시작한 것이다. 이와 달리 과학은 수학의 언어로 기록되고 변치 않는 자연의 법칙에 관심을 보였다. 여왕과 시녀 사이의 오랜 관계는 깨졌다.

---

25 John Paul II, 'Faith Can Never Conflict with Reason', *L'sservatore Romano*(English edition), November 4, 1992, 1~2.

성서를 자연화하기

갈릴레오 이후 과학은 전문화되었다. 그는 대중을 대상으로 과학 저술을 쓴 마지막 근대 과학자였다. 이와 달리 반세기 후 아이작 뉴턴이 쓴 걸작 『자연철학의 수학적 원리』Philosophiae Naturalis Principia Mathematica(1687)는 비전문가들이 접할 수 없는 저작이었다. 과학은 전문적인 지식 분야가 되었고 오늘날까지 그렇게 남아 있다. 이와 유사하게 성서 해석도 더욱 전문화되었다. 학자들은 원어와 본문의 역사적 상황에 점점 더 관심을 기울이게 되었다. 과학과 성서 비평의 활동이 전문화되면서 경험적 증거, 비평, 그리고 철학적 사실주의에 기반을 둔 방법론은 점차 하나로 수렴되기 시작했다.

근대 성서학의 방법론을 발명한 사람은 또 다른 이단자, 네덜란드계 유대인 스피노자였다. 스피노자는 갈릴레오의 연구, 특히 그의 과학적 방법에 커다란 영향을 받았다. 그는 망원경과 다른 기구들에 사용되는 정밀한 렌즈를 만드는 사람이었다. 스피노자는 갈릴레오에게 보내는 헌사의 차원에서 그 일을 택했고 광학에 관심을 보였다. 성서 해석에 대한 그의 혁명적인 접근도 마찬가지였다.

스피노자가 자신의 새로운 성서 해석 방법을 제시한 『신학-정치론』은 조너선 이스라엘Jonathan Israel이 말했듯 "서구 사상사에서 가장 커다란 영향력을 미친 철학적 문헌 중 하나"다.[26] 이 저작은 창세기와 성서의 생애를 근본적으로 변화시켰다. 사람들은 이 변화된 틀 안에

---

26 Benedict de Spinoza, *Theological-Political Treatise* (Cambridge: Cambridge University Press, 2007), viii.

서 성서를 이해하고자 애쓰고 충격과 기쁨을 얻고 때로는 격분한다. 스피노자는 단순하면서도 심오한 발걸음을 내디뎠다. 즉 그는 갈릴레오의 과학적 방법을 성서에 적용했다. 갈릴레오가 이야기했던 자연이라는 책과 성서라는 책의 차이는 이들을 연구하는 방법이 수렴되면서 사라졌다.

스피노자는 신학자와 시민 지도자들이 성서의 권위를 남용함으로써 종교와 국가 모두를 부패시키고 있으며, 성서 해석 방법을 분명하게 체계화해야만 이러한 남용에 대응할 수 있다고 주장했다. 적절한 성서 해석 방법이 무엇인지를 명확히 함으로써 그는 언론의 자유, 종교의 자유, 그리고 민주주의를 옹호하는 길을 열었다. 그가 보기에 불미스러운 선동가들이 자신들의 주장을 관철하기 위해 성서를 끌어다 쓰고 있었고 이는 언론의 자유, 종교의 자유, 그리고 민주주의의 장애물이 되고 있었다. 스피노자에게 신학, 성서 해석에 대해 논하는 것은 상아탑의 학문이 아니었다. 오히려 정치적이고 도덕적인 행동이었다.

그는 이 모든 문제의 근본을 인간의 악덕과 맹신으로 보았다.

악덕과 야망이 절정에 달해 종교는 … 사람들 사이의 불화의 씨앗에 그리고 증오의 번식에 자리 잡고 있으며, 사람들은 그러한 증오를 신적인 열광과 불타는 노력이라는 거짓된 명칭으로 은폐하고 있다. … 이와 같은 혼란을 피하기 위해서, 우리의 정신을 신학자들의 편견으로부터 해방시키기 위해서, 그리고 인간의 허구를 신성한 교리

로 성급하게 받아들이지 않기 위해서 우리는 성서 해석의 참다운 방법을 분석하고 논의해야 한다.[27]

스피노자는 자연을 성공적으로 해석한 과학적 방법이 성서를 해석하는 참된 방법이라고 과감하게 주장한다.

이 문제를 간결하게 공식화하자면 다음과 같다. 즉 성서를 해석하는 방법은 자연을 해석하는 방법과 다르지 않고 오히려 완전히 일치한다.[28]

물론 성서는 자연이 아니다. 갈릴레오가 관찰했듯 자연이라는 책은 "수학적 언어로 기록된" 반면 성서는 히브리어, 아람어, 그리스어로 기록되어 있다.[29] 그러나 성서를 연구하는 합리적인 방법은 자연에 관한 과학적 연구와 일치할 수 있다. 나뭇잎이나 별처럼 성서 또한 신중하게 관찰하고 분석할 수 있다. 그러나 어떻게 이런 일을 할수 있을까? 관찰 도구와 관련 자료는 무엇인가? 스피노자는 적절한 해석의 맥락으로 독특하게 근대적인 역사 개념을 도입했다(어떠한 측면에서는 발명했다고도 볼 수 있다).

---

27 위의 책, 97~98.

28 위의 책, 98.

29 Maurice A. Finocchiaro, *Essential Galileo*, 183.

성서를 해석하기 위해서는 성서의 진짜 역사를 연구할 필요가 있으며 그 역사에서 성서를 쓴 저자들의 정신을 정당하게 추론할 수 있다. 이러한 방식으로 성서와 그 역사에서 기인한 것 외의 다른 성서 해석, 다른 기준, 자료를 인정하지 않는다면 우리는 길을 잃을 어떠한 위험 없이 항상 진전할 수 있다.[30]

스피노자가 이야기한 '역사'history는 우리가 문화, 정치적 역사, 세계관, 저자의 의도, 언어와 본문의 역사라고 부르는 것을 아우르며 기적과 신의 개입을 배제한다. 갈릴레오가 수학적 운동 법칙을 세울 때 신의 개입을 '추가' 요인으로 적용하지 않았듯 스피노자 역시 인간 역사에서 신을 특정 요인으로 적용할 필요가 없다고 생각한다. 역사 연구는 자연과 인간이라는 요인만 고려해도 충분히 이루어질 수 있다. 이렇게 스피노자는 성서의 역사와 그 해석을 자연화했다.

스피노자의 역사관은 성서의 역사관과는 확연히 다르다. 그는 성서에서 기술하는 역사, 배경이 되는 역사를 유대인이나 그리스도교인의 가정을 따르지 말고 분석적이고 학문적인 관점에서 볼 것을 제안한다. 스피노자의 과학적 합리성 개념과 그의 외부자 경험(그는 자신의 이단적인 견해 때문에 네덜란드계 유대인 공동체에서 쫓겨났다)은 전통적인 성서 해석 방식을 벗어나 성서를 해석할 수 있게 하는 데 기여했다. 그의 해석 도구는 전통이나 특별한 계시, 혹은 전통과 계시와

---

30 Benedict de Spinoza, *Theological-Political Treatise*, 98.

이성을 종합한 것이 아닌 오직 이성뿐이었다.

객관성을 담보하기 위한 스피노자의 탐구는 완벽하게 성취하기란 불가능할 수 있으나 과학적 방법의 필수 원칙이다. 스피노자의 이상은 플라톤과 갈릴레오와 마찬가지로 수학적 정확성을 성취하는 것이었다. 그러나 그도 이야기했듯 역사를 탐구할 때 "사람들이 어떤 사건에 자기 자신의 판단을 섞지 않고 정확하게 그 사건이 일어나는 대로 이야기하는 경우는 매우 드물다". 그렇기에 철학자와 역사가는 "자신의 선입견을 철저하게 경계해야 한다".[31] 다시 말해, 객관성을 얻는 것이 목표지만 이는 달성하기 어렵다. 하지만 이러한 생각은 성서를 성령의 영감을 받아 기록된 문헌으로 보는 것과 견주면 순전히 이성의 문제다.

스피노자는 성서가 신성하다는 가정(2장을 보라)을 배제했다. 그는 그러한 주장은 연구를 시작할 때부터 가정할 것이 아니라 신중한 연구에서 도출되어야 한다고 이야기했다. 이 전통적인 가정을 배제함으로써 스피노자는 그 특성상 근대적이라 할 수 있는 "본문의 의미"와 "실제 진리"를 구분할 수 있었다. 성서를 비평적으로 접근하면서 그는 성서의 문자적 의미가 반드시 진리라고 가정하지 않았다.

본문의 참된 의미와 실제 진리를 혼동하지 않기 위해서 우리는 참된 의미는 오직 언어의 용법을 통해, 혹은 성서 외에는 어떤 기초도 인

---

31 위의 책, 92.

정하지 않는 추론을 통해 탐구해야 한다.[32]

본문의 "참된 의미"를 "실제 진리"와 구별하는 방법을 통해서만 우리는 성서가 진정으로 뜻하는 바를 알 수 있다고 스피노자는 말한다. 그가 보기에 연구자는 성서 구절의 의미가 사실이 아닐 가능성, 역사적, 과학적, 철학적, 혹은 도덕적 의미에서 참이 아닐 가능성을 받아들여야 한다. "하느님이 말씀하시기를 '빛이 생겨라' 하시니"(창세 1:3)의 진정한 의미는 빛의 실제 기원에 관한 이야기가 아닐 수 있다. 성서의 문자적 의미는 현실 세계의 진리와 반드시 동일하지는 않다. 이렇게 함으로써 성서 해석에 대한 옛 가정, 자연과 성서의 조화로부터 극적인 단절이 일어났다. 거슈윈(George Gershwin)의 가사처럼 "성경에서 봤다고 그것이 꼭 사실은 아니"라는 생각이 움텄다.

이러한 구분을 통해 스피노자는 근대 성서 비평을 위한 지적 공간을 열었다. 이후 학자의 신앙, 신념은 성서 해석과는 무관하며 심지어 장애물이 되는 것으로 간주되었다. 학자는 성서 본문의 신앙, 신념을 발견하려 노력해야 하며 자신의 신앙과 신념을 뒷받침하는 수단으로 만들어서는 안 된다는 생각이 힘을 얻었다. 이는 자기반성을 요구하는 지극히 어려운 작업이지만, 본문의 참된 목소리를 듣기 위해서는 반드시 필요하다고 스피노자는 강조했다.

이렇듯 스피노자는 갈릴레오의 과학적 방법을 재정비함으로써 '역

---

32 위의 책, 100.

사-비평 방법'historical-critical method을 발명했다. 경험적, 합리적, 체계적인 연구 방식이 자연을 해석할 때뿐만 아니라 성서를 해석할 때도 적용되었다. 이 혁명적인 주장은 즉시 논란을 낳았지만, 돌이켜 생각해 보면 근대 세계로 접어드는 과정에 필연적으로 일어날 수밖에 없는 일이었다. 성서는 지구가 태양 주위를 움직인다는 것을 받아들였듯 합리적 탐구 또한 받아들여야 했다.

물론 스피노자에게 영향을 미친 인물이 갈릴레오 한 사람만은 아니다. 스피노자의 방법론을 마음에 들어하지는 않았겠지만 마르틴 루터 역시 스피노자에게 커다란 영향을 미쳤다. 여러 측면에서 스피노자의 방법론은 루터의 방법론을 정교하게 다듬은 것이라 할 수 있다. 스피노자는 "성서 외에는 어떤 기초도 인정하지 않는 추론"에 의존한다. 이는 전통, 교회, 혹은 다른 인간이 아닌 성서의 분명한 말이 성서 해석의 유일한 기초라는 루터의 '오직 성서' 교리를 재정비한 것이다. 앞서 언급했듯 루터는 보름스 의회에서 자신을 정당화하며 성서의 증언과 이성에 호소했다. 스피노자는 강조점을 바꾸어 동일한 권위에 호소했다. 다만 루터가 이성을 보완하는 차원에서 성령의 영감을 이야기하는 반면 스피노자는 이성으로 충분하다고 여긴다.

창세기의 생애에 이 새로운 방법이 미친 영향은 지대했다. 스피노자는 아브라함이 약속의 땅에 들어갈 때 "그 때에 그 땅에는 가나안 사람들이 살고 있었다"(창세 12:6)는 창세기 구절의 역사적 맥락을 지적한다. 이와 관련해 중세 주석가인 이븐 에즈라Ibn Ezra는 말했다.

이 본문에는 숨겨진 의미가 있다.

이를 이해하는 사람은 침묵을 지키라.[33]

그러나 스피노자는 이븐 에즈라의 충고를 무시하고 저자가 이 구절을 쓴 시점은 가나안 사람들이 더는 그 땅에 살고 있지 않을 때라고 이야기한다.

본문은 현재 시간, 말하자면 저자의 시간을 배제했다. 창세기는 모세가 기술하지 않았다. 모세 당시에도 가나안 사람들이 그 지역을 소유하고 있었기 때문이다. 이 사실이 바로 에즈라가 침묵을 권유하는 신비다.[34]

이 구절을 포함해 다른 많은 구절은 오경이 모세 시대 한참 이후에 이스라엘 땅에서 기록되었음을 보여준다고 스피노자는 말한다. 그가 내린 결론은 널리 알려져 있다.

이 모든 것에서 오경은 모세가 아니라 모세가 죽은 뒤 수백 년이 지난 후에 살았던 사람이 썼다는 것은 정오의 태양보다 더 분명하다.[35]

---

33 Ibn Ezra, *Ibn Ezra's Commentary on the Pentateuch: Genesis* (New York: Menorah Publishing, 1988), 151.

34 Benedict de Spinoza, *Theological-Political Treatise*, 120.

35 위의 책, 122.

또한 스피노자는 창세기 이야기 가운데 수많은 내적 모순이 있음을 지적하며 이는 이 책이 한 번에 기록되지 않았음을 보여준다고 이야기한다. 그는 서기관 에즈라로 보이는 이가 구약의 상당수 책을 저술했거나 "이야기를 마무리하지 않았…(다면) 상이한 저자들이 쓴 역사를 수집"했을 것이라고 예상한다.[36] 예를 들어 창세기에서 제시하는 내적 연대기를 그대로 받아들이면 야곱이 레아, 라헬과 결혼했을 때 그의 나이는 여든네 살이어야 한다(창세 30장). 디나는 일곱 살에 세겜에게 겁탈당했으며(창세 34:1~4), 시므온과 레위가 세겜의 온 도시를 약탈하고 그곳의 모든 사람들을 학살했을 때 나이는 열두 살과 열한 살이었다(창세 34:25~26). 이 내적 연대기의 흐름에서 도출한 각 인물의 나이들은 터무니없어 보인다. 스피노자는 말한다.

> 우리는 이 다섯 권의 책에 있는 교훈과 역사가 질서 없이 섞여서 이야기되어 있고 시간의 근거도 없고, 자주 그리고 때때로 똑같은 이야기가 다른 식으로 반복되고 있다는 것에 주목해야 한다. 그러면 이것들이 뒤섞여서 수집되었으며 나중에 검토하고, 순서 있게 배열하기 위해 모아졌다는 사실을 쉽게 알 수 있을 것이다.[37]

스피노자 이래 수 세기 동안 성서학자들은 이러한 불일치를 해결하기 위해 어마어마한 노력을 기울였고 이른바 '문서설'documentary

---

36 위의 책, 130.
37 위의 책, 132.

hypothesis이라고 불리는, J, E, D, P라는 약어로 표현되는 자료들 및 더 작은 자료들로 오경을 나누어 오경의 저자 문제에 대한 대안을 제시했다.

마지막으로 스피노자는 신학은 이성에 종속되지 않고 이성도 신학에 종속되지 않으며 각자 고유의 영역이 있다고 주장한다. 둘 중 어느 것도 다른 한쪽의 시녀가 아니다.

> 종교와 신앙은 이성을 종으로 삼으려 해서는 안 되고 이성도 종교를
> 종으로 삼으려 해서는 안 된다. 종교와 이성은 서로 완전한 조화를
> 이루면서 각자의 왕국을 다스릴 수 있어야 한다.[38]

종교와 이성, 성서와 과학은 서로 독립되어 있으며 성서를 과학에 종속시킬 필요도, 과학을 성서에 종속시킬 필요도 없다. 스피노자는 어느 것도 다른 한쪽에 종속되지 않는다고, 성서와 과학은 각자의 왕국을 갖고 있다고 결론 내린다.[39]

스피노자는 종교와 과학 사이의 휴전을 요청했지만 이후 역사는 파란만장했다. 그러나 표현의 자유, 종교의 자유, 자유 민주주의라는 스피노자의 이상은 근대 세계에 확실하게 뿌리를 내렸다. 많은 경우 종교와 과학은 공존했다. 앞서 언급했듯 교황 요한 바오로 2세는 과학과 성서의 관계에 대한 갈릴레오의 입장에 동의했다. 알버트 아인

---

38 위의 책, 188.
39 위의 책, 194.

슈타인Albert Einstein은 신의 본성과 관련해 스피노자에게 동의하며 "내가 생각하는 신은 스피노자의 신"이라고 말했다. 오늘날 많은 사람은 창세기의 우주론이 "실제 진리"와 다를지라도 중요한 의미를 지니고 있다는 데 동의한다. 이성과 역사에 비추어 성서를 해석하는 스피노자의 처방이 천천히 뿌리를 내린 것이다. 물론 당시 그의 저작은 대대적인 공격을 받아 즉시 『금서목록』에 올랐다. 당시 많은 독자는 스피노자를 악명 높은 이단으로 보았고 그 덕분에 『신학-정치론』은 지하의 베스트셀러가 되었다. 로마 가톨릭 사제 리샤르 시몽Richard Simon은 스피노자의 결론을 반박하기 위해 『구약성서 비평사』Critical History of the Old Testament(1685)를 썼지만, 그 또한 스피노자가 쓴 방법을 채택했다. 동료에게 쓴 편지에서 시몽은 말했다.

스피노자가 규정한 몇 가지 원칙에서 끌어낸 불경한 결론을 비난하는 일은 옳고도 적절한 일입니다. 하지만 그 원칙들이 틀린 것은 아니며 없애 버려야 할 것도 아닙니다.[40]

시몽을 포함한 학자들이 연이어 이 새로운 방법을 채택했고 근대 성서 비평은 오늘날까지 쓰이고 있다.

---

40   Paul Hazard, *The European Mind: 1680–1715* (Cleveland, OH: Meridian Books, 1963), 184에서 재인용. 『18세기 유럽의 사상』(에피스테메)

새로운 세계와 오래된 지구

갈릴레오와 스피노자가 자연과 성서에 관한 혁명적인 견해를 발표하던 시대에 세계는 변화하고 있었다. 세계는 점점 더 커지고 있었고 세계사에서 창세기가 차지하는 위치는 점점 더 복잡해졌다. 근대 초기에 이루어진 두 가지 발견은 창세기 생애에 새로운 전기를 여는데 커다란 영향을 미쳤다. 신대륙 및 그 대륙에 사는 사람들의 발견, 그리고 지구의 고대성에 대한 새로운 발견이 바로 그것이다. 이들은 모두 창세기의 해석에 광범위한 영향을 미쳤다.

신대륙의 발견은 인류 문명의 다양성과 역사의 복잡성에 관해 사람들의 의식을 바꾸었다. 그때까지만 해도 세계 역사의 표준 모형은 창세기였고 창세기 10장에 나오는 '민족 목록'이 민족들의 표준 목록이었기 때문에 신대륙의 발견은 새로운 도전을 일으켰다. 창세기가 알지 못하는 것으로 보이는 민족과 땅이 드러났기 때문이다. 몇몇 사람들은 신대륙 사람들을 창세기 족보에 끼워 맞추기 위해 온갖 노력을 기울였다.

신대륙을 집중적으로 개척하고 식민지화하던 16~17세기 동안 사람들은 활발하게 논쟁했다.[41] 몇몇 사람은 상상력을 발휘한 어원 연구에 기반을 두고 신대륙 사람들과 창세기를 연결했다. 이를테면 베니토 아리아스 몬타노Benito Arias Montano는 멕시코의 유카탄 반도가 에

---

41 다음을 보라. Don Cameron Allen, *The Legend of Noah: Renaissance Rationalism in Art, Science, and Letters* (Urbana: University of Illinois Press, 1949), 113~137. 그리고 다음을 참조하라. Anthony Grafton, *New Worlds, Ancient Texts: The Power of Tradition and the Shock of Discovery* (Cambridge, MA: Harvard University Press, 1992)

벨의 아들 욕단(창세 10:25)에 기원을 두고 있다고 주장했다. 그러나 월터 롤리 경Sir Walter Raleigh은 멕시코 원주민들은 그 땅을 유카탄이라고 부르지 않으며 이는 스페인 탐험가들의 실수로 생긴 명칭임을 지적했다.[42] 당시에는 이런 이론들이 끊임없이 등장했다. 프랑스 탐험가 마르크 레스카르보트Marc Lescarbot는 노아가 신대륙에서 태어나 홍수가 난 뒤 이스라엘 땅에 정착했다고 주장했다. 설득력 없는 주장이었다. 스피노자의 스승이었던 므낫세 벤 이스라엘Manasseh Ben Israel은 신대륙 사람들이 잃어버린 이스라엘 열 지파의 후손들이라는 이론을 부활시켰다. 올리버 크롬웰Oliver Cromwell은 이 이론의 종말론적 암시에 흥미를 느껴 벤 이스라엘을 잉글랜드에 초대했고 이후 유대인들이 잉글랜드에 재정착하는 것을 허락했다. 이론이 효과를 낸 것이다.

너무나도 많은, 그리고 다양한 이론이 등장했고 그만큼 설득력은 떨어졌다. 이탈리아 학자 조르다노 브루노Giordano Bruno는 신대륙 사람들이 다른 기원을 갖고 있다고 주장했는데 이 때문에 1600년 이단으로 선고받고 화형당했다. 50년 후 이작 라 페예르Isaac de La Peyrère는 『아담 이전의 인간』Men Before Adam이라는 논쟁적인 책을 출판했고 간신히 화형을 면했다. 그는 멕시코, 중국, 그리고 유럽에서 멀리 떨어진 땅에서 살고 있는 이들의 조상은 "최초 … 그리고 가장 오래된 창조의 산물이며 … 아담에게서 태어나지 않았다"고 주장했다.[43] 창세기는

---

42 Walter Raleigh, *The History of the World: Book I* (Oxford: Oxford University Press, 1829(1614)), 334.

43 Anthony Grafton, *New Worlds, Ancient Texts: The Power of Tradition and the Shock of Discovery*, 211.

이 사람들을 언급하지 않기 때문에 그들은 별도로 창조되었음이 분명하다고 라 페예르는 생각했다. 기발하고 혁신적인 이론이지만 이는 창세기가 결함이 있고 불완전하다는 생각을 전제한다. 라 페예르의 책은 『금서목록』에 올랐고 그는 견해를 철회하라고 강요받았다.

잃어버린 민족(지파) 이론은 꽤나 오랫동안 힘을 발휘했다. 영국, 미국 식민지에서 이 이론은 상당히 유행했다. 펜실베이니아의 설립자 윌리엄 펜William Penn은 미국 원주민들에 대해 "이 특별한 사람들의 기원이 유대인이라고 나는 믿는다. 우리는 이 열 지파의 후손을 너무 오랫동안 잃어버렸다"고 기록했다.[44] 이 이론은 19세기까지 유행했고 이 이론의 산물 중 하나가 『모르몬경』The Book of Mormon이다. 이 책에서는 미국 원주민이 므나쎄 지파의 후손이라고 말한다.

그러나 19세기 중반에 이르러 이 이론들은 대부분 힘을 잃었다. 사람들은 대개 모든 이가 노아의 자손이라고 생각했지만, 창세기의 족보는 아무리 좋게 보아도 모호하기만 해 보였다. 많은 역사학자는 창세기가 구대륙만 알고 있었지 신대륙은 알지 못했다고 결론 내렸다. 마크 트웨인Mark Twain은 이와 관련해 재치있는 말을 남겼다.

성서의 신을 보면 인상적인 점이 하나 있다. 바로 정보 부족이다. 그는 미국이 있다는 것을 몰랐고 지구가 둥글다는 것을 몰랐다.[45]

---

44 Zvi Ben-Dor Benite, *The Ten Lost Tribes: A World History* (New York: Oxford University Press, 2009), 142에서 재인용.

45 Mark Twain, *The Bible According to Mark Twain* (New York: Simon and Schuster, 1996), 316.

많은 사람의 눈에 세계는 창세기가 기술한 것보다 더 커 보였다.

또한 사람들은 이 세계가 자신들이 생각한 것보다 더 오래되었음을 점차 알게 되었다. 근대 지질학 연구는 스피노자가 활동하던 시기에 본격적으로 시작되었는데 덴마크의 지질학자 니콜라스 스테노Nicolas Steno가 지층 형성 및 화석의 성질과 관련해 중요한 발견을 했다. 그러나 가톨릭 주교가 된, 신심 깊은 사람이었던 스테노는 자신의 발견을 성서의 연대기와 맞추는 것에 만족했다. 1세기 후 제임스 허턴James Hutton의 연구를 통해 지질학은 커다란 진전을 했다. 그의 저작『지구의 이론』Theory of the Earth(1788)은 최초로 지질학적 시간의 방대한 규모를 보여주었다. 허턴은 "우리의 비옥한 평야는 폐허가 된 산에서 형성되었다"는 것과 대륙이 고대 바다의 밑바닥에서 형성되었다는 것을 발견했다. 그는 암석들이 느리지만 거대한 순환을 한다는 사실을 발견하고 지구가 놀라울 정도로 오래되었음을 알게 되었다. 이와 관련해 허턴은 인상적인 글을 남겼다.

우리가 생각하고 있는 모든 것을 측정할 수 있는 시간, 우리 계획을 모두 이루기에는 종종 부족해 보이는 그 시간이 광대한 자연의 시점에서는 아무것도 아니다.[46]

지질학자들은 이를 '심원한 시간'deep time의 발견이라고 부른다.

---

46 Paolo Rossi, *The Dark Abyss of Time: The History of the Earth and the History of Nations from Hooke to Vico* (Chicago: University of Chicago Press, 1987), 116에서 재인용.

그러나 창세기는 우주의 기원을 대략 6,000년 전으로 잡는다(대주교 우셔Archbishop Ussher는 연대를 측정하여 창조의 첫 번째 날을 기원전 4004년 10월 23일 일요일로 계산한 것으로 널리 알려져 있다). '어떻게 지구가 그렇게 수백만 년 전에 생겼단 말인가?' 허턴의 발견이 시사하는 바가 분명해지자 몇몇 이들은 '심원한 시간'과 창세기의 조화를 모색하는 시도를 했다. 19세기 초 유행한 두 가지 전략은 '날-시대 이론'day-age theory과 '간격 이론'gap theory이었다. 둘은 모두 과거 상징적 해석을 자연화한 이론이라 할 수 있다.

『지질학 개론』Introduction to Geology(1813)에서 로버트 베이크웰Robert Bakewell은 창세기 1장에 나오는 "날(하루)"은 문자 그대로 1일이 아니며, 따라서 방대한 기간을 뜻할 수 있다고 주장했다.

창조의 기운이 지구를 만들고 다양한 종류의 동물들을 존재하게 한 여섯 날은 방대한 여섯 번의 연속적인 시대를 암시할 수 있다. … (그러므로) 실제 창조 기간과 모세가 언급한 여섯 날은 조화를 이룰 수 있다.[47]

베이크웰은 보수적인 신학자가 아니라 전문 지질학자였다. 다만 그는 둘 사이에 어떠한 갈등도 있을 수 없다는 당시 일반적인 관점을 따라 창세기와 지질학의 조화를 모색했을 뿐이다.

---

47 Robert Bakewell, *An Introduction to Geology* (London: J. Harding, 1813), 19.

단어 "날"이 문자 그대로의 하루가 아니라는 베이크웰의 주장은 "날"을 상징적 의미로 읽음으로써 과학을 받아들일 공간을 마련한 아우구스티누스 및 과거 해석자들의 선례를 따른 것이다. 아우구스티누스는 만물의 창조가 동시에 이루어졌다고 믿는 플라톤(티마이오스)을 따랐기에 "날"을 '지혜의 빛' 혹은 '천상의 앎'으로 보았다.[48] 그는 창세기와 플라톤 사상의 조화를 모색했기에 '날'이라는 단어가 실제 시간을 뜻한다고 보지 않았다. 베이크웰도 이와 같은 전략을 사용하며 상징적 의미는 이제 자연과 조화를 이룬다. 그는 창세기와 지질학의 조화를 모색하며 '날'의 시간적 의미를 최대한 확장했다.

창세기와 자연 과학의 조화를 이루기 위해 나온 또 다른 이론은 '간격 이론'이다. 이 이론은 스코틀랜드 수학자 토머스 찰머스Thomas Chalmers가 논문 「그리스도교 계시의 기적적이고 내적인 증거에 대하여」On the Miraculous and Internal Evidences of the Christian Revelation(1814)에서 처음으로 제안했다. 그는 창세기의 첫 번째 구절 "태초에 하느님이 천지를 창조하셨다"와 6일간의 창조 사이에 커다란 시간의 간격이 있다고 주장했다. 첫 번째 구절 이후 수십억 년의 시간(최근 계산에 따르면 45억 년)이 끼워 넣어진 채로 지구의 지질학적 나이는 창세기에 감추어져 있다는 것이다.

필론과 아우구스티누스와 같은 초기 해석자들은 창세기 1장과 2장의 반복에 근거해 지성으로 알 수 있는 세계와 물질적 세계의 창조

---

48 Augustine of Hippo, *Literal Meaning of Genesis*, vol. 1, 132~138.

라는 두 번의 창조를 받아들였다. 구절 사이에 시간의 '간격'이 있다는 찰머스의 주장은 히브리어 본문의 문법에 위배되지만, 상징적 해석에서는 크게 문제 되지 않는다. 상징적 의미를 이렇게 '자연화'하는 것은 한 발은 전근대적 해석에, 다른 한 발은 근대 과학에 두는 특이한 시도라 할 수 있다. 그러나 성서와 과학의 유대 관계가 돈독했던 당시까지만 해도 많은 학자는 이러한 조화를 모색하는 시도들을 크게 문제 삼지 않았다.

이윽고 신대륙은 물론 지구가 오래되었다는 것도 사람들 사이에 상식으로 자리 잡게 되었다. 세계는 과거 사람들이 알던 것보다 훨씬 더 넓었으며 훨씬 더 오래되었다. 파올로 로시Paolo Rossi가 관찰했듯이는 세계관의 거대한 변화를 가져왔다.

(17세기 후반) 사람들에게 세계의 나이는 아무리 길어도 6천 년이었다. 그러나 (18세기 후반) 사람들은 세계가 적어도 수백 만년이 되었음을 알았다. 이 차이는 인간이 우주의 중심이 아닌 가장자리에 살고 있다는 깨달음뿐만 아니라 자신들의 (세계의 전체 역사를 이야기하는 본문을 갖고 있는) 현재가 기원과 그리 가까이 있지 않으며, 그 사이에는 거의 무한대에 가까운 시간의 '어두운 심연'이 자리 잡고 있다는 깨달음을 가져다주었다.[49]

---

49 Paolo Rossi, *The Dark Abyss of Time: The History of the Earth and the History of Nations from Hooke to Vico*, ix.

세계의 기원 및 초기 역사를 이야기하는 창세기 본문은 실제 세계에 걸맞게 해석되어야 했다. 그렇지 않으면 창세기는 현재에 유효하지 않은 본문으로 판명될 것이고 창세기와 세상 사이에 단절을 초래하게 될 것이라고 많은 사람이 생각했기 때문이다. 18세기 후반에 이르자 적잖은 사람들, 그리고 대다수 성서학자는 창세기 초반에 나오는 이야기들을 고대 우화 혹은 신화로 보게 되었다. 그러나 대다수 신자는 간격 이론, 날-시대 이론, 혹은 다른 이론들을 통해 과학과 성서가 조화를 이룰 수 있다고 가정했다. 양쪽 진영 모두 신대륙과 오래된 우주를 받아들였다. 근대 지식에 대한 반응은 미묘한 균형 상태에 도달했다. 한쪽에서는 창세기와 과학의 합의에 의구심을 가졌고 다른 한쪽에서는 약간의 조정만 한다면 창세기와 과학이 여전히 조화를 이룰 수 있다고 믿었다.

한계점

19세기 중반, 1859년과 1860년에 일어난 두 사건은 이 미묘한 균형 상태를 뒤집었다. 첫 번째 사건은 찰스 다윈Charles Darwin이 『종의 기원』On the Origin of Species을 출간한 것이다. 이 책은 모든 생명체가 순전히 자연적인 과정을 통해 진화했음을 증명하는 것처럼 보였다. 이 과정에서 신적 행위자는 어디서도 발견되지 않는다. 다윈은 한 문장으로 이를 암시했다.

인간의 기원과 그 역사에서 빛은 내동댕이쳐질 것이다.[50]

자연 선택을 이야기하는 다윈의 진화론은 신이 모든 종류의 새, 물고기, 육지 동물을 이틀 동안에 창조했고 인간은 "하느님의 모습"대로 창조되었다고 이야기하는 창세기 1장과 조화를 이룰 수 없다. 또한 신이 남자를 먼저 만들고, 그다음 동물을, 마지막으로 여자를 창조하는 창세기 2장과도 조화를 이루지 못한다. 생물학은 이제 고유한 '심원한 시간'을 갖게 되었다. 생물학자들은 그 기간 생물들이 진화하고 자원을 얻기 위해 경쟁하고 멸종되었다고 이야기했다. 이 중 어느 것도 창세기는 말하지 않는다.

논쟁에 능해 비방하는 이들에게 '미꾸라지 샘'soapy Sam으로 알려진 옥스퍼드 주교 새뮤얼 윌버포스Samuel Wilberforce는 다윈의 책에 신랄한 비평을 가했다.

> 지구에서 인간의 우위성 … 인간의 타락과 구원, 영원한 아들의 성육신, 영원한 성령의 임재, 이 모든 논의는 하느님의 형상으로 창조된 인간의 기원이 동물이라는 수치스러운 관념과 결코 동등할 수 없으며 양립할 수도 없다.[51]

---

50 Stephen Jay Gould, *The Richness of Life: The Essential Stephen Jay Gould* (New York: Norton, 2007), 550.

51 위의 책, 550~551.

인간이 다른 종에서 유래했다면 창세기와 성서에 바탕을 둔 종교는 잘못된 것이라고 윌버포스는 말했다. 이러한 생각 안에서 과학과 종교는 서로를 받아들일 수 없다. 윌버포스와 그의 보수적인 협력자들은 전투에 나섰다. 그들은 다윈의 진화론이 완전한 이단이라고 이야기했다.

그러나 상황은 더 악화되었다. 『종의 기원』이 등장한 지 4개월 만에 『소론과 논평』Essays and Reviews이라는 심심한 제목의 책이 등장했다. 이 논문집은 일곱 명의 옥스퍼드 신학자들이 썼는데 그중 여섯 명은 영국 국교회의 성직자였다. 이 논문집을 통해 그들은 교회에 다니는 평범한 신자들에게 당시 성서학계의 동향, 성과를 요약, 설명해주었다. 이에 대중 독자들은 커다란 충격을 받았다.

찰스 굿윈Charles Goodwin은 모세의 우주 생성론에 관한 소론에서 창세기 1장이 과학적으로 정확하지는 않지만, 그러한 이유로 이를 경멸하거나 과학에 맞게 왜곡해서는 안 된다고 주장했다. 그가 보기에 창세기는 천재가 쓴 고대의 작품으로 다른 종류의 가치를 지닌다.

> 우리가 창세기를 당시 히브리 민족 중 데카르트나 뉴턴과 같은 사람이 선의를 가지고 하느님이 창조한 우주와 관련된 가장 탁월하고 개연성 있는 설명이나 추측을 한 것으로 간주하면 오히려 미지의 작가들이 창세기에 부여한 위엄과 가치를 잃어버리게 된다.[52]

---

52 Charles Wycliffe Goodwin, 'Mosaic Cosmology', *Essays and Reviews: The 1860 Text and Its Reading* (Charlottesville: University Press of Virginia, 2000), 370.

아담과 하와에 관해 헨리 윌슨Henry Wilson은 에덴동산 이야기가 역사적인 사실은 아니지만, 그럼에도 "위대한 도덕적 진리"great moral truth를 보여준다고 이야기했다.

어떤 이들은 아담과 하와로부터 인류가 유래했다는 이야기를 의심의 여지 없는 역사적 사실로 여길지도 모른다. 하지만 어떤 이들은 고대로부터 내려오는 전승에서 자연스럽게 만들어진 서사로 이를 받아들일 수도 있다. … 이 이야기는 위대한 도덕적 진리를 구체적으로 표현하고 있다. 모든 인간의 형제애, 공동체, 삶을 살아가는 데 겪는 고난, 인간 고유의 연약함, 그리고 육체적 고통과 도덕적 몰락까지 말이다. 그리고 이러한 생각의 힘, 웅장함과 실재는 (이 이야기가 역사적 사실이 아니라 할지라도) 전혀 손상되지 않는다.[53]

이는 당시 독일 성서학계의 표준적인 관점을 보여준다. 이 시기 대표적인 학자는 스피노자의 방법을 낭만주의적 감성으로 받아들인 요한 고트프리트 헤르더Johann Gottfried Herder다. 그에게 창세기는 과학적으로 정확하지 않을 수 있지만 고귀한 고전이었고 도덕적 진리를 드러내는 문헌이었다. 헤르더는 창세기를 가장 오래되고 가장 순수한 인류의 시라고 이야기했다.

---

53 Henry Bristow Wilson, 'Seances Historique de Geneve: The National Church', *Essays and Reviews*, 306.

당신이 인간다운 눈과 마음으로 성서를 읽는다면, 시대와 생활양식
의 흐름, 사람들, 도덕 가운데 하느님이 어떻게 역사하시는지 그 줄
기를 따라간다면 당신은 저 수많은 이야기에서 경이로운 일과 함께
강력한 진리를 발견하게 될 것이다.[54]

성서에 대한 이 낭만주의적 접근은 잉글랜드 대중에게 충격으로 다
가갔다. 그리고 그러한 견해를 괴팍한 자유사상가가 아니라 그리스
도교 성직자들이 내비쳤다는 점에서 더 충격적이었다. 『소론과 논평』
은 2년 동안 2만 부 이상 팔렸는데, 이는 다윈의 『종의 기원』이 20년
동안 팔렸던 것보다 많았다. 논란은 일파만파 번져 나갔다.

'미꾸라지 샘' 윌버포스가 반기를 들었다. 『소론과 논평』에 신랄한
비평을 가하며 그는 저자들을 영국 국교회에서 제명할 것을 요구했
고 감수성이 예민한 이들을 향해 책의 유혹에 넘어가서는 안 된다고
경고했다. 아무리 근대화된 그리스도교라 할지라도 몇 가지 객관적
인 진리는 고수해야 한다고 윌버포스는 힘주어 말했다.

비신자들은 물론 다양한 신자들은 이들이 그리스도교의 모든 객관
적 진리를 포기하면서도 그 힘은 유지하려는 불가능한 시도를 하고

---

54 Johann Gottfried Herder, *Against Pure Reason: Writings on Religion, Language, and History*
(Minneapolis, MN: Fortress Press, 1992), 259. On Herder's (and his contemporaries') 헤르더
가 성서의 권위를 어떻게 재구성하는지에 관해서는 다음을 참조하라. Jonathan
Sheehan, *The Enlightenment Bible: Translation, Scholarship, Culture* (Princeton: Princeton
University Press, 2005)

있음을, 그리하여 그들 자신을 속이고 있음을 분명하게 알고 있다.[55]

그리스도교가 창세기의 사실성을 포기하고도 인류 구원이라는 자신의 목적을 유지할 수 있을까? 어려운 질문이다. 쇠얀 키에르케고어 Søren Kierkegaard가 말했듯 성서가 객관적으로는 거짓이나 주관적으로는 참일 수 있는가?[56] 이와 관련해 윌버포스의 입장은 단호했다. 그에게 성서는 객관적으로도 참이었다. 그는 "잘못되었고, 기이하며 이단적인 가르침"을 전한다며 『소론과 논평』의 저자 중 두 명을 고소했고 교회 법정은 그들에게 유죄를 선고했다. 더 많은 논란이 있고 나서 영국 국교회는 공식적으로 『소론과 논평』을 정죄했다. 한 논평가는 『소론과 논평』의 저자들 한 사람 한 사람마다 "둔탁하게 문자적 의미와 성서의 명예를 훼손하고 있다"고 공격했다.[57] 그러나 책 판매는 오히려 급증했고, 진보적인 그리스도교인과 보수적인 그리스도교인 사이에 갈등의 골은 더 깊어졌다.

근본주의

성서학과 진화론이라는 두 가지 위협은 근본주의라는 첫 번째 불꽃을 일으키며 미국에서 훨씬 더 큰 영향력을 행사했다. 다윈이 『인

---

55 Samuel Wilberforce, 'review of *Essays and Reviews*', *The Quarterly Review* 109 (1861), 288.

56 ㅣㅣㅣㅣㅣ Kierkegaard, *Concluding Unscientific Postscript* (Cambridge: Cambridge University Press, 2009, original publication 1846)

57 'Satires by Lewis Carroll and Others', *Essays and Reviews*, 818.

간의 유래와 성 선택』The Descent of Man, and Selection in Relation to Sex(1871)이라
는 논쟁적인 속편을 내놓은 지 몇 년 후 '성서 연구를 위한 신자들의
모임'Believers' Meeting for Bible Study에서 개신교 복음주의자 집단은 근대 운
동으로서 근본주의를 탄생시킨 14개 조항의 신조(후에 나이아가라 신조
Niagara Creed라고 불렸다)를 만들었다. 신조 서문은 문제를 진단한다.

> 너무도 많은 사람이 미혹하는 영과 악마의 가르침에 주의를 기울이
> 며 신앙을 저버리고 있다. 너무도 많은 사람이 진리를 외면하고 이
> 를 우화로 바꿔 놓았다. 너무도 많은 사람이 치명적인 오류를 담은
> 씨앗을 퍼뜨리는데 분주하게 움직이고 있다. 우리는 하느님에 대한
> 충성을 다짐하며 (참된) 교리에 바탕을 둔 믿음을 선언하고자 한다.[58]

신조의 첫 번째 요점은 "가장 사소한 말까지" 성서의 모든 세부내용
이 하느님의 영감을 받았음을 확언하는 것이다.

> 우리는 … 성령께서 옛 성인들에게 성스러운 글을 이루는 말들을 주
> 셨다는 것 … 하느님의 신성한 영감이 각기 다른 수준이 아니라 동
> 일하고 완전히 글의 모든 부분, 역사, 시, 가르침과 예언, 그리고 가
> 장 사소한 말과 단어의 변용까지 작용했음을 믿는다.[59]

---

58 David O. Beale, *In Pursuit of Purity: American Fundamentalism Since 1850* (Greenville,
    SC: Unusual Publications, 1986), 375에서 재인용.

59 위의 책, 375~376.

이는 성서 원본의 모든 단어와 문법적 세부사항까지 하느님의 영감을 받았고 그렇기에 오류가 없음을 단언하는 것이다. 이 신조 이전에는 누구도 성서의 문자적 의미에 특권을 주지 않았다. 루터는 성서에서 가끔 발견되는 오류에 개의치 않았고 이는 칼뱅이나 다른 종교개혁가들도 마찬가지였다. 루터가 율법과 복음을 구별한 것은 그 자체로 성령의 영감이 성서에 균일하게 작용했다고 보지 않았음을 분명하게 보여준다. 유대인이든 그리스도교인이든 과거 신학자들은 성서의 문자적 의미만큼이나 성서의 숨겨진 의미에 하느님의 영감이 작용한다고 생각했다. 그러나 나이아가라 신조를 작성한 이들은 성령의 영감을 성서의 문자적 의미와 연결했으며 이를 영감이 "동일하고 완전히 글의 모든 부분…(에) 작용"했다는 식으로 받아들였다. 이로써 문자적 의미의 무오함은 성스러운 믿음이 되었고 신학적 경계를 그었다.

성서의 상징적 의미가 약화된 후 문자적 의미에 담긴 진리를 과학자들과 성서학자들이 위협하고 있다고 보수주의자들은 생각했다. 그들은 성서의 전적 영감설과 무오설을 타협할 수 없는 교리로 만들어 자신들의 은신처로 삼았다. 이 새로운 교리의 성립에는 초기 근본주의의 신학 자문을 맡은 프린스턴 신학교의 보수적인 신학자 집단이 커다란 영향을 미쳤다.

프린스턴 신학자 아치볼드 알렉산더 하지Archibald Alexander Hodge와 벤저민 B. 워필드Benjamin B. Warfield는 1881년 「장로교 평론」Presbyterian Review에 "영감"에 관한 논문을 통해 성서 무오설이라는 새로운 교리

의 전모를 발표했다. 그들은 나이아가라 신조의 진술을 다음과 같이
다듬었다.

> 영적 가르침이든 의무, 혹은 물리적이거나 역사적인 사실, 혹은 심
> 리적이거나 철학적인 원리든 성서의 모든 확언은 성서 원본의 말 그
> 대로ipsissima verba 확인되고 의도된 바를 따라 해석된다면 어떠한 오류
> 도 없다.[60]

오늘날까지 근본주의자들에게서 권위를 갖는 이 입장은 몇 가지 흥
미로운 전략적 특징을 갖고 있다. 이 입장은 성서 기록을 "말 그대
로", "의도된 바"를 따라 해석하는 것의 타당성을 받아들인다. 성서
의 문자적 의미만이 권위가 있다는 것이다. 그러나 과학이나 성서학
의 발견이 성서의 문자적 의미와 충돌을 일으키는 부분에서 근본주
의자들은 이제 '감추어진' 문자적 의미에서 권위를 찾는다. 성서 무오
설은 부분적으로 잃어버린 성서, 즉 "성서 원본"의 특성이다. 달리
말하면, 우리가 현재까지 갖고 있는 성서는 과거 저자들이 성령의 영
감을 받아 적은 원본과 다를 수 있다. 근본주의자는 과학이나 성서학
과 충돌을 일으키는 부분이 생기면 본래 성서 원본은 그것과 다른 것
을 말했을 것이라고 주장한다.

근본주의자들의 주장을 통해 성서의 숨겨진 의미는 다시 살아났

---

60   A. A. Hodge and Benjamin B. Warfield, 'Inspiration', *Presbyterian Review* 2 (1881), 238.

다. 그러나 동시에 이는 역사화되었다. 숨겨진 의미는 성서의 (더는 존재하지 않는) 원본에 있으며, 이는 본문이 전달되는 과정에서 변질되었다고 그들은 생각했다. 성서의 명백한 오류는 고대 서기관들, 필사가들의 실수나 변경 때문이다. 참된 의미는 숨겨져 있으나, 즉 역사적인 흐름 가운데 상실되었으나 계시를 받은 그때 그 당시에는 있었다. 이는 성서의 감춰진 의미에 대한 옛 가정을 절묘하게 개정한 것이다. 숨겨진 의미는 이제 원문의 문자적 의미이며 이는 이제 시간이라는 모래에 감추어져 있다. 성서의 참된 말씀은 비평을 거부한다. 이는 물질 세계에 더는 존재하지 않을 수도 있기 때문이다.

누군가 "하느님이 이르시되 물 가운데에 궁창이 있어 물과 물로 나뉘라 하시고"(창세 1:6)라는 구절이나 "롯의 아내는 뒤를 돌아보았으므로 소금 기둥이 되었더라"(창세 19:14)라는 구절에 이의를 제기하고 싶다면 그는 이 교리를 따라 이 구절들이 창세기의 원문에 있다는 것부터 증명해야 한다. 하지와 워필드는 말했다.

> 모순된다고 여겨지는 진술이 있다면 그 진술이 확실히 성스러운 책의 원본에 존재했다는 것을 증명하도록 하라.[61]

그러나 이는 원본이 더는 존재하지 않기 때문에 불가능하다. 최근 한 복음주의 학자가 논평했듯 이러한 조건은 "어떠한 오류도 성서에 부

---

61 위의 책, 242.

과될 수 없음을 완벽하게 보장한다".[62] 새로운 성서의 감추어진 의미
는 역사적 과거에 머무르며 과학과 성서학의 호기심 어린 눈길을 막
는 방패가 되었다.

이들의 주장에 따르면 더는 접근할 수 없는 성서 본문에서 오류를
입증할 수 없으므로 창세기와 과학 사이에 충돌은 없고 창세기의 내
적 모순도 없다. 명백한 불일치의 경우 진리는 숨어있는 것으로 간주
된다. 하지와 워필드는 주장했다.

> 과학에서 실제로 확인된 사실과 올바르게 해석된 창세기의 첫 두 장
> 은 실제로는 모순되지 않는다. 창세기의 첫 두 장은 초자연적 지성
> 이 그 장들을 쓰게 했다는 것을 입증할 뿐이다. 또한 이는 성서의 교
> 리적 요소뿐 아니라 과학적 요소도 영감의 범위 안에 있었음을 보여
> 준다.[63]

여기서 성서에 오류가 있다는 주장은 어떠한 경우에도 입증될 수
없다. 신의 영감을 받은 말은 우리가 더는 갖고 있지 않은 성서 "원
본"에만 있기 때문이다. 이는 성서의 오류에 대한 모든 증거를 배제
하는 영리한 주장이다. 그러나 이는 또한 자기 패배적인 주장이기도
하다. 루터가 "성경의 분명한 말"이라고 부른 것에 대한 일관된 의존

---

62 Kern Robert Trembath, *Evangelical Theories of Biblical Inspiration: A Review and Proposal*
(New York: Oxford University Press, 1987), 26.

63 A.A.Hodge and Benjamin B.Warfield, 'Inspiration', 239.

도 불가능하게 만들기 때문이다. 성서 무오설은 우리가 현재 읽는 성서를 세부내용에 있어 신뢰하기 어렵고, 그 의미에 대한 특정한 해석을 지지하는 것이 힘든, 구제 불능의 본문으로 만들어버린다. 참된 말씀은 감추어져 있기 때문이다. 문자적 의미는 이제 무게를 견디지 못하는 상한 갈대가 되어버렸다.

성서학자이자 「장로교 평론」의 공동편집자인 찰스 브릭스Charles Briggs는 이 새로운 교리에 대해 매우 비판적이었다. 그는 신학적 성명서 「어디로?」Whither?(1889)를 발표해 하지와 워필드가 "성서 무오설이라는 새로운 이론을 세웠"으며 "이러한 입장은 정통 개신교에서의 심각하고도 위험한 이탈"이라고 주장했다.[64] 또한 브릭스는 근본주의자들의 주장을 "신학적 쓰레기"로 묘사했다.[65] 그러나 브릭스의 온건한 견해는 교계에 받아들여지지 않았다. 미국 장로교회는 그를 이단으로 고발하고 유죄 판결을 내렸다. 보수주의자들은 하지와 워필드가 공식화한 성서 무오설을 받아들였다. 이 교리는 오늘날까지 개신교 근본주의자들과 복음주의자들의 특징으로 남아 있다.

'근본주의자'fundamentalist라는 말은 1910년부터 1915년까지 출간된 『근본: 진리에 대한 증언』The Fundamentals: A Testimony to the Truth이라는 12권짜리 소책자들에서 유래했다.[66] 『소론과 논평』으로 구현된 진보적 비

---

64 Charles A.Briggs, *Whither? A Theological Question for the Times* (New York: Scribner's, 1889), 72~73.

65 위의 책, 21.

66 이와 관련해서는 다음을 보라. Ernest R.Sandeen, *The Roots of Fundamentalism: British and American Millenarianism, 1800–1930* (Chicago: University of Chicago Press,

전에 대한 미국의 반응을 담고 있는 이 소책자들은 두 명의 부유한 캘리포니아 석유업자가 생각해낸 것으로 약 3백만 권을 무료로 배포했다.

『근본』에 실린 많은 소론은 성서학이나 진화론을 향한 공격을 담고 있다. 사우스웨스턴 신학교 교수인 J.J.리브J.J.Reeve가 쓴 「고등비평에 대한 나의 개인적 경험」My Personal Experience with the Higher Criticism은 전체 소론들의 논조를 대표하는 글이라 할 수 있다. 이 글은 종종 차분하고 합리적이다. 리브는 자신이 어떻게 근대 학문의 유혹에 거의 넘어갔다가 저 잘못된 세계관에서 가까스로 벗어나게 되었는지를 밝힌다.

> 그들의 모든 추측과 이론을 책임지고 있는 것은 그들의 철학 혹은 세계관이다. 세계와 그 현상에 대한 그들의 정신적 태도는 성서에 대한 그들의 태도와 동일하다. … 나는 좀 더 면밀하게 생각했고 현대적 결론에 도달한 모든 움직임은 진화론이라는 가설을 채택한 결과라는 것을 깨닫게 되었다. 이 세계관은 놀라울 정도로 매력적이고 설득력이 있다. … 그러나 좀 더 숙고한 결과 나는 그 안에 있는 약간의 진리는 사탕발림에 지나지 않으며 그 안에 도사리고 있는 몇 가지 치명적인 오류는 감추고 있다고 확신하게 되었다.[67]

1970), ch. 8('The Fundamentals').

67   J.J.Reeve, 'My Personal Experience with the Higher Criticism', *The Fundamentals: A Testimony to the Truth* (12 vols, Chicago: Testimony Publishing, 1910~1915), vol. 3, 98~99.

거짓 우상의 매력을 감지하고 유혹에 성공적으로 맞서는 리브의 개인적인 이야기는 사뭇 감동적이다. 그는 결국 이 "그리스도교의 허울을 가진 고상하고 세련된 이단"을 배격하고 자신이 믿는 것은 오직 성서에 바탕을 둔 그리스도교임을 선언한다.[68]

근대 성서학의 자연주의와 과학의 자연주의를 연결했다는 점에서 리브의 판단은 옳다. 그러나 이 때문에 그는 갈릴레오나 스피노자보다 다윈을 비난한다. 그의 역사적 주장은 틀렸지만, 과학적 이성과 성서의 문자적 의미가 긴장을 이룬다는 것을 그는 올바르게 감지했다. 성서의 분명한 말들이 세상에 관한 앎과 연결되어 있다면 그리스도교가 어떻게 이를 과학에 넘겨줄 수 있겠는가?

성서의 문자적 의미는 뒤로 물러설 플라톤적 세계도 없고 해독할 상징적 의미도 없이 홀로 과학과 학문의 사실주의와 마주하게 되었다. 이러한 상황에서는 초자연주의와 자연주의, 믿음과 이성 사이에서 양자택일을 요구받을 수밖에 없다고 리브는 생각했다. 그리고 근본주의자들이 무엇을 선택해야 하는지는 분명했다. 리브의 표현을 빌리면 그들에게 이는 "편파적이고 일방적인 지성주의"와 "성경에 바탕을 둔 그리스도교의 근본 교리" 사이에서 하나를 선택해야 하는 것처럼 보였다.[69] 그리고 이 다툼에서 이성의 공허한 주장은 거룩한 근본주의자들의 눈에 들어오지 않았다. 그러나 우리는 이 갈등이 리브가 모함했듯 두 가지 선택만 가능한 것인지 질문할 수 있다. 근대

---

68 위의 책, 114.

69 위의 책, 111.

화라는 위기와 마주했을 때 다른 반응을 보일 수도 있는 것이다.

스위스 개신교 학자인 프레데릭 베텍스Frédéric Bettex가 쓴 「성경과 근대 비평」이라는 소론에서 성서의 무오성에 대한 확언은 맹렬한 어조의 설교로 바뀐다.

> 그렇다면 이 근대 비평을 거부하자. 이를 기꺼이 비난하자. 근대 비평이 과연 우리에게 무엇을 제공하는가? 아무것도 없다. 무엇을 빼앗아 가는가? 모든 것을 앗아간다. 그것이 무슨 쓸모가 있는가? 없다! 근대 비평은 살아가는 동안 우리를 돕지도 못하고 우리가 죽음을 맞이할 때 위안을 주지도 못한다. 근대 비평은 다가올 세계에서 우리를 심판하지도 못한다.[70]

여기서 근대 학문은 인간이 만든 것이므로 거부된다. 베텍스가 보기에 이는 창세기 및 성서의 모든 기록을 포함해 하느님이 만든 것에 견주면 아무런 가치가 없다. 근본주의자들의 전선은 좀 더 명확해졌다.

제리 폴웰Jerry Falwell은 "근본주의자는 무언가에 화가 난 복음주의자"라고 말하곤 했다.[71] 근본주의는 근대 과학(특히 진화론)과 성서학에 대한 반감, 분노에서 나왔다. 물론 근본주의자들이 반감을 표한 것은

---

70 Frederic Bettex, 'The Bible and Modern Criticism', *Fundamentals*, vol. 4, 89~90.

71 George M. Marsden, *Understanding Fundamentalism and Evangelicalism* (Grand Rapids, MI: Eerdmans Publishing, 1991), 1.

이 둘 뿐만이 아니지만 결국 핵심은 이 둘이다. 근본주의자들은 자신들의 믿음이 아주 오래전부터 있었다고 생각하지만, 실제 역사는 기껏해야 백 년이 넘지 않는다. 근본주의는 미국의 대호황시대에 탄생한 보수적인 대중주의와 과거에 대한 향수를 연료 삼아 움직이는 운동이다. 이 운동에는 성서의 문자적 의미가 진리이기를 바라는 갈망이 담겨 있다. 근본주의의 특성이라 할 수 있는 단순한 진리에 대한 확언, 그리고 지식인들에 대한 불신은 미국 대중에게 깊은 공감을 일으켰다.

조지 마스든George Marsden이 말했듯 근본주의는 "반근대를 표방하지만 어떤 측면에서는 놀라울 정도로 근대적이다".[72] 근본주의자들은 창세기를 "마치 과학 논문처럼 … 본질적이고 참되고 정확한 명제들의 집합체"로 취급하는 경향이 있다.[73] 창세기의 생애가 매우 복잡해졌을 때, 과학과 학문이 창세기를 곤경에 빠뜨리고 진리를 빼앗아가는 것처럼 보일 때 근본주의는 발생했다. 근본주의는 원본을 잃어버린 세계에서 그 참된 의미를 감춤으로써, 대단히 난해한 교리를 과학과 학문이 순종해야 하는 여왕으로 승격시킴으로써 과학과 양립할 수 있게 만들었다. 그러나 지금까지 살펴보았듯 그 대가는 너무나 컸다.

창세기의 생애는 근대 과학과 성서학을 마주하면서 중년의 위기라는 새로운 국면에 접어들었다. 옛 가정은 의심받았고 과거에는 상

---

72 위의 책, 119.
73 위의 책, 121.

상할 수도 없던 새로운 문제들을 접했다. 다윈의 진화론과 성서 비평의 새로운 학파의 영향이 결합되면서 오랫동안 이어졌던 조화라는 목표는 중단되었다. 그 결과 이 시기 창세기 해석은 근대적인 창세기 해석과 근본주의적 창세기 해석으로 양극화되었다. 양쪽 모두 다른 편을 이단이라고 비난했다.

그러나 논란 많은 두 소론 모음집으로 대표되는 해석의 양극, 즉 『소론과 논평』으로 대표되는 진보적 그리스도교와 『근본』으로 대표되는 근본주의는 창세기의 생애에서 근대화라는 위기에 대한 다양한 반응을 모두 포괄하지는 못한다. 이제부터 살펴볼 것은 다른 반응, 더 미묘하고 복잡한 반응들이다. 일부 작가, 정치인, 혁명가, 학자들은 근대주의자와 근본주의자가 벌이는 주도권 다툼을 넘어 창세기에서 새로운 가능성을 보았다. 마지막 장에서는 그들이 이 위기에서 무엇을 만들어냈는지를 살펴보려 한다.

"그는 침대에 몸을 던지고
어제 저녁에 아침 식사를 위해 준비해두었던
맛있는 사과를 침대용 탁자에서 집었다."

창세기의 현대적 생애는 19세기 중반 수십 년 동안 걸쳐 일어난 산업혁명에 힘입어 사회와 학문(과학, 역사학 등) 전반에 근대성이 영향을 미쳐 거대한 변화를 일구어냈을 때 시작되었다. 한때 널리 퍼져 있던, 성서를 이해하는 방법에 관한 가정은 분열되고 파편화되었다. 전통적으로 창세기가 답했던 신, 우주, 인간의 기원과 운명에 관한 질문들은 이제 열린 질문으로 남거나 심지어 답할 수 없는 것이 되었다. 사람들은 조각들을 다시 묶어내는, 그러면서도 현실을 참되게 볼 수 있는 관점을 제공하는, 창세기를 새롭게 보는 방법을 요청하고 있다. 신성한 말과 세계는 여러 방면에서 소원해졌고 이들을 어떻게 화해시킬 수 있을지를 탐색 중에 있다.

노예 제도와 노예 해방

미국에서 오랫동안 성서를 강조한 전통과 결정적인 단절을 불러온 사건은 남북전쟁이었다. 역사학자 마크 놀Mark Noll*이 강조했듯 남북전쟁은 무엇보다도 창세기 해석의 각축전을 피비린내 나는 전쟁이 심판한, 신학의 위기를 불러온 사건이었다.[1] 당시 신학자들은 노예

---

* 마크 놀(1946~)은 그리스도교 역사학자다. 휘튼 칼리지와 아이오와 대학교에서 영문학을, 트리니티 복음주의 신학교와 밴더빌트 대학교에서 교회사를 공부했다. 휘튼 칼리지, 노틀담 대학교를 거쳐 현재 리젠트 칼리지에서 교회사를 가르치고 있다. 2006년에는 종교와 일반 역사에 남긴 업적을 인정받아 국가 인문학 훈장National Humanities Medal을 받았다. 주요 저서로『종교와 미국 정치』Religion and American Politics,『미국의 신』America's God,『종교개혁은 끝났는가?』Is the Reformation Over? 등이 있으며 한국에는『복음주의 지성의 스캔들』(IVP),『종교개혁은 끝났는가』,『복음주의 발흥』(이상 CLC),『터닝 포인트』(CUP) 등이 소개된 바 있다.

1 Mark A. Noll, *The Civil War as a Theological Crisis* (Chapel Hill: University of North Carolina Press, 2006)

제도의 정당성을 두고 격렬한 논쟁을 벌였는데 크게 세 가지 입장으로 나뉘었다. 첫 번째는 성서가 노예 제도를 정당화한다는 입장이고, 두 번째는 성서가 노예 제도를 반대한다는 입장, 마지막으로는 성서가 무엇이라고 말하든 간에 노예 제도는 잘못되었다는 입장이었다. 이러한 성서 해석의 갈등은 결국 전쟁이라는 참사를 초래했다.

노예 제도를 찬성하는 이들은 자신들의 근거로 창세기 9장에 나오는 술 취한 노아 이야기를 들었다.[2] 저명한 아프리카계 미국인 지도자이자 성공회 사제였던 알렉산더 크룸멜Alexander Crummell이 1862년 언급했듯 "그리스도교 세계는 흑인의 고통과 노예 제도가 노아가 내린 저주의 결과라는 의견을 거의 일반론처럼 받아들이고" 있었다.[3] 그러나 크룸멜과 또 다른 노예 제도 폐지론자들이 지적했듯 성서 본문은 이러한 해석을 지지하지 않는다. (당시 표준이었던 제임스흠정역) 본문은 다음과 같이 말한다.

노아가 농부가 되어 포도원을 세우고 포도주를 마신 뒤 취하여 자기 장막 안에서 벌거벗은 채 있었더니 가나안의 아버지 함이 자기 아버지의 벌거벗은 것을 보고 밖에 있던 자기의 두 형제에게 고하매 셈과 야벳이 옷을 취하여 자기들의 어깨에 올려놓고 뒷걸음쳐 들어가 자기들의 아버지의 벌거벗은 것을 덮었더라. 그들의 얼굴이 뒤를 향

2 Stephen R. Haynes, *Noah's Curse: The Biblical Justification of American Slavery* (New York: Oxford University Press, 2002)

3 David Brion Davis, *Inhuman Bondage: The Rise and Fall of Slavery in the New World* (New York: Oxford University Press, 2006), 66에서 재인용.

하였으므로 그들이 자기들의 아버지의 벌거벗은 것을 보지 아니하였더라. 노아가 포도주에서 깨어나 자기의 작은아들이 자기에게 행한 일을 알고 이르되 "가나안은 저주를 받을 것이요, 그의 형제들에게 종들의 종이 될 것이니라" 하고 또 이르되, "주 곧 셈의 하느님을 찬송하리로다. 가나안은 그의 종이 될 것이요, 하느님께서 야벳을 크게 만드시리니 그가 셈의 장막들에 거하며 가나안은 그의 종이 될 것이니라" 하였더라. (창세 9:20~27)

이 파란만장한 이야기는 결함이 있는 영웅에 관한 이야기다. 노아는 술을 마시고 흐트러졌다. 그리고 아버지의 벌거벗은 몸을 본 잘못을 저지른 이는 (노아의 아들이자) 가나안의 아버지인 함이었는데도 불구하고 기이하게 노아는 손자인 가나안에게 저주를 퍼붓는다. 이는 족장 중심의 가족에서 일어나는 수치, 자손들의 운명을 형성하는 족장의 저주와 축복에 관한 이야기다. 가나안에게 퍼부은 저주는 훗날 신이 가나안 백성으로부터 땅을 빼앗아 셈의 자손인 이스라엘 백성에게 준 일의 전조이며 이 일을 정당화해준다. 신은 가나안 백성을 셈의 장막에서 노예가 되게 함으로써 노아의 저주를 이룬다. 이러한 면에서 저주는 신이 아브라함에게 약속의 땅을 준 것에 대한 정당화다.

이 이야기는 창세기에서 노예 제도를 언급한 첫 번째 이야기기 때문에 후대 해석자들은 이를 노예 제도를 정당화하는 근거로 삼았다. 아프리카 노예무역이 행해지자 이 이야기는 아프리카인들을 노예화하는 것을 정당화하는 이야기로 재해석되었다. 성서의 족보에 따르면 함(가나안의 아버지)은 일부 아프리카 민족들의 조상이기 때문이다. (제임스흠정역) 창세기에 따르면 "함의 아들들은 구스와 이집트와 붓과 가나안"(창세 10:6)이다. "구스"는 이집트 남쪽의 에티오피아, "붓"은 이집트 서쪽 리비아를 가리킨다. 함의 아들 네 명 중 세 명이 아프리카인이었기 때문에 당시 사람들은 함을 모든 아프리카인의 조상으로 여겼다. 그러나 중요한 점이 있다. 바로 노아가 함이나 그의 모든 아들에게 저주를 퍼붓지 않았다는 것이다. 노아는 오직 가나안만을 저주했다. 그러나 가나안에게는 아프리카 후손이 없다. 창세기의 민족 목록은 그의 자녀들이 누구인지 전한다.

> 가나안은 자신의 맏아들 시돈과 헷을 낳고 또 여부스족과 아모리족,
> 기르가스족, 히위족, 알가족, 신족, 아르왓족, 스말족, 하맛족을 낳
> 았다. (창세 10:15~18)

이들은 모두 서아시아에 살았던 가나안 민족들이다. 아프리카인들의 노예화를 정당화하기 위하여 후대에 이 구절을 근거로 든 것은 잘못이며 있는 그대로의 창세기 본문을 잘못 해석한 것이다.

남북전쟁 이전, 그리고 남북전쟁 기간 수많은 노예 제도 폐지론자들이 창세기의 저 구절이 잘못 해석되고 있다고 지적했다. 크룸멜은 1862년에 쓴 한 글에서 이러한 잘못들을 지적했고 그 글에 「저주받지 않은 흑인 - 창세기 9장 25절에 대한 검토」The Negro Race not Under a Curse -

An Examination of Genesis 9:25라는 적절한 제목을 붙였다. 그는 말했다.

> 학식 있는 사람들이 쓴 책에서도 창세기에 대한 이 잘못된 해석이 자주 발견된다. 강의, 연설, 설교, 일상의 대화에서도 자주 언급되곤 한다. 이 잘못된 해석은 너무나도 강하고 끈질기게 전 세계 그리스도교인들의 마음을 쥐고 있어 이를 뿌리째 뽑는 것은 거의 불가능해 보일 정도다. 흑인은 저주받은 인종이고, 심지어 오늘날까지도 조상이 받은 저주를 물려받아 이에 억눌려 있다고 보는 견해가 기정사실처럼 받아들여지고 있다.[4]

크룸멜의 논의는 노예 제도 폐지에 힘을 실어주었다. 그러나 1862년까지 이 논쟁은 설교와 신문뿐만 아니라 미국 전역의 피비린내 나는 전쟁터까지 이어졌다.

1863년 1월 1일, 에이브러햄 링컨은 노예 제도를 폐지시킨 노예 해방 선언Emancipation Proclamation을 발표했다. 이 법령에서 그는 성서 해석에 대해서는 아무런 입장도 취하지 않았다. 그러나 남북전쟁에 대한 연설 중 가장 탁월한 연설(1865년 두 번째 대통령 취임연설)에서 그는 신학적 위기 상황에 대한 그의 견해, 노예 제도를 폐지하는 것에 대한 성서적 정당성을 분명하게 이야기했다. 링컨은 탁월한 문학적 기술과 신학적 예리함으로 창세기의 표현, 성서에 나오는 표현들을 활

---

4   위의 책, 66.

용해 당시 갈등을 묘사했다.[5] 그리고 그는 선언했다.

양자는 똑같은 성서를 읽고, 똑같은 하느님께 기도드리면서, 적을
물리치게 해달라고 하느님의 도움을 호소하고 있습니다. 다른 사람
이 얼굴에 땀을 흘려가며 일해서 힘들게 얻은 빵을 빼앗기 위해 감
히 공정한 하느님의 도움을 요청하는 것은 터무니없는 일입니다. 그
러나 우리가 심판받지 않으려면 남을 심판하지 맙시다.

갈등 중인 양쪽은 같은 성서를 읽었지만, 다르게 읽었다. 링컨은
가장 논쟁적인 성서 본문인 가나안에 대한 노아의 저주 부분은 이야
기하지 않지만, 대신 그 이전의 저주, 즉 아담에 대한 신의 심판을 언
급한다. 제임스흠정역에서 신은 말한다.

땅으로 돌아가기까지 네 얼굴에 땀을 흘려야 빵을 먹으리니
이는 네가 땅에서 취하여졌기 때문이라.
너는 흙이니 흙으로 돌아갈 것이니라. (창세 3:19)

고된 노동은 아담이 에덴에서 신의 명령을 따르지 않은 것에 대한 형
벌이다.

---

5   링컨이 연설을 할 때 성서를 어떻게 활용했는지는 다음을 참조하라. Robert
Alter, *Pen of Iron: American Prose and the King James Bible* (Princeton: Princeton University
Press, 2010), 11~19.

링컨은 자신의 신학적 입장을 제시하기 위해 성서의 말들을 재구성한다. 그렇게 함으로써 그의 연설은 성서와 같은 장엄한 울림을 내게 된다.

> 다른 사람이 얼굴에 땀을 흘려가며 일해서 힘들게 얻은 빵을 빼앗기 위해 감히 공정한 하느님의 도움을 요청하는 것은 터무니없는 일입니다.

이렇게 함으로써 창세기 3장 19절에 나오는, 아담을 향한 신의 질책("네 얼굴에 땀을 흘려야 빵을 먹으리니")은 노예 소유자에 대한 암묵적인 질책이 된다. 창세기의 말들을 활용하여 링컨은 신의 명령을 거스르는 노예 제도 옹호자들의 불경함, 자신들의 부당한 명분을 위해 "감히 공정한 하느님의 도움을 요청"하는 그들의 교만에 유죄를 선고한다. 창세기를 교묘하게 재구성함으로써 그는 노예 제도를 두고 일어난 성서 해석 논쟁을 새로운 수준으로 끌어올렸다. 즉 성서는 분명하게 노예 제도를 인류를 위한 신의 계획을 왜곡한 것으로 비난한다는 것이다. "다른 사람이 얼굴에 땀을 흘려가며 일해서 힘들게 얻은 빵을 빼앗"는 노예 제도는 '하느님의 말씀'을 명백히 위반한 것이다. 이는 아담의 원죄와 마찬가지로 불복종이자 교만이다.

창세기 3장 19절에 대한 링컨의 예리한 해석은 창세기 9장 25절 및 다른 성서 구절들에 대한 노예 제도 옹호자들의 해석에 이의를 제기한다.[6] "똑같은 성서"일지 모르지만, 남부가 읽는 방식은 신의 명령과 뜻을 어기는 것이기에 "터무니 없"다. 하지만 창세기를 인용하며 노예 제도 옹호자들의 주장을 격파하면서도 예수의 말을 재구성해 양쪽을 회유하려 한다.

우리가 심판받지 않으려면 남을 심판하지 맙시다.

여기서 링컨은 예수가 성난 군중을 향해 던진 훈계("너희가 심판을 받지 않으려거든, 남을 심판하지 말아라"(마태 7:1))를 자신을 포함해 갈등을 벌이는 양편을 향해 던지는 훈계로 바꾼다. 이렇게 노예 제도 폐지라는 정의를 앞당기기 위해 링컨은 매우 섬세하게 창세기를 해석하면서도 동시에 완전한 패배를 앞둔 상대방을 배려하기 위해 또 다른 성서 본문을 활용한다.

링컨의 탁월한 성서 해석은 전쟁이 종지부를 찍게 하는 데 커다란 역할을 했을 뿐만 아니라 도덕적인 정당성까지 얻게 해주었다. 그러나 그가 자신의 명분을 정당화하고 국가의 상처를 싸매기 위해 성서를 사용한 바로 그 순간, 성서 해석의 옛 세계는 무너져 내리고 있었다. 이와 관련해 놀은 말했다.

---

6 이외에도 노예 제도 옹호자들이 근거로 삼은 성서 구절은 노예가 주인에게 복종해야 한다는 바울의 이야기(에페 6:5, 골로 3:22, 그리고 1디모 6:1)가 있다. 이와 관련된 논의들은 다음을 참조하라. Allen D. Callahan, *The Talking Book: African Americans and the Bible* (New Haven: Yale University Press, 2006), 30~38.

남북전쟁은 신학자가 하던 일을 정치가와 군인들이 맡게 했다. 성서의 의미를 결정한 것은 결국 남북전쟁이라는 시련이었다. 전쟁의 승리는 사람들이 미국의 공공 정책의 목적에 부합하게 성서가 노예 제도를 지지하지 않는다고 결정하도록 했다. 이를 모든 미국인이 자의적으로 한 것은 결코 아니지만, 남북전쟁 이래 이 평결은 깨지지 않았다. 이를 계기로 사람들은 국가의 공공 정책을 결정할 때 그 어떤 것도 성서 구절에 근거해 내리지 않기로 암묵적으로 합의했다.[7]

남북전쟁이라는 신학의 위기는 창세기 생애의 위기기도 했다. 과학, 학문, 산업화 등 다른 분야의 세속화 추세와 마찬가지로 신성한 말과 세상은 점점 더 멀어졌다. 미국의 공공 광장은 미국이 로마 가톨릭 신자, 유대인, 해안으로 온 다른 이민자들을 좀 더 환대하게 되면서 점점 더 어느 종파에도 속하지 않게 되었다. 성서에 바탕을 둔 개신교의 정치 질서가 침체되었고 덕분에 좀 더 관용적인 국가로 나아가는 길이 열렸다. 해석의 갈등 가운데 창세기는 더는 통치와 관련해 어떤 구속력 있는 실천적 지침을 제공하지 못했다.

제2의 성

노예 제도 폐지 운동에는 저명한 여성들도 많이 동참했다. 해방을 향한 갈망이 공명을 불러일으켰기 때문이다. 링컨이 노예 제도를 비

---

7   Mark A. Noll, *The Civil War as a Theological Crisis*, 160~161.

난하기 위해 인용한 창세기 이야기는 남성의 여성 지배를 정당화하는 근거 본문으로 쓰이기도 했다. 신은 하와에게 임신 중의 고통과 함께 가부장의 지배 아래 고된 노동을 겪게 될 것이라고 저주를 내린다.

네가 남편을 지배하려고 해도 남편이 너를 다스릴 것이다. (창세 3:16)

이 신성한 벌의 의미는 너무나도 분명해 수천 년 동안 서구인들은 이를 자명한 공리로 간주했다. 그러나 많은 성서 본문에 존재하는 노예 제도가 잘못되었다면, 그 옳고 그름에 대한 판단은 성서가 말하는 것과 별도로 이루어질 수 있다는 생각이 싹텄다. 급진적인 노예 제도 폐지론자들이 그 대표적인 예였다. 1845년 윌리엄 로이드 개리슨 William Lloyd Garrison은 주장했다.

단순히 성서에 있다는 이유로 이를 진리로 여기고 믿어야 한다고 말하는 것은 터무니없고 유해하다. … 성서의 일부를 잘못되었다고 보는 것이 반드시 진리를 거부하는 것은 아니며, 어쩌면 진리를 사랑함을 드러내는 최상의 행동일지도 모른다.[8]

과거 스피노자가 제시한 성서의 의미와 실제 사실의 구분은 노예 제

---

8 위의 책, 31~32에서 재인용.

도와 관련된 성서 해석 논쟁에서 위력을 발휘했다.

노예 제도 폐지론자들은 성서에 바탕을 둔 도덕적 진리의 가능성을 염두에 두면서 인간의 평등이라는 더 큰 가치를 지지해주는 성서 본문을 활용했다. 창세기 1장에 따르면 모든 인간은 남녀 모두 신의 모습으로 창조되었다. 제임스흠정역은 이를 다음과 같이 옮긴다.

> 하느님께서 이르시되 "우리가 우리의 형상으로 우리의 모양에 따라 사람을 만들고 그들이 바다의 물고기와 공중의 날짐승과 가축과 온 땅과 땅에서 기는 모든 기는 것을 지배하게 하자" 하시고 이처럼 자신의 형상으로 사람을 창조하시되 하느님의 형상으로 사람으로, 남성과 여성으로 창조하시니라. (창세 1:26~27)

이 본문은 인종이나 성별을 불문하고 인간 평등의 원리를 분명하게 표현한다. 창조주인 신은 노예, 여성, 자유인을 모두 동등하게 여긴다. 모두가 존귀하다.

급진적인 노예 제도 폐지론자 중에는 미국에서 여성 인권 운동의 첫 번째 물결을 일으킨 여성 집단도 있었다. 이들은 두 가지 해방 과업을 달성하기 위해 창세기를 새롭게 해석했다. 그들 중 가장 탁월한 웅변가였던 새라 그림케Sarah Grimké는 창세기 1장을 근거 삼아 노예 제도 폐지를 요구하는 글과 『성 평등과 여성의 조건에 관한 편지』Letters on the Equality of the Sexes and the Condition of Women(1838)를 썼다.

우리는 여자가 창조되었을 당시 하느님이 그녀를 어떻게 보았는지를 살펴보아야 한다. ⋯ 인간의 창조를 이야기하는 이 숭고한 글에서 그들 사이에 우열 관계가 있다는 암시는 손톱만큼도 발견되지 않는다. 그들은 모두 하느님의 모습대로 창조되었고 다른 모든 피조물을 다스릴 수 있는 통치권을 받았다. 서로에 대한 지배권은 받지 않았다. 창조주 하느님은 그들을 동등하게 창조하시며 조화와 사랑 가운데 당신께서 맡기신 권한을 행사하기를 기대하셨다.[9]

신은 남자와 여자를 함께 창조하되 둘 다 자신의 형상대로 창조했다. 여성 운동은 노예 제도 폐지 운동의 불길 가운데 탄생했고 둘 다 창세기 1장의 원리에 호소했다. 남북전쟁이 노예 해방을 이룬 뒤 노예 제도 폐지론자들은 이어서 여성 해방을 위해 싸웠다.

당시 또 다른 저명한 여성 인권 운동가로는 엘리자베스 캐디 스탠턴Elizabeth Cady Stanton이 있다. 그녀는 1895년 최초의 여성주의 성서 주석 『여성의 성서』The Woman's Bible를 편집했다. 이 책에서 스탠턴은 여성의 권리에 대한 열정과 유럽 성서학계에서 새롭게 일어나던 물결을 결합했다. 그녀는 신학의 혁명을 선언한다.

오라. 오라. 나의 보수적인 친구여.
안경의 먼지를 닦아내고, 세상이 움직이는 것을 보라.

---

9 위의 책, 205.

성서는 "실수할 수 있는 인간이 영향을 미쳤기 때문에" 모든 부분에서 권위가 있는 것으로 받아들일 수는 없다고 스탠턴은 주장한다.[10] 이어서 그녀는 창세기 1장의 양성평등을 찬미하며 창세기 3장을 쓴 후대 저자가 이를 뒤집었다고 이야기한다.

> 어떤 교활한 저자가 1장에서 남성과 여성이 완벽하게 동등한 창조물로 기술한 것을 보고 남성의 권위와 지배를 유지하기 위해 여성의 남성 종속을 산출해내는 것이 중요하다고 생각한 것이 확실하다.[11]

스탠턴은 성서학자들이 창세기 1장 26~27절과 창세기 3장 16절이 각기 다른 자료에서 온 것이라고 주장했음을 알았다. 그러므로 후자에서 여성의 종속을 이야기하는 이유는 "어떤 교활한 저자"가 자신의 상상을 덧입혔기 때문이다. 이는 신성한 계시와는 아무런 관련이 없다. 그녀는 여성의 권리를 옹호하기 위해 당시 성서학의 결과들을 활용했다. 노예 제도와 마찬가지로 도덕적 판단은 성서와 무관하게 이루어질 수 있거나 혹은 창세기 본문에서 고르지 않게 드러나는 진리에 근거를 둔다. 이 경우 창세기 1장의 저자는 양성평등이라는 진리를 인지했지만, 창세기 3장의 저자는 이를 훼손하려 했다.

『여성의 성서』의 출간 직후, 전미 여성 선거군 협회National American

---

10   Elizabeth Cady Stanton(ed.), *The Woman's Bible. Part I: Comments on Genesis, Exodus, Leviticus, Numbers and Deuteronomy* (New York: European Publishing, 1895), 10, 31.

11   위의 책, 21.

Woman Suffrage Association는 "우리는 이른바 '여성의 성서'와 아무 공식적인 관계가 없다"고 발표했다. 당시에 (여성들의 시선에도)『여성의 성서』는 너무나 논쟁적인 저작이었다. 그러나 양성평등 주장은 이미 성서 비평과 근대 과학이 주도하는 흐름 가운데 있었다. 그림케, 스탠턴 등이 뿌린 씨앗은 19세기와 20세기 여성 작가들의 작품들에서 꽃을 피웠다.[12] 이들 중 가장 위대한 사람은 가장 위대한 현대 시인이기도 한, 그림케 및 스탠턴과 동시대 사람이었던 에밀리 디킨슨Emily Dickinson이다. 그녀는 창세기를 읽으며 자신의 상상력을 펼쳤고 이를 세계에 대한 급진적이고도 독특한 현대적 이해로 엮어냈다.

불확실한 확실성

에밀리 디킨슨에 따르면 시인의 임무는 "모든 진리를 말하되 비스듬하게 말"하는 것이다.[13] 진리는 너무나도 방대하고 말로 온전히 표현할 수 없다. 그러나 위대한 시는 실재를 비스듬히, 순간이나마 엿볼 수 있게 해준다. 주의 깊은 독자는 시를 통해 새로운 시각으로 진리를 보게 된다. 디킨슨의 시는 바로 이렇게 작동한다. 그녀는 자신의 예술을 통해 현대 세계의 내면과 외적 풍경의 일부를 밝힌다. 디킨슨은 성서에 나오는 이야기를 암시하는 요소들이 가미된 전통적인

---

12 이와 관련해서는 다음을 보라. Ronald Hendel, Chana Kronfeld, and Ilana Pardes, 'Gender and Sexuality', *Reading Genesis: Ten Methods* (Cambridge: Cambridge University Press, 2010), 71~91.

13 Emily Dickinson, *The Poems of Emily Dickinson: Reading Edition* (Cambridge, MA: Harvard University Press, 1999), no. 1263. 이후 시 번호는 이 판본을 따랐다.

어법을 활용해 자신의 비전이 빛을 발하게 만든다. 그녀는 말한다.

진리는 서서히 그 빛을 발해야 한다.
그렇지 않으면 모든 사람은 눈이 멀게 될 것이다.[14]

디킨슨은 엄격한 칼뱅주의 신앙이 지배하던 뉴잉글랜드 지역에서 성장했다. 그러나 당시 그곳에는 개리슨과 그림케 같은 급진적인 노예 제도 폐지론자들, 에머슨Emerson, 소로Thoreau, 휘트먼Whitman 같은 초월주의자, 자유사상가들이 전파한 새로운 사상이 확산되고 있었다. 급진적인 노예 제도 폐지론자이자 유니테리언파 목사였던 시어도어 파커Theodore Parker는 위에서 언급한 인물들만큼은 아니지만 남북전쟁 전 뉴잉글랜드 지역에서는 매우 인기 있는 연설가였다. 디킨슨은 한 편지에서 그를 언급했다.

사람들은 그가 일종의 '독'이라고, 유해한 인물이라고 말했어.
난 그 '독'을 아주 좋아하게 되었지.[15]

파커는 신학교에서 당시 유럽에서 일어난 새로운 성서학을 공부했고 그 지식의 정수를 뽑아 설교를 통해 자신의 뉴잉글랜드인 동료들에

---

14 위의 책, no. 1263.

15 Jane Donahue Eberwein, *Dickinson: Strategies of Limitation* (Amherst: University of Massachusetts Press, 1985), 78에서 재인용.

게 전했다. 그는 회고록에서 신학교에서 배운 성서학에 관해 이야기했다.

나는 최근의 비평과 해석자들, 특히 독일 성서학자들의 작업을 신중하게 공부했다. 나는 성서가 매우 다양한 책들의 모음집이며 저자는 대개 익명이거나 의심되고 누가, 어떻게, 언제 수집했는지 아무도 모른다는 것을 이내 알게 되었다. … 성서는 인간의 작품이라는 것을 알게 되면서 나는 그리스도교 교회가 영국이라는 국가나 네덜란드인의 상점이나 오스트리아의 농장보다 특별히 신성하지 않다는 것도 알게 되었다. 자세히 들여다보니 경이롭고 오류가 없는 성서, 그리고 경이롭고 오류가 없는 교회는 사라졌다. 나는 역사의 사실과 신학의 주장은 매우 다르다는 것을 알게 되었다.[16]

이것이 디킨슨이 그렇게도 좋아했던 악명 높은 '독'(성서와 교회의 무오성을 폭로하는 이)의 사상이었다.

디킨슨에게 진리라는 빛에 다가가는 원천은 성서, 교회, 혹은 교리 조항이 아니라 의심의 변증법적 운동이다. 그녀는 시를 쓸 때 개신교 전통의 감수성(그녀는 이 전통이 변혁의 능력을 유지하고 있다고 보았다)을 찬미하는 차원에서 찬송가의 형식을 빌렸다. 그녀는 "새벽처럼 오래가는 / 창세기라는 새 집에" 깃드는 초월의 섬광을 노래하는 한

---

16 Theodore Parker, *Theodore Parker's Experience as a Minister, with Some Account of His Early Life, and Education for the Ministry* (Boston: Rufus Leighton, 1859), 38~40.

편 "알고─그리고 알지 못하는 / 마음의 달콤한 회의주의"를 찬미
한다.[17]

성서에 대한 근대적 접근이라는 악명 높은 '독'을 마신 뒤로 디킨
슨은 창세기를 소설 모음집으로 읽었다. "달콤한 회의주의"라는 변증
법 가운데 그녀는 창세기가 일종의 전설이라는 한계를 인정하면서도
동시에 이를 시적 상상력을 위한 자원으로 삼았다. 디킨슨은 창세기
를 어른이 되면 더는 찾지 않는, 유년 시절 이야기로 간주했다.

성숙한─아이들은─대개─더 현명해진다─
희미하게 전해지는─전설인─에덴─
하와와 고통─노파의 이야기─[18]

초창기 여성 운동가인 그림케나 스탠턴처럼 디킨슨 역시 하와가 고
통(그녀는 '죄'나 '저주'라는 신학적 표현을 쓰지 않는다)을 겪게 된 이야기를
허구로 보았다. 이는 그저 "노파의 이야기"다(그리고 이 표현은 전설의
하와가 우리의 조모grandmother이자 '고귀한 여인'grand dame임을 암시한다). 그러
나 성숙은 양면적이다. 성숙한 아이들은 대개 더 현명해지지만, 모든
어른이 현명해지는 것은 아니다. 디킨슨의 장난기 넘치는 언어유희
("대개")는 성서를 두고 이루어지는 성찰이 덜 진지하게 보이게 만든
다. 그러나 또한 그녀는 에덴 이야기가 "희미하게 전해지는─전설"이

---

17 Emily Dickinson, *Poems of Emily Dickinson*, nos. 1438, 1415.

18 위의 책, no. 503.

라고 말함으로써 이 이야기가 보이지 않는 깊이를 지니고 있음을 암시한다. 부사 "희미하게"는 온전히 드러나지 않은 부분의 분위기를 암시하며 "고통"이라는 짧은 말은 이를 강화한다. 이 이야기는 현실에 관한 좀 더 깊은 진리를 담고 있다고 그녀는 여긴 것이다.

디킨슨은 자신이 쓴 한 편지에서 성서 이야기에 대한 자기 생각을 분명하게 밝힌다. 여기서 그녀는 자신이 본격적으로 시작詩作을 하면서 어떻게 "구약성서와 신약성서 읽기에 골몰했는지"를 회상한다.

> 예전에는 성서를 그저 무미건조한 책으로 알고 있었어요. 하지만 읽고 나서 얼마나 무한한 지혜를 머금고 있는지, 성서를 읽는 일이 얼마나 큰 기쁨인지를 알게 되었지요. 글을 좀 아는 사람이라면 누구라도 성서 기록이 얼마나 유려한지, 얼마나 큰 힘을 지니고 있는지를 인정할 겁니다. 하지만 과연 성서라는 바다의 헤아릴 수 없는 깊이, 심연과도 같은 의미를 헤아려본 사람은 얼마나 될까요?[19]

시적 언어의 대가로서 그녀는 성서에 담긴 말이 "얼마나 유려한지 얼마나 큰 힘을 지니고 있는지"를 감지하고 이를 풍부하게 활용한다. 성서의 표현과 "헤아릴 수 없는 깊이, 심연과도 같은 의미"에 집중함으로써 그녀는 현대적인 감수성으로 본문을 대하는 법이 무엇인지를 보여준다. 성서는 이제 결코 오류가 없는 계시가 아니라 깨달음의 빛

---

19 James McIntosh, *Nimble Believing: Dickinson and the Unknown* (Ann Arbor: University of Michigan Press, 2000), 89에서 재인용.

을 안겨다 주고 즐거움을 선사하는, "무한한 지혜를 머금고" 있으며 읽는 "기쁨"을 가져다주는 예술작품이다. 자신의 시처럼 말이다. 또 디킨슨은 말한다.

나는 그러한 말들을 좋아하는, 그러한 말들이 필요한 이들을 알고 있습니다. 저의 시도 그들에게 그렇게 다가가기를 바랍니다.

디킨슨은 더는 일반적인 의미에서의 신자가 아니다. 어떤 면에서는 전통의 반대편에 있다. 그러나 그녀는 자신이 말했듯 성서 이야기들 이 여전히 "깊게 그늘진 마음을 비추는 거대한 빛줄기"임을 안다.[20]

그러나 디킨슨의 회의적인 마음속에서 성서는 고대의 책이며 인 기가 많지만 괴상하고 고풍스러운 본문이다. 이 시점에서는 성서의 결점들이 도드라지게 보인다. 어느 신랄한 풍자시에서 그녀는 자신 이 어렸을 때 배운 칼뱅주의자들의 "교리적 믿음의 조항들"을 언급한 다. 이 조항에 따르면 "구약과 신약은 거룩한 사람들이 성령의 감동 을 받아 쓴 것이다".[21] 이를 디킨슨은 다음과 같이 풍자한다.

성서는 고대의 책이다—
사라져간 사람들이

---

20 위의 책, 89.
21 위의 책, 84.

거룩한 유령들의 제안을 받아 기록한—[22]

"성령의 감동을 받아 쓴" "거룩한 사람들"은 이제 "거룩한 유령들의
제안을 받아 기록한" 익명의 "사라져간 사람들"이다. 여기서 "거룩한
유령들"은 평범한 유령 집단에 지나지 않으며 완전한 영감을 주기보
다는 그저 "제안"만 할 뿐이다. 이렇듯 디킨슨은 성서에 대한 교리적
믿음을 격하한다. 이 시의 마지막 구절은 그녀가 교리적 믿음보다는
그리스 신화에 더 호의적임을 보여준다.

오르페우스의 설교는 마음을 사로잡았지—
정죄하지 않았다.

여기서 디킨슨은 "사라져간 사람들"이 남긴 유산과 "낭랑한 이야기
꾼"인 "오르페우스"의 달콤한 시를 대비시키며 칼뱅주의 교회에서
가르친 경직된 성서 교리를 비난한다. 그녀는 성서 언어의 유려함과
깊은 의미를 인정하는 바로 그 순간에도 전통에 대한 자신의 비평적
판단을 억누르지 않는다. 디킨슨의 마음에 자리한 회의주의는 비판
과 상상력을 끊임없이 넘나든다.

　에덴동산 이야기를 성찰할 때도 동일한 움직임이 발견된다. 위에
서 언급했듯 그녀는 이를 "희미하게 전해지는—전설"로 묘사했다. 그

22　Emily Dickinson, *Poems of Emily Dickinson*, no. 1577.

리고 한 편지에서 고백했다.

> 나는 단 한 번도 그곳(낙원)을 어떤 초월적인 공간이라고 생각해 본
> 적이 없어요.[23]

그녀는 언제나 바로 이 현실, 의식할 수 있고 행복을 느낄 수 있는 '지
금, 여기' 인간의 자리를 그리기 위해 에덴 이야기를 활용한다. 디킨
슨이 보기에 에덴 이야기는 "언제나 유효하다". 과거 초월적인 공간
은 이제 개인이 영적 변화를 겪게 해주는 공간이 된다. 다른 곳처럼
이곳에서도 "달콤한 회의주의"가 작동한다. 그리고 이곳에서 느끼는
기쁨 또한 다른 곳에서처럼 에로티시즘과 맞물려 있다. 널리 알려진
시 「격렬한 밤」wild nights에서 신은 성적 사랑의 대상으로 등장하고 신
과 맺는 황홀한 관계는 '에덴동산에서 노를 젓는 것'으로 묘사된다.
이렇게 그녀는 에덴동산 이야기를 열정적인 성적 사랑의 언어로 재
구성함으로써 초인적 인간이 아닌, 실제 인간의 이야기로 바꾼다.

또 다른 시에서 디킨슨은 어린아이 같은 순수함을 잃고 성숙해지
며 갈등을 겪는 에덴동산 이야기를 근대 의식이 무엇을 잃고 또 얻었
는지를 성찰하는 시로 다시 그려낸다. 여기서 그녀는 진리를 비스듬
하게 이야기하는 성서 이야기의 특징을 보존하면서도 현대인들에게
친숙한 용어를 활용해 이를 새롭게 표현한다.

---

23   James McIntosh, *Nimble Believing*, 67.

에덴이란 '구닥다리 집'

우리가 떠날 때까지는

우리가 매일같이 살아가는

곳임을 한 번도 의심하지 않는다.

돌이켜 보면 공평한 일, 그날

우리는 느긋하게 문을 열고 나온다−

우리의 귀환을 의식하지 않으며

하지만 이제 그곳은 찾을 수 없다.[24]

첫 번째 연에서 디킨슨은 에덴동산을 "구닥다리 집"으로 묘사한다. 이국적이고 초월적인 특성을 품고 있던 에덴동산은 이제 "우리가 매일같이 살아가는 곳임을 한 번도 의심하지 않는" 지극히 평범한 곳이 된다. 우리는 무심코 (말이나 차를 타고) "떠날 때" 비로소 우리가 무언가를 잃어버리게 되었음을 깨닫는다. 디킨슨은 "우리"라는 말을 반복해서 씀으로써 독자들에게 이것이 공통경험임을 깨닫게 하고, 현재 시제를 씀으로써 이러한 경험이 시대를 거쳐 반복되고 있음을 상기시키고 있다.

유년, 순수, 그리고 에덴동산 이야기에 대한 순진한 믿음과 같은 에덴의 기억은 "돌이켜" 보면서 의식 표면으로 떠오르게 된다. 그렇게 됨으로써 집을 떠나는 평범한 행동은 에덴동산에서 아담과 하와

---

24 Emily Dickinson, *Poems of Emily Dickinson*, no. 1734.

가 추방된 사건과 연결되며 유사 성서적 사건이 된다. 하지만 디킨슨이 보기에 "우리"는 신에 의해 쫓겨나 사나운 피조물이 지키는 입구를 나간 것이 아니다. "우리"는 그곳을 평범한 날, "느긋하게 문을 열고" 나갔다. 이 사건에서 초월적인 요소는 없다. 우리는 단순히 그곳을 떠났다.

마침내 현재로 되돌아와(동사는 계속 현재형으로 쓰인다) 우리가 기억을 되찾는 바로 그 순간 낙원은 사라진다.

우리의 귀환을 의식하지 않으며
하지만 이제 그곳은 찾을 수 없다.

에덴동산이라는 "구닥다리 집"은 "전설"이 "희미하게 전해지는" 곳이 되어버렸다. 한때 우리는 그곳에서 살았지만 이제 그곳은 더는 존재하지 않는다. 우리는 다시는 순수한 시절의 행복을 되찾지 못한다. 우리는 성숙한 경험이 그러한 순수하고 단순한 평안을 상쇄하는, 파편화된 세계에 살고 있다. "구닥다리" 거처는 이제 기억 어디엔가 있는, 상실과 갈망의 대상이 되었다.

디킨슨은 에덴동산 이야기가 "고대의 책"에 실린 전설임을 알고 있었다. 그러나 그녀는 그 이야기가 문학적인 차원에서 진리를 전하고 있음을 알고 있었으며 오늘날에도 유효할 수 있는 시적 해설을 제시했다. 이 해설을 통해 그녀는 에덴이 무엇인지 그리고 왜, 어떻게 이를 더는 소유할 수 없는지를 설명한다. 디킨슨이 현대적으로 개정한 에덴 이야기에는 많은 진리가 담겨 있다. 하지만 언제나 그렇듯 그녀는 이 진리를 비스듬히 전달한다. 디킨슨 마음에 자리한 회의주의가 "말라빠진 확실성"에 안주하지 않고 민첩하게 움직였기 때문이다. 그녀는 썼다.

낙원의 존재에 대하여
우리가 아는 모든 것은
불확실한 확실성이다—[25]

우화

디킨슨의 시적 재능이 폭발한 시기는 남북전쟁 시기와 겹친다. 시대의 격렬함이 그녀의 천재성을 자극한 것이다. 마찬가지로 제1차 세계대전은 현대 작가 중 가장 인상적인 작가인 프란츠 카프카로 대표되는 또 다른 예술적 상상력을 불러일으켰다. 그의 소설 중 가장 널리 알려진 미완성 소설(그의 모든 소설은 미완성이다) 『소송』The Trial을 그는 세계대전 발발 몇 주 후인 1914년 8월부터 쓰기 시작했다. 카프카는 전장에 가기에는 부적합하다는 판정을 받았다. 자기 자신을 "이 땅에 어울리지 않는" 사람이라고 자조적으로 말하던 이에게 적합한 판정이었다.[26]

---

25 위의 책, no. 1411.

26 Louis Begley, *The Tremendous World I Have Inside My Head: Franz Kafka: A Biographical Essay* (New York: Atlas, 2008), 93에서 재인용.

디킨슨처럼 카프카도 자신의 문학적 상상력을 일으키는 영감의 원천으로 성서에 의지했다. 그에게 창세기 이야기는 소설, 집요하게 달려들면 진리의 섬광을 보여주는 소설이었다. 카프카의 후기 단편 「어느 개의 연구」Investigations of a Dog에서 주인공 개는 말한다.

옛날에 있었던 기이할 정도로 단순한 이야기들을 들었을 때 우리의 가슴을 뛰게 하는 것은 이 가능성이었다. 우리는 때때로 그것을 암시하는 듯한 말을 듣는다. 이를 통해 우리가 몇 세기에 걸친 부담을 우리 몸에서 벗어버린다면 깡충 뛸 듯한 심정일 것이다.[27]

반쯤 잊고 있었던 유대교 전통에 다시금 매료된 카프카는 자신의 이야기들에 스며든 "가슴을 뛰게 하는 … 가능성"을 끄집어내기 위해 창세기 이야기를 지속적으로 음미했다. 발터 벤야민이 관찰했듯 카프카의 강렬한 소설은 "삶을 성서로 변형"한 것처럼 보인다.[28] 때때로 그는 창세기의 파편들, 창세기 이야기를 암시하는 내용을 자신의 이야기에 엮어 넣었다.

많은 비평가가 보통 『소송』을 성서의 욥기와 비교하곤 한다(충분히 그럴만한 일이다). 막스 브로트Max Brod'가 언급했듯 요제프 K의 마지막 불평("한 번도 보지 못했던 판사는 어디에 있는가? 결코 가보지 못했던 상급법

---

27 Franz Kafka, *The Great Wall of China and Other Short Works* (London: Penguin Books, 1991), 161. 『변신 - 단편전집』(솔)

28 Robert Alter, *Necessary Angels: Tradition and Modernity in Kafka, Benjamin, and Scholem* (Cambridge, MA: Harvard University Press, 1991), 19. 『필요한 천사들』(에디투스)

원은 어디에 있는가?")은 욥의 절규를 연상시키며 책 전반에 걸쳐 '욥의 오래된 문제'the old problem of Job의 메아리가 울려 퍼진다.²⁹ 프리모 레비 Primo Levi**는 카프카 소설의 이러한 차원을 아름답게 표현한 바 있다.

이것이, 이것이 바로 인간의 숙명이다. 우리는 행하지도 않은 범죄로 인해 박해받을 수 있고 심판받을 수 있다. 이는 너무나도 불명료하고 모호해 '법정'을 통해서는 결코 우리에게 드러나지 않을 것이다.³⁰

---

* 막스 브로트(1884~1968)는 프라하 출신의 작가이자 비평가, 작곡가, 문화철학자다. 체코 프라하 카를 페르디난트 대학교에서 법학을 공부하고 프라하우체국에서 법률가로 일하며 미술평론가이자 작가로 경력을 쌓았다. 1902년 프라하에 있는 독일 대학생들의 독서 모임에서 카프카를 처음 만난 뒤 이후 1924년 카프카가 세상을 떠날 때까지 그와 만남을 이어갔다. 카프카는 그에게 자신의 작품을 모두 없애 달라는 유언을 남겼으나 브로트는 그의 유고를 출판했고 평생에 걸쳐 저술과 강연을 통해 카프카를 현대의 가장 중요한 작가로 알렸다. 특히 그가 쓴 카프카 평전은 카프카가 세계적인 명성을 얻는 데 커다란 공헌을 했다. 한국에는 이 평전이 『나의 카프카』(솔)로 소개되었다.

29 Max Brod, *Franz Kafka: A Biography* (New York: Schocken, 1960), 180. 『나의 카프카』(솔)

** 프리모 레비(1919~1987)는 이탈리아의 화학자이자 작가다. 유대계 가정에서 태어나 토리노 대학교에서 화학을 공부했다. 유대인을 탄압하는 인종법 때문에 학업을 중단하게 되었고 파시즘에 저항운동을 벌이다 1943년 체포되어 1945년까지 11개월을 아우슈비츠 수용소에서 보냈다. 이후 이탈리아로 돌아와 일을 하면서 수용소 경험을 글로 쓰기 시작했으며 첫 번째 책 『이것이 인간인가』가 주목을 받으며 본격적인 작가의 길에 들어섰다. 이후 『주기율표』Il Sistema Periodico, 『가라앉은 자와 구조된 자』Sommersi e i Salvati 등이 있으며 한국에는 『이것이 인간인가』(돌베개), 『주기율표』(돌베개), 『가라앉은 자와 구조된 자』(돌베개) 등이 소개된 바 있다.

30 Primo Levi, 'Note to Franz Kafka's The Trial', *The Black Hole of Auschwitz* (Malden, MA: Polity Press, 2005), 140.

카프카가 욥이 처한 곤경을 극대화하고 있는 것은 분명하다. 그러나 카프카의 글들이 대체로 그러하듯 『소송』의 밀도 높은 문장들은 요제프 K를 단순히 현대판 욥으로 읽는 것을 무산시킨다. 그는 에덴동산 이야기를 상쇄하는 암시들을 곳곳에 배치했고 이로써 이야기는 더 복잡해지며 요제프 K가 받는 심판, 그가 처한 곤경은 더 모호해진다.

소설은 궁금증을 불러일으키는 문장으로 시작한다.

누군가 요제프 K를 모함한 게 틀림없다. 무슨 잘못을 한 적이 없는 데도 어느 날 아침 그가 체포되었으니 말이다.

욥과 마찬가지로 요제프 K는 무고한 사람처럼 보인다. "무슨 잘못을 한 적이" 없기 때문이다. 그러나 "잘못을 한"으로 번역된 독일어 '뵈제'Böse는 '악'이라는 더 강한 의미도 지닌다. 언젠가 브레온 미첼Breon Mitchell*은 이 말을 영어로 번역하는 것의 어려움을 토로한 바 있다.

이 말을 어른의 행동에 적용하면 에덴동산의 타락 이야기부터 니체의 『선악의 저편』Jenseits von Gut und Böse에 나오는 도덕의 기원에 관한 논의에 이르기까지 다양한 도덕적이고 철학적인 울림을 낸다.[31]

---

* 브레온 미첼(1942~)은 미국의 독문학자이자 번역가다. 옥스퍼드 대학교에서 비교문학을 공부했으며 인디애나 대학교에서 독문학 교수로 활동하며 프란츠 카프카, 하인리히 뵐, 귄터 그라스 등의 작품을 영어로 번역했다. 현재 인디애나 대학교의 명예교수로 활동 중이다.

31 Franz Kafka, 'Translator's Preface', *The Trial* (New York: Schocken Books, 1998), xix. 인용은 이 번역본을 따랐다. 『소송』(솔)

성서에 나오는 욥은 전적으로 죄가 없고 의로운 사람이다(욥기 1:1 참조). 그러나 요제프 K는 특별한 잘못을 하지는 않았다 할지라도 전적으로 죄가 없는 인물은 아닐 수 있다.

감시인들이 요제프 K를 체포하기 위해 그의 하숙집을 찾는 장면에서 에덴 이야기의 영향은 더 분명하게 감지된다. 감시인들이 K의 아침 식사를 훔치고서는 원한다면 다른 음식을 사다주겠다고 제안하자 K는 침실로 도피한다.

> 그는 침대에 몸을 던지고 어제저녁에 아침 식사를 위해 준비해두었던 맛있는 사과를 침대용 탁자에서 집었다. 지금 그것이 유일한 아침 식사였다. 어쨌든 한 입 크게 베어 먹어보니 기껏 감시인들의 은총으로 얻어먹었을지 모를 저 지저분한 야간 카페의 아침 식사보다 훨씬 더 나았다. 그는 기분이 좋았으며 마음이 든든했다.[32]

이 기이한 장면은 (다소 희극적인 방식으로) 에덴에서 인간이 저지른 죄를 상기시킨다. 앞에서 언급했듯 유럽 전통에 속한 사람들은 라틴어 '악'과 '사과'가 동음이의어라는 것에 기반해 선악과를 사과로 여겼다. 이 장면에서 K는 "맛있는 사과"를 "한 입 크게 베어" 무는데 "기분이 좋았으며 마음이 든든"했다고 한다. 이는 원죄 사건을 미묘하게 축소한 것으로 볼 수 있는데, K는 그저 감시인이 훔친 아침 식사 대

---

32 Franz Kafka, *The Trial*, 10.

신에 몰래 사과를 먹은 것이기 때문이다. 그러나 이어지는 대목에서 그는 갑자기 자살을 고려하는데, 이는 "그것을 따먹는 날, 너는 반드시 죽는다"(창세 2:17)는 신의 경고를 재구성한 것이다. K는 이 생각을 비이성적인 생각으로 일축하고 대신 독한 술 두 잔을 마신다. 이 장면은 로베르토 칼라소Roberto Calasso*가 "터무니없이 웃기면서도 오싹한 카프카의 선물"이라고 부른 면모를 잘 보여준다.[33]

이 장면은 에덴 이야기와의 연관성 속에서 깊은 울림을 자아낸다. 리치 로버트슨Ritchie Robertson**은 말했다.

> K는 처음에 도덕적으로 무지했을 수도 있다. 그러나 그를 체포하러 온 일은 "맛있는 사과"를 먹는 것으로 상징되는, 선악에 대한 앎을 그에게 일깨워주었다.[34]

---

* 로베르토 칼라소(1941~)는 이탈리아 작가, 비평가이자 편집자다. 피렌체에서 태어나 로마 대학교에서 영문학을 공부하고 아델피 출판사의 편집장, 전무를 거쳐 2015년에는 대표가 되어 현재까지 활동 중이다. 비평가로서『문학과 신들』La letteratura e gli dei, 『K』를 씀은 물론 번역자로서 브루스 채트윈의 에세이, 카프카의 격언집을 이탈리아어로 번역해 소개했다. 카프카에 관한 연구로도 널리 알려져 있다.

33 Roberto Calasso, *K* (New York: Alfred Knopf, 2005), 293.

** 리치 로버트슨(1952~)은 영국의 독문학자다. 에든버러 대학교에서 영문학과 독문학을 공부했고 옥스퍼드 링컨 칼리지에서 박사 학위를 받았다. 이후 옥스퍼드 링컨 칼리지, 세인트존스 칼리지를 거쳐 2004년에는 영국 학술원 회원이 되었고 2010년 옥스퍼드 대학교의 테일러 교수가 되어 현재까지 활동 중이다. 주요 저서로『카프카』Kafka, 『하이네』Heine, 『레싱과 독일 계몽주의』Lessing and the German Enlightenment 등이 있다.

34 Ritchie Robertson, *Kafka: Judaism, Politics, and Literature* (Oxford: Clarendon Press, 1985), 104.

K는 이제 자신이 죄인으로 추정되고 있음을 알고 있다. 감시인 중 한 사람이 말했듯 "법은 … 죄에 이끌린다".[35] K는 자신이 결백하다고 항변하지만 이제는 잘못된 풍문이나 고발이라 할지라도 자신이 무언가 죄를 지었음을 안다. 그러고 나서 그는 '선악을 아는 앎'인 사과를 먹는다. 그리고 이는 K가 극심한 자기혐오에 빠지지 않게 해주고 K에게 순간이나마 편안함을 안겨준다.

이 장면에는 성서적 암시와 신학적 아이러니가 뒤섞여 있다. 여기서 K는 "지저분한 야간 카페"에서 아침 식사를 사겠다고 한 "감시인들의 은총"을 간단하게 언급하는데 여기서 "은총"이라는 말은 맥락상 어울리지 않는 것처럼 보이지만 이 장면과 성서와의 연관성, 신학적 의미를 더듬어볼 수 있게 해준다. 그러나 미천한 감시인들은 K에게 은총을 베풀 처지가 못 된다. 그리고 선악에 대한 앎은 사과를 먹음으로써가 아닌, 자신이 체포되자 죄를 지었다는 모호한 의식이 싹트면서 구성되는 것처럼 보인다.

이후 감시관들이 K의 옷차림을 지적하자 그는 자신이 가진 옷 중 가장 좋은 검은 옷을 입는다(이는 아마도 아담과 하와가 금지된 열매를 먹은 후 자신들이 벌거벗었다는 사실을 깨닫고 몸을 가린 일에 대한 아이러니한 대응일 것이다). 심문은 어울리지 않게 뷔르스트너 양의 침실에서 이루어지며 이는 해당 장면에 에로틱한 분위기를 형성한다. 그런데 에덴동산에서 신이 했던 심문과 달리 감독관의 심문은 그다지 인상적이

---

35   Franz Kafka, *The Trial*, 9.

지 않았다. 그는 K에게 말한다.

여기 이분들이나 나는 당신 용건에 대해 부차적인 역할밖에 못 합니
다. 우리는 당신 문제에 관해 아무것도 모르는 거나 다름없소. 우리
는 정식 제복을 입을 수도 있지만 그런 제복을 입지 않았다고 해서
당신 문제가 조금이라도 더 악화될 리는 없을 것이오. 나는 당신이
고소되었다고 해도 결코 그 사실을 말해줄 수는 없을 것이오. 아니
나는 당신이 실제로 어떤 상태인지 모른다는 편이 나을 것이오. 당
신이 체포되었다는 것은 맞는 말이오. 그 이상은 모르오.[36]

규범을 잘 알지 못할 뿐 아니라 고발당한 상태이지만 K의 삶, 적어도
그 형태는 바뀌지 않는다. 감독관은 이어서 말한다.

당신이 체포된 건 분명하오. 하지만 당신이 일하는 것을 방해하지는
않겠소. 당신 일상생활도 방해하지 않겠소.

표면상 K의 삶은 바뀌지 않았다. 그러나 모호한 깨달음을 얻고 난
뒤 그의 자의식은 돌이킬 수 없이 변하게 되었다. 그는 점점 더 자신
의 재판에 집착하게 되고, 마지막에는 다시 한번 자신의 옷 중 가장
좋은 검은 옷을 입고 조용히 사형집행인들을 기다린다. 하지만 이때

---

36 위의 책, 12.

도 K의 죄의식, 죄 여부는 모호한 상태로 남아 있다(하지만 카프카는 일기에서 요제프 K는 확실히 "죄인"이라고 말한다). 그는 마지막에 "더 친절한 손길"로, "쓰러지기보다는 한쪽에 밀쳐지는 식으로" "처형된다".[37] 그는 사과를 먹었으나 자신의 죄가 무엇인지 모르고 왜 법이 자신에게 다가왔는지도 모른다.

문제는 부분적으로 K가 자기를 되돌아보는 유형의 인간이 아니라는 데 있다. 스스로 인정했듯 "그는 경험을 거울로 삼아 삶을 바꾸는 습관을 갖고 있지 않다". 그러나 그는 죄의 가능성에 대한 약간의 의식이 생겼던 것처럼 보인다. 첫째 날 밤 그는 뷔르스트너 양에게 이를 이야기한다.

심리위원회는 제가 아무런 죄가 없다거나 혹은 예상했던 것보다 적다고 생각했을 수도 있습니다[38]

에덴동산 이야기에 대한 암시는 요제프 K를 신비로운 죄와 마주한 현대판 아담으로 만든다. 하지만 소설 첫 장면의 희극적인 성격은 아담의 모습과 요제프 K의 모습이 겹치는 것을 독자들이 곧바로 눈치를 채지 못하게 하고, 아이러니한 면모를 부각한다. K는 거만한 은행원이자 도덕적으로 평범한 사람이다. 감시관들은 부패한 바보들이다. 감독관은 무지하다. 소설 내내 카프카는 법적 절차를 밟는 과정

---

37 위의 책, 136.
38 위의 책, 29.

을 희극적으로 묘사한다. 이와 관련해 브로트는 말했다.

카프카가 직접 낭독할 때, 이 유머는 특히 분명해졌다. 예를 들면 그
가 우리에게 『소송』의 첫 장을 들려주었을 때, 우리 친구들은 포복
절도했다. 그리고 그 자신도 너무나 웃어서 잠시 낭독을 이어갈 수
없었다.[39]

에덴동산 이야기와 달리 K가 "맛있는 사과"를 먹는 장면은 세세한
부분을 살필 때 웃음을 안겨준다. 그러나 동시에 이 장면은 감시와
처벌의 세계에서 인간이 처한 무력함을 음울하게 보여주는 장면이기
도 하다(『변신』Metamorphosis에서 그레고르 잠자의 아버지가 기괴하게 변한 그레
고르에게 사과를 던져 치명적인 상처를 입히는 장면과 비교해 보라). 강렬한
묘사, 성서를 연상시키는 배경은 이 이야기를 창세기와 욥기의 기괴
한 변형으로 읽게 만든다. 이야기는 꿈같고, 끔찍하면서도 웃기고 심
오하다. 신이 없는 풍경에서 이 작품의 문체와 영적인 힘은 아이러니
하게도 성서 이야기들이 지닌 간결함, 그리고 깊이를 보여준다.

1차 세계대전이 한창이던 1917~1918년, 카프카는 일련의 잠언들
을 쓰며 창세기 이야기로 되돌아왔다.[40] 이 글들은 그가 처음으로 결

---

39 Max Brod, *Kafka: A Biography*, 178.
40 카프카의 잠언들은 기본적으로 다음 번역본을 따랐다. Franz Kafka, 'The
Complete Aphorisms', *The Great Wall of China and Other Short Works* (London: Penguin
Books, 1991), 79~98. 그리고 다음 번역본도 참조했다. Franz Kafka, *The Zürau
Aphorisms of Franz Kafka* (New York: Schocken, 2006)

핵에 걸렸다가 치유되고 주변 문명이 파괴되는 모습을 심사숙고한 결과 나온, 가장 영적인 시기의 산물이다. 이 잠언들에서 그는 다시금 요제프 K의 수수께끼를 다룬다. 우리는 우리의 죄, 그리고 결백을 어떻게 다루어야 하는가? 도덕적인 자기 인식은 가능한가? 이러한 질문들을 숙고하는 차원에서 카프카는 창세기 이야기를 현대 세계에 찰나의 위안을 선사하는 우화로 바꾼다.

로버트 알터는 카프카가 그의 우화에서 창세기를 어떻게 활용했는지를 적절하게 묘사한다.

> 성서의 본문 구조는 카프카의 상상을 강제한다. 그는 본문 주변을 배회하며 자신에게 걸맞는 특이한 뒷문을 찾으려 한다.[41]

바벨탑과 관련된 우화는 그가 창세기에서 특이한 입구와 상상은 가능하나 결론은 나지 않는 생각을 어떻게 떠올리는지를 보여주는 대표적인 예다.

> 바벨탑에 오르지 않고도 이를 건설할 수만 있었더라면 그 건설은 허락되었을지 모른다.[42]

---

41 Robert Alter, *Necessary Angels*, 74. 더 확장된 논의는 다음을 참조하라. Robert Alter, *Canon and Creativity: Modern Writing and the Authority of Scripture* (New Haven: Yale University Press, 2000), 63~96.

42 Franz Kafka, 'Complete Aphorisms', no. 18.

이 사유 실험은 역설적이다. 어떻게 탑에 오르지 않고 이를 세울 수 있을까? 이 제안은 무의미하고 자기패배적인 것처럼 보인다. 그러나 여기에는 진지한 암시가 있다. 창세기에서 신은 하늘까지 닿는 탑을 짓는 것을 분명하게 금지한다. 탑에 오름으로써 사람들은 인간 세계를 초월할 수 있기 때문이다. 이를 두고 야훼는 말한다.

> 이런 일을 하기 시작하였으니, 이제 그들은, 하고자 하는 것은 무엇이든지, 하지 못할 일이 없을 것이다. (창세 11:6)

신은 바벨탑을 파괴함으로써 인간의 멈출 수 없는 야망, 넘치는 교만을 잠재운다.

그러나 카프카는 바벨탑에 오르지 않고도 이를 건설할 수만 있었더라면 신은 이를 허락했으리라고 생각한다. 탑을 쌓아 하늘에 오르려는 유혹을 견딜 수 있다면 평범한 세계를 초월할 수 있다는 것이다. 그러나 그는 이러한 가정이 비현실적임을 안다("있었더라면"). 바벨탑을 오르지 않고도 이를 건설하기란 불가능하므로 우리는 흩어진 상태, 혼란스러운 상태, 연약한 상태로, 이 평범한 상태에 남아 있을 운명을 벗어나지 못할 것이다. 우화를 통해 우리는 이상ideal을 생각해 볼 수 있지만 현실은 우리를 구속한다. 카프카는 바벨탑 신화의 특이한 뒷문으로 들어가 이를 초월의 한계에 대한 역설로 바꾸어 놓는다.

한 서신에서 카프카는 자신이 쓴 우화가 어떤 의미를 지니고 있는지를 이야기했다.

이론상으로는 완전한 행복의 가능성이 이 지상에도 있다. 신성한 것을 확고하게 믿되 그에 도달하기를 열망하지 않는 것이다. 행복을 위한 이 가능성은 도달할 수 없는 만큼 신성모독적이다.[43]

우화에서 그는 탑에 오르지 않고 탑을 세우는 사람들을 상상한다. 이를 서신에서는 좀 더 관념적으로 "신성한 것을 확고하게 믿되 그에 도달하기를 열망하지 않는" 것이라고 표현한다. 이는 지상에서 이룰 수 있는 "완전한 행복의 가능성"이다. 그러나 이는 생각해 볼 수는 있으나 성취할 수는 없는 "가능성"으로만 남는다. "도달할 수 없는 만큼 신성모독적"인 이 가능성은 우리가 다른 측면에서 신성모독과 도달 불가능의 상징인 바벨탑을 생각해보게 만든다. 겹겹이 쌓인 역설들을 통해 우리는 비록 현실에서는 온전히 이루어질 수 없다 하더라도 이 지상에서 진정한 행복이란 무엇인지 그 비전을 힐끗 엿보게 된다. 이 비전이야말로 카프카가 창세기 이야기에서 본 "가능성", 그가 현대인들에게 분명하게 전달하고자 한 "가능성이 품고 있는 거대한 의미"다.

　이와 비슷한 맥락에서 그는 에덴동산 이야기와 관련해 상상할 수 있는 또 다른 대안적 결말을 제시한다.

　우리는 낙원에서 살도록 창조되었고, 낙원은 우리를 섬기도록 정해

43　Roberto Calasso, *K*, 301에서 재인용.

져 있었다. 우리의 운명은 바뀌었다. 그렇지만 낙원의 운명은 바뀌지 않았다.[44]

낙원은 인간을 위해 창조되었고 성서 이야기는 이 목적을 바꾸지 않기 때문에 낙원은 여전히 우리에게 유효하다. 먼 옛날 죄를 지어 추방되었기에 인간은 더는 낙원에 살지 못하지만 이론상 낙원은 여전히 본래 목적을 유지한 채 존재한다. 물론 현실에서 우리는 그곳에 접근할 수 없다. 우리는 그곳이 어디에 있는지 모르고 창세기에 따르면 사나운 피조물, 거룹들과 불타는 검이 그곳을 지키고 있다(창세 3:24 참조).[45] 그러므로 우리는 이 가능성을 허구를 통해서만 엿볼 수 있다. 우리는 추방자라는 현실과 구원의 가능성 사이에 아슬아슬하게 놓여 있지만 우리 스스로 구원에 이를 수는 없다. 가능성과 현실 사이의 교착 상태가 우리의 최종 상태인 것이다. 그러나 카프카가 감지했듯 낙원의 불분명한 운명은 우리에게 다른 결말을 암시한다. 이것이야말로 창세기 이야기에 진정으로 담긴 의미라고 그는 생각했고 이를 응축시켜 강렬한 역설로 빚어냈다.[46]

창세기와 관련된 또 다른 잠언에서 카프카는 저 교착 상태에 대한 파악에서 더 나아간, 인간이 처한 상황에 관한 훨씬 더 복잡한 성찰

---

44 Franz Kafka, 'Complete Aphorisms', no. 84.

45 "그(아담)를 쫓아내신 다음에, 에덴동산의 동쪽에 그룹들을 세우시고, 빙빙 도는 불칼을 두셔서, 생명나무에 이르는 길을 지키게 하셨다." (창세 3:24)

46 다음을 보라. Ronald Hendel, 'Other Edens', *Exploring the Longue Durée: Essays in Honor of Lawrence E. Stager* (Winona Lake, IN: Eisenbrauns, 2008), 185~189.

을 보여준다. 여기서 그는 우리가 낙원에서 추방된 것처럼 보이지만, 어떤 의미에서는 결코 낙원을 떠난 적이 없을지도 모른다고 추측한다. 이러한 추측에는 우리가 올바르게 볼 수만 있다면, 다른 관점으로 볼 수만 있다면 우리의 추방은 환상이고 세계와 낙원이 동일하다는 것을 깨달을 수 있다는 의식의 역설이 담겨 있다. 이는 플라톤주의에 대한 카프카적 수정본이지만, 여기서 현실은 이원화되어 있지 않고 하나다.

> 낙원으로부터의 추방은 그 핵심에서는 영원한 과정이다. 말하자면 낙원에서의 추방은 최종적인 것이고, 세상에서의 삶은 불가피하다. 그러나 그럼에도 그 과정의 영원, 아니, 시간적으로 보자면, 과정의 영원한 반복은 우리가 계속해서 낙원에 머무르는 것뿐만 아니라, 실제로 그곳에 지속적으로 존재하는 것을 가능하게 한다. 우리가 그것을 알든 모르든 상관없이.[47]

창세기에 대한 그의 다른 잠언들과 마찬가지로 이는 현실에 대한 가능하지만 불확실한 해석이다. 비록 우리가 알지 못하더라도 우리는 계속 낙원에 남아 있는 것인지도 모른다. 실제로 우리는 그곳에 있는 것이 '가능하다'. 그러나 이 가능성을 온전히 의식해 그것이 참인지 아닌지를 검토할 수 있을까? 이는 허구에 근거한 소설인 창세기에 관

---

47 Franz Kafka, 'Complete Aphorisms', no. 64/65.

한 추측이지만 카프카는 이를 진리를 엿볼 수 있는 하나의 가능성으로 제시한다.

요제프 K처럼, 우리는 우리의 현실에 무감각하게 만드는 자기기만과 자기 정당화라는 짐을 짊어지고 있다. 우리가 이 자기기만에서 벗어나면 어떻게 될까? 우리가 이미 낙원에 있음을 알게 될까? 아니면 바로 그 시도 때문에 파괴될까? 카프카는 이 위험을 설명하기 위해 롯의 아내가 소돔의 멸망을 엿보기 위해 뒤를 돌아보는 창세기 이야기를 인용한다.

> 기만 이외에 다른 무엇을 알 수 있겠는가? 언젠가 그 기만이 파기될 때, 당신은 결코 뒤돌아보아서는 안 된다. 그렇지 않으면 소금기둥으로 변할 것이다.[48]

감히 뒤를 돌아보다 소금기둥이 되어버린 롯의 아내와 마찬가지로 우리는 환상이 없다면 멸망할 것이다. 우리는 진리를 온전히 보지 못한다. 하지만 이에 대한 대안은 암울하게도 요제프 K처럼 자신의 기만을 받아들이고 공허한 삶을 사는 것이다.

에덴동산 이야기를 밀도 높게 성찰하는 가운데 카프카는 이러한 역설적 성찰들을 하나로 모은다. 그리고 비평가들이 지적했듯 이러한 성찰은 요제프 K가 처한 곤경을 좀 더 잘 이해할 수 있게 해준다.

---

48 위의 책, no. 106.

타락 이래 선악을 아는 능력에서 우리는 본질적으로 변함이 없다. 그럼에도 우리는 바로 여기서 우리들의 특별한 장점을 찾고 있다. 그러나 진정한 상이성이란 이러한 능력과 인식 저편에서야 비로소 시작된다. … 즉 어느 누구도 인식만으로는 만족할 수 없고, 그것을 따라 행동하려 했어야 한다는 것이다. 그러나 그에게 그렇게 할 수 있는 힘이 주어져 있지 않기 때문에, 그는 자신을 파괴해야 하고, 그렇게 해서 필요한 힘을 얻지 못하는 위협에 스스로 처한다 해도, 그에게는 이 마지막 시도 이외에는 아무것도 남아 있지 않다. 그런데 이러한 시도를 두려워하는 나머지 그는 오히려 선악에 대한 앎을 거부하기를 바란다. '원죄'라는 표현도 이 두려움에서 나왔다. 그러나 이미 일어난 일은 돌이킬 수 없으며, 다만 흐리게 할 수 있을 뿐이다. 이러한 목적을 위해 보조물들이 생겨난다. 온 세계는 이 보조물들로 가득 차 있고, 실로 눈에 보이는 세계란 어쩌면 한순간 휴식을 바라는 인간의 보조물에 불과할지도 모른다. 달리 말하면 이미 주어진 사실을 왜곡해 앎을 아직 도달하지 못한 목표로 삼으려는 시도의 산물인 것이다.[49]

카프카의 복잡한 성찰에서 선과 악을 아는 앎은 우리를 진퇴양난에 빠뜨린다. 이 앎을 받아들일 수 있는 우리의 선천적인 능력과 이를 바탕으로 살아낼 수 있는 능력은 동일하지 않다. 우리는 우리가

---

49 위의 책, no. 86.

아는 바를 따라 살아갈 힘을 갖고 있지 않기 때문에, 정신을 흐트러뜨리고 우리의 자의식에서 선악에 대한 앎을 감추기 위해 자기 정당화와 자기기만의 길을 선택한다. 우리는 우리 자신을 파괴하지 않기 위해 저 앎을 우리에게서 없애려고 노력한다. 그리고 그렇게 함으로써 우리는 요제프 K처럼 우리의 삶을 거짓으로 만든다. 결국 우리 앞에 놓인 선택지는 둘이다. 힘을 갖추지 못한 채 선과 악을 아는 앎을 따라 살아감으로써 자기를 파괴하든지, 세계를 거짓된 명분으로 가득 채워버림으로써 자기를 기만하든지.

이 진퇴양난에서 손쉽게 벗어날 수 있는 길이라든지 균형을 찾을 수 있는 길은 없다. 우리는 진리를 따라 살고 우리 자신을 파괴하거나 우리 자신을 속여 감각을 무디게 만든다. 달리 말하면 롯의 아내처럼 소금으로 변하거나 삶을 변명으로 가득 채운다. 어느 쪽을 택하든 쓰라린 선택이다. 그러나 우화는 적어도 우리에게 선택할 자유가 있음을 보여준다. 그리고 이는 약간의 위안이 된다. 우리가 더 거대한 가능성을 엿볼 수 있다면, 실패를 바라보는 새로운 관점이 있다면, 혹은 실패에서 새로운 깨달음을 얻을 수 있다면 무언가 얻을 수 있기 때문이다.

또 다른 우화에서 카프카는 결론짓는다.

한 사람이 말했다.

"당신은 왜 거부합니까? 우화를 따른다면, 당신은 우화가 될 것이고 그렇게 되면 당신은 일상의 노고에서 벗어나게 될 것이오."

또 다른 한 사람이 말했다.

"그 말 역시 우화라는 것을 내기해도 좋소."

첫 번째 사람이 말했다. "당신이 이겼소."

두 번째 사람이 말했다. "하지만 유감스럽게도 우화 속에서뿐이오."

첫 번째 사람이 말했다.

"아니요, 현실에서는 그렇소만 우화 속에서는 진 것이오."[50]

아리송하고 어처구니없는 말처럼 보이지만 이는 카프카의 격언 및 창세기에 관한 그의 우화의 성격을 잘 보여준다. 가능성은 오직 우화에서만 이루어질 수 있다. 달리 말하면 거대한 의미의 가능성은 허구, 즉 소설이라는 장르를 통해서만 이루어질 수 있다.[51] 물론 현실에서 우화는 그저 우화일 뿐이다. 두 번째 사람은 우화를 우화로 식별함으로써 현실에서 이긴다. 그러나 이 식별은 우화에 담겨 있는 진리를 왜곡하기 때문에 그의 승리는 패배다. 그는 우화를 허구로만 치부한다. 그리하여 그는 우화로만 존재하는, "일상의 노고에서 벗어나" 자유롭게될 가능성을 상실한다. 카프카가 창세기와 연관 지어 쓴 잠언들의 기본적인 특징은 가능성과 현실, 앎과 망상, 자유와 죄가 서로 얽히며일어나는 어지러운 움직임, 그 이중성을 보여주는 데 있다.

---

50 Franz Kafka, 'On Parables', *Great Wall*, 184.

51 이는 카프카가 소설이 창조적인 진리의 빛을 반영한다는 낭만주의적 관념의 영향을 받았음을 보여준다(이와 관련해 다음을 보라. M.H.Abrams, *The Mirror and the Lamp: Romantic Theory and the Critical Tradition* (Oxford: Oxford University Press, 1953)). 그러나 카프카가 보기에 저 빛은 현실 세계를 거의 관통할 수 없다. 혹은 빛이 있다는 것 자체가 풍문에 지나지 않을 수도 있다.

디킨슨이 그랬듯 카프카 역시 창세기 이야기를 역사에서 실제로 일어난 적 없는 전설로 보았다. 하지만 그 전설은 더 거대한 가능성을 드러낸다고 그는 생각했다. 창세기 이야기들은 불가능하고 모호하지만 우리를 구원으로 인도한다. 풍부한 상상력을 발휘해 창세기를 수정함으로써, 특히 『소송』과 잠언들을 통해 그는 우리가 일상에서 습관적으로 착용하는 눈가리개를 벗겨내 지금, 여기에서 진리를 잠시나마 엿보고 그리하여 이 세계를 초월하는 법을 찾고자 했다. 물론 이러한 이야기들, 추측들은 확실성을 담보하지 못한다. 그리고 언제나 이를 반박할 수 있는 무수한 여지가 있다. 그러나 때때로 이들은 우리가 다른 방식으로는 볼 수 없는 빛을 보게 해준다.

현실주의로의 회귀

카프카가 세상을 떠난 뒤 9년 후 현대사는 어두운 시절을 맞이했다. 카프카적인 전환을 한 것이다. 히틀러가 독일에서 수상이 되었고 나치 시대가 시작되었다. 그해 말(1933년) 독일 대학가에서는 대대적인 분서焚書 운동이 일어났다. 카프카의 책들은 아인슈타인, 다윈, 어니스트 헤밍웨이Ernest Hemingway, 헬렌 켈러Helen Keller를 포함한 유대인 및 '타락한 이들'의 책과 함께 화염 속에 내던져졌다. 서구 문명이 몰락할 위기에 처했다. 직후 나치 정권은 독일 대학교에서 유대인 교수들을 '제거'해 나갔다. 이 유대인 교수 중에는 유럽 문학 교수인 에리히 아우어바흐도 있었다. 다른 많은 학계 망명자들과 마찬가지로 아우어바흐도 터키의 국립 이스탄불 대학교로 피신했다. 전쟁 기간 그는 고독한 망명 생활을 하면서 고전적인 책 『미메시스: 서구 문학에 나타난 현실의 재현』Mimesis: The Representation of Reality in Western Literature를 썼다. 이 책에서 아우어바흐는 서구 문학의 표현양식들을 두루 검토한다. 이야기는 서구 문학의 뿌리라 할 수 있는 호메로스와 창세기부터 시작된다.

아우어바흐는 서구 문학이 현실을 재현하는 다양한 방법, 즉 인간 삶의 복잡성을 다루는 방법을 탐구하려 했다. 그가 명시적으로 언급한 적은 없지만, 이는 현실을 독일 정신과 타락한 비아리아 인종 사이의 거친 투쟁으로 바라보는, 나치즘이라는 반인본주의 이념에 대한 이론적 저항이었다. 자신의 희망을 담아낸 책의 말미에서 그는 이 끔찍한 배경을 암묵적으로 가리킨다.

이제 남은 일은 그를, 즉 독자를 찾는 일이다. 내 연구가 독자에게, 아직도 살아있다면 내 옛 친구들과 내가 목표로 한 다른 독자들에게 당도하기를 희망한다. 서구 역사에 대한 사랑을 침착하면서도 끈기 있게 간직하고 있는 이들이 함께 만나게 하는 데 이 책이 조금이나마 기여하기를 나는 기원한다.[52]

달리 말하면 그의 연구는 파시즘이 파괴하려 했던 서구 문명의 인간적 가치에 대한 사랑의 표현이라 할 수 있다. 창세기부터 오늘날까지

---

52 Erich Auerbach, *Mimesis: The Representation of Reality in Western Literature* (Princeton: Princeton University Press, 1953), 557.

문학이 현실을 어떻게 재현했는지 그 역사를 탐구함으로써 아우어바흐는 서구의 주요 작품들이 성취한 바와 인간의 조건과 관련해 이 작품들이 보여준 통찰을 보존하려 했다. 그는 전쟁에 참여하듯 이 책의 집필에 온 힘을 쏟았다. 이스탄불의 한 책상 위에서 그는 서구인들의 머리와 가슴을 일깨우는 운동을 벌인 것이다. 그리고 『미메시스』는 그 운동의 산물이다.[53]

현명하게, 그리고 대담하게 그는 창세기부터 연구하기로 결심했다. 아우어바흐는 창세기의 허구적 특성을 종교와 과학 논쟁의 연장선이 아니라 서구 문학의 출발점으로 다룬다. 물론 창세기에 대한 이러한 관점은 헤르더와 같은 낭만주의자들이 보여준 바 있다. 그러나 아우어바흐는 이를 새로운 차원으로 끌어올린다. 그의 섬세한 시선에 잡힌 창세기는 완전히 발달한 문체를 지닌 정교한 본문이다. 더 나아가 아우어바흐는 창세기가 현실과 인간이 처한 상태를 다층적이고 "배경을 내포하고" 있는 것으로 재현함으로써 서구 문학이 현실의 복잡성을 탐구할 수 있도록 추동한다고 이야기한다. 이를 두고 로버트 알터는 말했다.

> 널리 알려진 이 책의 1장, 오뒷세이아와 창세기의 비교에서 실존적
> 인 진지함을 가지고 인간의 삶을 재현하는 위대한 서구 문학의 선구

---

53 아우어바흐의 생애와 저작에 관해서는 다음을 참조하라. Geoffrey Green, *Literary Criticism and the Structures of History: Erich Auerbach and Leo Spitzer* (Lincoln: University of Nebraska Press, 1982)

자로 간주되는 작품은 호메로스의 작품이 아니라 성서다. … 아우어바흐는 일상생활의 문제, 개인 경험의 독특한 행로로 언급한 것과 관련해 고대 히브리 저자들이 기여한 바, 이 책의 부제를 빌려 말하면 '서구 문학에 나타난 현실의 재현'의 측면에서 이들이 기여한 바는 그 어떤 그리스 작가들보다도 크다.[54]

모든 측면에서 설득력 있는 이 주장은 창세기를 새로운 시각으로 보게 한다. 누군가 이를 종교적으로 권위가 있는 경전으로 보든 말든 이제 창세기는 정교한 문학작품이다. 아우어바흐는 창세기를 서구 문학 및 문명에 거대한 공헌을 한 고전의 자리에 올렸다.

아우어바흐는 서구 문화유산에서 결코 제외할 수 없는 것, 현실에 대한 현대적 인식의 근간으로 창세기를 서구사상의 계보에 다시 집어넣는다. 그는 창세기 저자들이 "역사적 생성이라는 현상과 인간 문제의 '중층성'이라는 현상"을 처음으로 온전히 표현했고 그 결과 "유럽 문학의 현실 재현에 결정적인 영향"을 미쳤다고 보았다.[55] 아우어바흐는 창세기에 대한 세심한 독해를 통해 이 거대한 주장을 입증해낸다. 성서 저자(나치 이념에 대한 암묵적인 저항이자 비난의 표시로서 분명하게 "유대인"이라고 쓴)들은 "갖가지 의식의 층이 동시에 존재하고 있

---

54 Robert Alter, 'Literature', *Reading Genesis: Ten Methods* (Cambridge: Cambridge University Press, 2010), 16.

55 Erich Auerbach, *Mimesis*, 23.

음과 그 의식의 층 사이의 갈등을 표현할 수 있다".[56] 그는 창세기 저자들에 대해 말하면서 이를 현재 시제로 표현함으로써 현대문학의 특성은 그 풍부한 역사의식에 있다는 자신의 확신을 드러낸다. 즉 최상의 현대문학은 어떤 면에서는 창세기에서 자신의 표현양식을 끌어왔다는 것이다.

아우어바흐는 신이 아브라함에게 그의 아들 이사악을 번제물로 바치라고 명령하는 이야기인 창세기 22장을 면밀하게 읽는다. 이 짧은 본문을 섬세하게 읽어냄으로써 그는 성서 본문이 현실을 어떻게 독특한 방식으로 재현하는지를 보여줄 뿐 아니라 창세기를 복잡한 문학작품으로 읽는 법 또한 보여준다. 그전까지는 누구도 이러한 방식으로 창세기를 읽지 못했다. 이전에도 스피노자, 디킨슨, 카프카를 포함해 많은 사람이 창세기를 소설(허구)로 간주했지만 누구도 문학작품으로서의 창세기가 어떠한 특징을 갖고 있는지, 창세기를 읽을 때 그 문학적 요소들이 어떻게 작용하는지, 어떠한 효과를 내는지 깊게 이해하지는 못했다. 이러한 측면에서 아우어바흐가 성취한 학문적 업적은 디킨슨, 카프카 등이 성취한 문학적 업적을 보완한다고 할 수 있다. 디킨슨과 카프카가 창세기를 자신들의 문학창작을 위한 풍부한 자원으로 활용한 반면, 아우어바흐는 자신의 문학적 감수성을 창세기 읽기를 위한 자원으로 활용한다. 이로써 창세기의 생애는 문학적, 도덕적 상상력의 원천이자 문학적 가치를 지닌 본문으로서 활

---

56 위의 책, 13.

력을 얻게 되었다.

창세기 22장은 갑작스럽고 모호하게, 무언가를 암시하면서 시작된다.

> 이런 일이 있은 지 얼마 뒤에, 하느님이 아브라함을 시험해 보시려고 그를 부르셨다. "아브라함아!" 그리고 아브라함이 대답했다. "예, 제가 여기에 있습니다"(창세 22:1)

아우어바흐는 이 이야기가 답하지 않은 부분에 대해 몇 가지 날카로운 질문들을 던진다.

> 여기서 말하는 두 존재는 어디에 있는가? 아무런 설명이 없다. … 신이 어디에서 와서 어디에서 아브라함을 부른 것일까? 이 점에 대해서도 아무런 설명이 없다. … 우리는 또한 신이 그렇게 잔인하게 아브라함을 시험하는 이유에 대해서도 듣지 못한다. … 신은 미지의 높은 곳, 혹은 깊은 곳에서 홀연히, 신비롭게 나타나 "아브라함아!" 하고 부르는 것이다.[57]

신의 행방은 알 수 없다. 아브라함도 마찬가지다.

---

57 위의 책, 8.

그(아브라함)는 어디에 있는가? 우리는 알지 못한다. … 그가 실제로 어디에 있는지, 브엘세바 혹은 다른 곳에 있는지, 실내에 있는지, 실외에 있는지 본문은 이야기하고 있지 않다. 이러한 부분에 화자는 관심이 없으며 독자는 이와 관련된 아무런 이야기도 듣지 못한다. 신이 불렀을 때 아브라함이 무슨 일을 하고 있었는지도 화자는 이야기해주지 않은 채 모호한 상태로 남긴다.[58]

E 자료에 속한 이 서사에서 대부분의 것들은 표현되지 않고 배경에 감추어진 반면, 몇 가지 세부 내용이 전경에서 도드라지게 빛난다. 간결한 대화("아브라함아!" 그리고 "예, 제가 여기에 있습니다")가 암시하는 것을 제외하면 우리는 등장인물들의 생각과 동기를 알 수 없다. 신은 어디에선가 부르는 이고, 아브라함은 복종하는 이다. 이 대화는 무색무취한, 단순한 인사나 부름처럼 보이지만 단어에 세심한 주의를 기울이면 이미 전체 서사의 주제가 이 대화에 깔려있음을 감지할 수 있다고 아우어바흐는 말한다. 이미 창세기의 앞선 이야기들에서 신은 아브라함을 부른 적이 있고 아브라함은 이에 순종한 바 있다. 그렇기에 저 대화는 독자들에게 앞선 이야기들의 기억, 등장인물에 대한 기억을 활성화시킨다. 달리 말하면 저 대화는 이미 형성된 신과 아브라함의 관계, 역사와 기억의 복잡성을 암시한다.

다시, 저자는 아브라함의 여정을 시간과 장소만 간략하게 알리는

---

58 위의 책, 8.

등 최소한의 묘사만으로 이야기를 전개해 나간다.

아브라함이 다음 날 아침에 일찍이 일어나서, 나귀의 등에 안장을 얹었다. 그는 두 종과 그의 아들 이사악에게도 길을 떠날 준비를 시켰다. 번제에 쓸 장작을 다 쪼개어 가지고서, 그는 하느님이 그에게 말씀하신 그곳으로 길을 떠났다. 사흘 만에 아브라함은 고개를 들어서, 멀리 그곳을 바라볼 수 있었다. (창세 22:3~4)

아우어바흐는 이 여정 중 화자가 개입해 추가적인 설명을 하는 부분에 관해 이야기한다.

아브라함이 고개를 드는 동작은 유일한 동작이며 우리가 들은 전체 여정에서 유일하게 일어난 사건이다. 아브라함이 가야 할 장소가 높은 곳에 있다는 사실 때문에 이 동작이 일어났겠지만, 그 일회성은 그의 여정이 마치 진공 속에서 일어난 것과 같은 인상을 독자에게 심어준다. 여정 중에 아브라함은 왼쪽으로도 오른쪽으로도 눈을 돌리지 않고, 시종들을 포함해 자신을 드러내는 모든 행동을 억제하는 것처럼, 애써 아무것도 드러내지 않는 것처럼 보인다. 남은 것은 오직 그들의 발걸음뿐이다.[59]

---

59 위의 책, 9~10.

이 서사에서 저자는 아브라함이 얼마나 스트레스를 받았는지, 무슨 생각을 하는지, 어떤 감정을 느꼈는지, 그의 내면과 관련된 어떠한 표현도 하지 않는다. 하지만 바로 그러한 부재로 인해 불안감과 긴장감이 조성된다. 아브라함은 이사악이 약속의 아들임을 알고 있으며 그를 통해 자신의 자손들이 거대한 민족을 이루고 세계 다른 민족들이 축복을 받으리라는 것을 안다. 그러나 이를 약속한 신이 아들을 죽이라고 명령한다. 이제 그는 아들을 죽여야 한다. 언제든 폭발할 것만 같은 무언의 긴장감이 감돈다.

이 일련의 과정에서 상황과 무관해 보이는, 그래서 유독 도드라져 보이는 단어가 있다. 바로 베노ᵇᵉⁿᵒ, "그의 아들"이다. 우리는 이미 이사악이 그의 아들이라는 사실을 알고 있다. 이미 22장 2절에서 신은 이사악을 "너의 아들, 네가 사랑하는 외아들"이라고 불렀다. 이 관계의 표현은 이야기 내내 울려 퍼지며, 그렇기에 우리는 아브라함이 침묵하고 있을 때조차 그의 심리적 긴장 상태를 유추할 수 있다. 아우어바흐는 말한다.

그의 말 없는 복종은 중층적이며 '배경'을 가지고 있다.[60]

그의 침묵은 순종, 희망, 그리고 사랑이 서로 충돌할 때 이를 화해시키고자 안간힘을 쓰는 인간 의식의 복잡성을 암시한다(우리는 이미 이

---

60 위의 책, 12.

사악이 아브라함이 사랑하는 아들이라는 것을 들었다). 침묵은 아마도 이 격렬한 내적 갈등을 표현할 수 있는 유일하고도 타당한 방법일 것이다.

이 긴장은 아버지와 아들이 단 한 번 짧은 대화를 나눌 때 전면에 등장한다.

> 그리고 두 사람은 함께 걸었다. 이사악이 그의 아버지 아브라함에게 말했다. 그가 "아버지!" 하고 부르자, 아브라함은 "아들아, 내가 여기 있다"하고 대답했다. 이사악이 물었다. "불과 장작은 여기에 있습니다마는, 번제로 바칠 어린 양은 어디에 있습니까?" 아브라함이 대답했다. "아들아, 번제로 바칠 어린 양은 하느님이 손수 마련하여 주실 것이다." 그리고 두 사람은 함께 걸었다. (창세 22:6~8)

긴장감 넘치는 대화에서 "아버지"와 "아들"이 반복되고 있음을 주목하라. 이는 위기에 처한 이들의 유대감을 보여준다. "그리고 두 사람은 함께 걸었다"라는 진술은 일종의 틀로 자리하고 있다. 이 표현은 반복됨으로써 "두 사람"שׁנֵיהֶם(슈네이헴)과 "함께"יַחְדָּו(야흐다브)라는 말들이 여운을 남기게 한다. 정황상 두 사람은 한 사람으로 줄어들 것이고, 아버지-아들은 함께 가지 못할 것이기 때문이다. 이러한 기법은 뚜렷하게 인물 심리의 깊이와 긴장감을 조성한다. 이와 관련해 아우어바흐는 말한다.

> 그들의 대화는 … 생각을 분명하게 밝히고 구체화하는데 기여하지

않는다. 도리어 표현되지 않은 생각을 암시하는 것이다.[61]

이 장면에서 저자는 신과 아브라함의 이전 대화를 암시함으로써 표현되지 않은 생각이 무엇인지 가늠할 수 있게 해준다. 이사악이 아버지를 "아버지!"אבי(아비)라고 부르는 장면은 이야기가 시작될 때 신이 "아브라함아!"אברהם라고 부른 장면을 떠올리게 한다. 두 부름이 유사하다는 것은 아브라함이 이사악에게도 "내가 여기 있다"הנני(힌네니)로 대답하는 것을 통해 확인할 수 있다. 신이 명령한 것에 대한 대응으로 이제 이사악은 아브라함에게 민감한 질문을 던진다. "번제로 바칠 어린 양은 어디에 있습니까?" 이 질문은 아브라함이 대답할 수 없는 질문이다. 그러한 면에서 그의 대답은 회피이자 미묘한 거짓말이다. 아브라함은 불길하게 "아들아"라는 말을 덧붙여 "번제로 바칠 어린 양은 하느님이 손수 마련하여 주실 것이다"라고 답한다. 아브라함은 이삭에게는 감히 말할 수 없기에 진실을 회피한다.

그러나 아브라함의 저 답은 결과적으로 참이다. 이로써 아브라함의 회피에 한 층의 아이러니가 더해진다. 신은 정말로 번제를 위한 어린 양을 준비할 것이다. 어린 양이 숫양으로 바뀌었을 뿐 아브라함이 고개를 들었을 때 그는 덤불에서 숫양을 본다(13절, 그리고 7절에서 히브리 단어 세שה는 보통 어린 양을 뜻하지만 염소를 뜻할 수도 있다). 이사악의 물음에 답하는 순간 아브라함은 거짓말을 하고 있는 것처럼 보이

---

61 위의 책, 11.

지만, 그가 이전에 예언자로 언급되었다는 점을 참작하면(창세 20:7 참조[62]) 무심코 미래를 예언하는 것처럼 보이기도 한다. 그렇게 이삭에게 진실을 말하지 않음으로써 결국 아브라함은 진실을 말하게 된다. 이 간결한 대화가 지닌 중층적인 성격은 등장인물이 지닌 자기의식의 복잡성, 그들이 한 말에 담긴 연민과 아이러니, 그리고 신의 계획의 모호한 복잡성을 보여준다.

이렇듯 창세기 저자는 다양한 층을 지니고 있고 암시를 깔고 있으며 문제가 많은 현실을 예술적으로 표현한다. 아우어바흐가 보여주었듯 이는 근본적으로 새로운 문학 양식이었다. 그리고 이 양식은 오랫동안 서구 문화에서 현실을 문학작품으로 표현할 때 하나의 모형이자 안내자 역할을 했다.

특정 부분은 두드러지게 하고, 다른 부분은 어둠 속에 감추는 방법, 비약, 표현되지 않은 것의 암묵적 영향, '배경'의 성질, 의미의 다층성과 해석의 필요성, 보편적 역사, 역사적 생성이라는 개념의 발전, 문제가 있는 것에 대한 집요한 몰두, 이 모든 것을 (창세기를 포함한) 구약성서는 우리에게 남겨주었다.[63]

---

62 "이제 그 여인을 남편에게로 돌려보내어라. 그의 남편(아브라함)은 예언자이므로, 너에게 탈이 나지 않게 하여 달라고 기도할 것이고, 너는 살 것이다. 그러나 그 여인을 돌려보내지 않으면, 너와 너에게 속한 사람들이 틀림없이 다 죽을 줄 알아라." (창세 20:7)

63 위의 책, 23.

아우어바흐는 이를 좀 더 정적인 기법을 사용하는 오뒷세이아와
대조한다.

> (오뒷세이아는) 충분히 구체화된 묘사, 균등한 조명, 중단 없는 연관,
> 거침없는 표현, 모든 사건의 전경 배치, 의심의 여지 없는 분명한 의
> 미, 역사적인 발전과 심리적인 원근법의 결여 등의 특징을 보인다.[64]

창세기의 표현 방식에 대한 그의 설명은 특히 J 자료 및 E 자료와 관
련이 있다(P 자료는 이와는 다른 특징을 지니고 있지만 대부분 서사가 아니
다). 다른 곳에서 아우어바흐는 이러한 문학 유형을 "실존적 현실주
의"existential realism라고 불렀다. 창세기 저자들은 최소한의 세부 묘사만
으로 최대의 울림을 냄으로써 서구 문명의 원천으로 서 있는 현실과
인간 의식에 대한 하나의 관점을 창조했다.

아우어바흐는 창세기를 온전히 구현된 문학예술 작품으로 읽어냄
으로써 창세기와 그 유산이 무엇인지를 올바르게 보여주었다. 오랫
동안 창세기가 교리와 종교적 권위의 원천으로 기능했음에도 불구하
고 그는 이를 문학작품으로 대함으로써 창세기가 복잡한 현실을 얼
마나 정교하고도 세련되게 재현해내는지를 발견할 수 있었다. 그리
하여 아우어바흐는 우리에게 창세기를 현대적인 방식으로 읽는 도구
를 주었다. 신학적 가정에 의지하지 않고 창세기 고유의 문학적 예술

---

64 위의 책, 23.

성에 주의를 기울이는 방식 말이다. 아우어바흐의 세심한 독해를 통해 창세기는 실제로 우리가 감지할 수 있는 서사가 담긴 본문이 되었다.

아우어바흐는 창세기의 문체, 창세기가 현실의 중층성을 표현하고 있음을 분명하게 설명하는 동시에 현대 역사의식의 복잡성을 지적한다. 서구 문명이 몰락할 위기, 망명이라는 자신의 위태로운 상황 속에서 그는 현실의 복잡성과 모순, 현실의 구체적이고 살아있는 문제들을 문학이 어떻게 재현해내는지 관심을 기울였고 그 길의 시작에서 창세기를 발견했다. 우리는 아우어바흐가 창세기를 책으로 대하고 정확하게 읽는 가운데, 창세기가 현실을 어떻게 인식하고 표현하는지를 기술하는 가운데 현실주의로의 회귀를 본다. 창세기는 이제 상징적 해석에서 완전히 해방되었다. 이제 창세기는 현실 속 인간이 쓴 책이 되었다. 그렇기에 유대인이나 그리스도교인뿐 아니라 서구 문명에 속한 이, 참여하는 이라면 누구나 이 책을 읽을 수 있다. 이렇게 현대에 이르러 창세기는 현실주의로, 오래전 창세기 저자들의 현실 인식으로 회귀했다.

물론 이 현실주의로의 회귀는 단순한 복고가 아닌, 근대적 전환 이후의 회귀고 여기에는 반전이 있다. 우리가 창세기를 문학적 깊이와 힘을 지닌, 그리고 경이롭게 현실을 재현하는 본문으로 읽으면 읽을수록 우리는 창세기의 고유한 종교적 지평에서 멀어진다. 이와 관련해 아우어바흐는 말했다.

성서 이야기는 호메로스 이야기처럼 우리의 비위를 맞추지 않는다. 우리를 즐겁게 해주고 매혹하기 위해 우리에게 알랑거리지 않는다. 그 이야기들은 우리를 굴종시키려 한다. 굴종을 거부하면 우리는 반역자가 된다.[65]

여기서 그는 현대에 현실주의로 회귀함으로써 일어난 예상외의 효과를 이야기한다. 우리가 창세기 이야기들을 소설(허구의 이야기)로 읽는 순간(과학과 학문은 우리가 그렇게 해야 함을 입증했다) 우리는 창세기가 본래 가르치려 하는, 창세기를 경전으로 대하는 청중 밖에 있게 된다는 것이다. 그러므로 창세기의 현실주의는 우리에게 마술적인 현실주의다. 과거의 독자와는 달리 우리는 창세기의 권위에 굴종하기를 거부한다. 우리는 반역자다.

이는 현대라는 다층적 현실의 또 다른 특징이다. 망명 중에, 어떤 면에서는 망명 중이었기에 서구 역사와 문학의 모든 것을 활용할 수 있었던 이스탄불의 아우어바흐처럼 우리 현대인들(여기에는 종교적인 보수주의자들도 포함된다)은 창세기가 낳은 고대, 중세, 그리고 근대 초기의 세계관 밖에 서 있기에 창세기에 실제로 담긴 복잡성을 헤아리며 창세기를 읽을 수 있다. 우리는 저 역사의 굴레 밖에 서 있다는 점에서 반역자다. 아우어바흐는 말했다.

---

65 위의 책, 15.

역사적 환경이 거대한 변화를 겪었을 때, 그리고 비판적 의식의 각성을 통해 이것(현실에 대한 상징적 해석)이 불가능하게 되었을 때 절대적 권위에 대한 성서의 주장은 위험에 처하게 되었다. 저 해석의 방법이 조롱받고 거부될 때 성서 이야기는 고대의 전설이 된다.[66]

아우어바흐가 여기서 그린 것이 바로 오늘날, 현대다. 우리는 전통의 저편에 살고 있고 성서 이야기는 전설이 되었다. 그러나 망명자의 이점은 이러한 전설을 교회적 권위라는 짐에 얽매이지 않고 새로운 눈으로 읽을 수 있다는 데 있다. 이제 이 책은 우리에게 경이로운 현실주의 저서이자 우리의 근원으로 다가온다. 망명 생활을 하게 되면서 우리는 비로소 창세기를 있는 그대로 읽을 수 있게 되었다.

---

66 위의 책, 15~16.

나가며: 우리 동네 이야기들

이것은 우리 동네 이야기입니다. 아니, 이야기들입니다.

나지브 마흐푸즈Naguib Mahfouz의 1959년 소설 『우리 동네 아이들』 Children of the Alley은 이렇게 시작한다. 여기서 마흐푸즈는 마치 카이로 의 황폐한 어느 마을에 살았던 인물들인 것처럼 현실감 있게 아담과 하와, 카인과 아벨, 모세, 예수, 그리고 무함마드의 이야기를 다시 그 린다. 놀랄 것도 없이 이집트 종교 지도자들은 마흐푸즈를 신성모독 죄로 고발했고 그의 소설은 금지되었다. 1994년에는 소설을 반대하 는 극단주의 성직자의 파트와*에 따라 두 명의 근본주의자 괴한들이

---

* 파트와는 무슬림 학자가 이슬람법에 대하여 내놓는 의견을 뜻한다. 법적 판결 이 아닌 종교적인 견해지만, 몇몇 나라에서는 법 이상의 권위를 갖고 있다.

마흐푸즈의 집을 찾아가 그의 목을 찌르기까지 했다. 1988년 마흐푸즈는 노벨문학상을 받았지만 2006년 그가 세상을 떠난 후에야 『우리 동네 아이들』이 고국에서 출간되었다.[1] 『우리 동네 아이들』을 둘러싼 이야기가 보여주듯 창세기를 둘러싼 이야기들은 갈릴레오, 스피노자, 라블레, 그리고 다른 이단자들의 시대가 그랬듯 종교의 정통 가르침 및 응징과 관련된 복잡다단한 문제들을 내포하고 있다.

마흐푸즈의 소설에서 카이로 지역의 주인은 무시무시하고 나이가 들지 않는 족장 자발라위Gebelawi이다. 그에게는 자식들이 있고 그 중 막내아들의 이름은 아드함Adham이다. 어느 날 아드함의 형 이드리스Idris(꾸란에서 사탄을 가리키는 명칭인 이블리스Iblis에 대한 일종의 언어유희)는 아드함을 꾀어 아버지의 비밀 유언장과 계약을 읽게 만든다. 아드함은 호기심과 미래에 대한 앎을 얻고자 하는 아내의 욕망에 이끌려 아버지의 사무실에 몰래 들어간다.

오른쪽 벽에는 우아한 탁자가 있었고, 그 위에 커다란 책이 벽에 묶인 채 놓여 있었다. 아드함의 목이 타들어 갔다. 마치 편도선에 염증이라도 난 것처럼 고통스럽게 침을 삼켰다. 팔다리가 부들부들 떨렸다. 아드함은 두려움을 쥐어 짜내려고 이를 악물었다. 촛불을 들고 탁자로 다가가 금박 글씨로 장식된 책의 표지를 살피고 책을 열었

1　이 소설은 처음에는 1959년 카이로 신문에 연재되었고 1967년 레바논에서 책으로 출간되었다. 이와 관련해서는 다음을 보라. Richard Jacquemond, *Conscience of the Nation: Writers, State, and Society in Modern Egypt* (Cairo: American University in Cairo Press, 2008), 1~5, 56~61, 227~229.

다. 어렵게, 자신을 통제하고 정신을 모을 수 있었다. 그는 기울어진 페르시아식 글자에서 "하느님의 이름으로"라는 문구를 읽었다.[2]

아드함은 더 읽지 못한다. 자발라위가 현장에서 그를 발견하고 분노하며 그와 그의 아내를 저택에서 추방한다. 이후 자발라위는 은둔자가 되고 타락한 감독관들과 폭력배들이 동네를 맡게 되면서 모든 동네 주민의 삶은 비참해진다.

이후 동네의 상황은 자발Gabal(모세), 리파아Rifaa(예수), 그리고 까심Qassem(무함마드)이 사는 동안 일시적으로 나아지지만, 짧은 희망의 시간이 지나면 동네는 다시 본래 상태로 되돌아간다. 타락한 깡패들은 아드함의 추방 이래 계속 그래왔듯 다시금 동네를 지배한다. 결국 은둔하던 족장 자발라위가 세상을 떠나는데, 이는 신의 죽음 혹은 신에 대한 특정 관념의 죽음을 뜻한다. 사람들은 또 다른 감추어진 책(과학)이 앞으로 더 나은 날들을 열어갈 것이라는 희망을 품는다. 그러나 현실 속에서는 여전히 부패하고 강력한 감독관이 동네를 지배하고 있다. 이제 족장, 예언자, 구원자에 관한 옛이야기는 아무 쓸모가 없어 보인다. 소설 속 한 인물은 진력이 나서 묻는다.

우리 동네는 언제 저 이야기들을 말하기를 그만둘까? ⋯ 가련한 동

---

2 Naguib Mahfouz, *Children of the Alley* (New York: Doubleday, 1996), 38. 『우리 동네 아이들 1,2』(민음사)

네야, 대체 그 이야기들이 너에게 무슨 도움을 주었는가?[3]

소설 속 이 질문은 창세기의 생애와 관련된 우리 이야기의 핵심과 마주하게 만든다. 우리는 창세기 이야기를 허구의 이야기로 읽도록 배웠다. 우리 동네(서구 문명)가 창세기 이야기들을 해석해온 방식도 대체로 허구였다. 해석조차 전설이 된 전설은 무슨 쓸모가 있는가? 소설로 포장된 소설을 어떻게 보아야 하는가? 그러한 면에서 마흐푸즈의 소설은 이러한 자기기만에 대한 완곡한 비판이라 할 수 있다. 언젠가 마흐푸즈는 말했다.

나는 현실을 통해 전설을 비판한다.[4]

정직한 현실 인식은 우리가 전설을 전설로, 동네의 이야기로 보게 한다.

하지만 '우리 동네'라는 말을 좀 더 생각해보자. 이 평범한 말은 우리가 관점을 달리 해볼 것을 요구하고 저 질문에 대한 보다 긍정적인 대답을 할 수 있도록 도와준다. 왜 우리는 여전히 이 이야기들을, 이 이야기들에 대해 말하는가? 그 이야기들은 다른 누구도 아닌 바로 '우리' 동네 이야기기 때문이다. 우리 조상들은 이 동네에서 살았으며

---

3 위의 책, 373.

4 Sasson Somekh, *The Changing Rhythm: A Study of Najib Mahfūz's Novels* (Leiden: Brill, 1973), 142 재인용.

지금 우리 역시 이곳에서 살고 숨 쉬고 기뻐하며 몸부림친다. 우리는 '우리 동네 아이들'awlād hāratinā(마흐푸즈 책의 아랍어 제목)이다. 그렇기에 이 이야기들은 우리가 이를 받아들이든 반항하든 간에 우리의 이야기들이다. 이 이야기들은 우리가 누구인지에 관한 공통의 기억들이 빚어낸 우리 유산의 일부분이다. 그렇기에 우리 동네에 관한 이야기들은 결코 중단될 수 없다. 많은 사람이 더는 창세기를 읽지 않지만 (이는 커다란 손실이다), 우리는 여전히 그 이야기들의 의미와 결과, 그리고 이에 대한 무수한 해석들을 두고 싸우고 있다. 이 책은 마치 "금박 글씨로 장식된 ⋯ 기울어진 페르시아식 글자"처럼 낯설어 보일 수도 있고 해독하기 어려워 보일 수도 있다. 우리 동네 전설들의 집약체인 창세기를 현대인인 우리가 현대의 눈으로 읽는 것은 어쩌면 위험한 일일 수도, 심지어는 신성모독일 수도 있다. 그러나 우리는 이를 피할 수 없다. 창세기의 이야기들은 우리의 이야기들이고 우리는 그 이야기들의 아이들이기 때문이다.

찾아보기

연대표

기원전 10~6세기경	창세기
기원전 6세기	에제키엘서
기원전 3세기	칠십인역 성서
기원전 3~1세기	에녹서
기원전 2세기	희년서
기원전 2세기~기원후 1세기	사해 문서
기원후 1세기	알렉산드리아의 필론, 『우의적 해석』
기원후 1세기	신약성서
기원후 2세기	『요한의 비밀 계시록』
기원후 4세기	사막 교부들
기원후 4세기	『창세기 랍바』
기원후 415년경	아우구스티누스 『창세기의 문자적 의미』
기원후 1075년경	라쉬, 『창세기 주석』

기원후 1545년	마르틴 루터, 『창세기 강해』
기원후 1532~1552년	프랑수아 라블레, 『가르강튀아와 팡타그뤼엘』
기원후 1615년	갈릴레오 갈릴레이, 『크리스티나 대공 부인에게 보낸 편지』
기원후 1670년	바뤼흐 스피노자, 『신학-정치론』
기원후 1860년	『소론과 논평』
기원후 1865년	에이브러햄 링컨, 두 번째 대통령 취임연설
기원후 1850~1886년	에밀리 디킨슨, 『에밀리 디킨슨 시선』
기원후 1895~1898년	엘리자베스 캐디 스탠턴, 『여성의 성서』
기원후 1910~1915년	『근본: 진리에 대한 증언』
기원후 1914년	프란츠 카프카, 『소송』
기원후 1946년	에리히 아우어바흐, 『미메시스』
기원후 1959년	나지브 마흐푸즈, 『우리 동네 아이들』

창세기와 만나다
- 탄생, 갈등, 성장의 역사

초판 발행 ｜ 2020년 10월 28일

지은이 ｜ 로널드 헨델
옮긴이 ｜ 박영희

발행처 ｜ 비아
발행인 ｜ 이길호
편집인 ｜ 김경문
편 집 ｜ 민경찬
검 토 ｜ 강성윤 · 정다운 · 황윤하
제 작 ｜ 김진식 · 김진현 · 이난영
재 무 ｜ 강상원 · 이남구 · 진제성
마케팅 ｜ 양지우
디자인 ｜ 손승우

출판등록 ｜ 2020년 7월 14일 제2020-000187호
주 소 ｜ 서울시 강남구 봉은사로 442 75th Avenue 빌딩 7층
주문전화 ｜ 010-7585-1274
이메일 ｜ innuender@gmail.com

ISBN ｜ 979-11-971201-6-9 93900
한국어판 저작권 ⓒ 2020 ㈜타임교육C&P